Rolf Kretschmann

Wenn Gott dich glückselig lächelt

Das spannende Leben mit Gott

Bibliografische Information der Deutschen Nationalbibliothek:
Die Deutsche Nationalbibliothek verzeichnet diese Publikation
in der Deutschen Nationalbibliografie. Detaillierte bibliografische
Daten sind im Internet über dnb.dnb.de abrufbar.

TWENTYSIX - Der Self-Publishing-Verlag
Eine Kooperation zwischen der Verlagsgruppe Random House und
BoD - Books on Demand

© 2017 Rolf Kretschmann

Herstellung und Verlag
BoD – Books on Demand, Norderstedt

ISBN: 9783740732905

INHALT

Kleine Titelgeschichte 7
Willkommen in diesem Buch!

Erstaunliches 9
Annäherung an Gott

Ein heftiges Ultimatum 9
Nährendes göttliches Feuer 11
Geheimnisvoller Gottesdienst 13
Heißes Abenteuer, kühler Alltag 16
Verblüffendes Selbstbild von Gott 20
Selbstfesselnde Zweifel 26
Scheinbare Gottesblindheit 30
Mehr als herablassende Gnade 34
Großzügige Geschenke Gottes 39
Menschliche Gegengaben 41
Exquisites Liebesbündnis 46

Bewegendes 53
Leben mit Gott

Mehr und tiefere Freude 53
Verstörendes göttliches Feuer 58
Frust und Krisen – wundervoll? 61
Nur Mut! Aufgabe und Hingabe 66
Gespräch mit Gott – gefährlich? 71
Schneller an Gott heran 78
Visionäre Bilder – Schritte dahin 82
Bitteres Schweigen Gottes 88
Die Freiheit zum Bösen 93
Die dunkle Größe Gottes 105

Heilsames — 116
Heilen und heil werden

Heile Welt und gute Laune	*116*
Heilsames göttliches Feuer	*121*
Größer und heiler werden	*124*
Heilung von Schmerz	*128*
Befreiung von seelischen Lasten	*133*
Befreiung von negativen Gefühlen	*141*
Vergebung – in alle Richtungen	*145*
Beziehungen bessern und heilen	*160*
Himmlischer heilsamer Sex	*165*
Heilwerden – Schritte dahin	*177*

Prophetisches — 183
Mehr ahnen und wissen

Versprechen und Warnung	*183*
Enge Hölle, weiter Himmel	*190*
Solidarität mit Gott	*202*
Wille zur Prophetie	*211*
Prophetie in der Gruppe	*218*
Mögliche Zukunft von Kirchen	*223*
Zukünftige Theologie	*233*
Deutschland in 20 Jahren	*240*

Belebende Kunst — 249
Als Lob und Preis

Nachwort	253
Zum Autor	255
Kontakt	255

Kleine Titelgeschichte
Willkommen in diesem Buch!

Das Neue Jahr fängt wunderbar an: Heute morgen begrüßt mich gleich unter der Dusche stürmisch ein hinreißender Buchtitel und sagt: Hier bin ich! Hier will ich sein!

Da laufe ich im alten Jahr suchend vom Computer in die Küche und zurück. Da werfe ich mich zum Denken in den Sessel, stehe auf, nasche etwas. Da halte ich eine erste Idee fest, verwerfe dann auch die zweite und lasse schließlich das Neue Jahr über mich hereinbrechen. Und genau dann, wenn ich mir das erste Mal vom Neuen Jahr den Kopf waschen lasse, da passiert es.

Was ist das: Göttlicher Humor? Ein kreativer himmlischer Flirt? Auf jeden Fall der Appell: Nimm Schweres himmlisch leicht!

Seit sechs Wochen tippe ich mir die Finger wund an einem Buch. Mit vielen Vielleichts, was den Erfolg angeht. Einen Verlag habe ich schon einmal mit ersten Seiten behelligt. Es kam gestern nur ein kurzes Dankeschön zurück, und statt freundlichem Schulterklopfen gab es eher etwas auf die Finger.

Das Ergebnis: Meine Seiten machten mich plötzlich nicht mehr an, sondern sie lachten mich eher aus. Auch der bisherige Titel. Oh Himmel! Irgendwann war ich dann gestern so klein, dass die Idee groß wurde: Ich wende mich mal an eine himmlische Instanz, um – bitte schön! – ein Urteil von höherer Warte zu erhalten. Konkret: Ich fragte Gott.

Und was passierte? Gott gab für mich und das Neue Jahr die Losung aus: Du wirst siegen! Ein grandioses Wort, von ihm gelassen ausgesprochen. Siegen, das ist gut! Aber wann, wie, wo? Und dann pirscht sich doch heute tatsächlich ein erster Sieg an mich heran – an einen nichts ahnenden, wehrlosen Mann unter der Dusche: Ein wunderbarer neuer Buchtitel! Oh mein Gott, was bist du herrlich!

Aber erst einmal bin ich auch sprachlos. Anders gesagt: Es zieht mir einfach die Sprachstiefel aus, mit denen ich vor sechs Wochen angetreten bin. Stattdessen stehen plötzlich ein paar Turnschuhe bereit, und gleich beim Ausprobieren zeigt sich: Mein Text lächelt mehr, er wird lockerer. Ich bin perplex.

Von Haus aus bin ich eigentlich so ernst, dass mein Sessel immer traurig unter mir quietscht, wenn er mich aufnehmen muss. Und das soll nun ich sein, der plötzlich luftiger schreibt? Das ist auch ein Sieg über mich! Und es ist ein mir verschmitzt zulächelndes Wunder.

Wird das etwa auch noch ein Sieg auf der ganzen Linie? Ich habe zig Seiten fertigen Text, der darniederliegt. Ich muss ihm aufhelfen und auf leichtere Füße stellen. Da muss mir aber göttlicher Aufwind kräftig unter die Arme greifen – bitte!

Doch jetzt ist erst einmal wahrhaft glückliches Lächeln angesagt!

Erstaunliches
Annäherung an Gott

Ein heftiges Ultimatum

Liebe Leserin oder lieber Leser, falls nötig jetzt stark sein! Und nicht zittern. Ja, ich habe Gott ein Ultimatum gestellt. Vor sechs Wochen. Und ich habe das damals so festgehalten:

> Gott eine Frist setzen. Ihm ein Ultimatum stellen. Ihm mit Übeln drohen. Das hört sich an wie Erpressung. Das geht gar nicht – oder?
>
> Ich habe es trotzdem getan. Mit leicht bebendem Herzen.
>
> Warum? Mein Herzensprojekt war schon länger ins Stocken geraten. Es zeigte an den Rändern erste Risse. Dabei war es doch auch Gottes Projekt – darauf hätte ich zumindest bis vor kurzem noch gewettet. Aber vor einer Woche wurden die Risse zu tiefen Brüchen. Und mein bis dahin schier unendlich langer Geduldsfaden riss. Mir war nur noch nach einem Mark und Bein erschütternden Schrei zu Mute.
>
> Kurz habe ich überlegt: Ja oder Nein? Dann bin ich aufgestanden, habe die Faust geballt und gesagt: Gott, wenn alle Arbeit und Hoffnung immerzu umsonst ist – das haut selbst dem gutwilligsten Glauben die Beine weg. Auch meinem. Und wenn das Projekt jetzt den Bach runter geht, wird mein Glaube mit davonfließen. Irgendein Gully wird ihn schlucken. Gott, sieh doch her: Ich stehe an einer gefährlichen Abbruchkante. Unter mir bröckelt es gewaltig. Und ich verlange von dir, ja, ich fordere von dir, dass du mir bis zu meinem nächsten Geburtstag – der war da noch drei Wochen hin – irgendwie auf tragfähigen Boden hilfst.

Dann ging mein Ultimatum erst einmal seinen eher verborgenen Gang. Aber plötzlich schlug gestern der Blitz ein. Alles wurde noch brisanter: Die Mittel für Unterhalt und Ausbau meines Projektes brachen einfach weg – schlagartiger Entzug. Ich war atemlos.

Damals, als die Mittel reichlich zu strömen begannen, waren sie für mich eine wunderbare Gabe Gottes. Sie waren mir ein großes göttliches Ja zu meinem Herzensprojekt. Eine köstliche Bestätigung. Sollte nun aber das, was meine Träume in handfeste Realität zu verwandeln schien, nur heiße Luft gewesen sein? War das nur ein von mir aufgeblasenes Fantasieprojekt?

Der Boden unter meinen Füßen gab nach. Bis dahin glaubte ich ein von Gott geschätzter Mensch zu sein. War das etwa ein gewaltiger Irrtum? Gab es massive göttliche Vorwürfe gegen mich? Hatte ich vielleicht schwere Patzer begangen, die mich nun einholten?

Wer war ich jetzt überhaupt noch? Wie würden die kommenden Monate und Jahre ohne das Projekt aussehen? Ich blickte in einen Abgrund, dessen Tiefe noch nicht auszuloten war, und hatte für Stunden ein inneres Zittern in mir.

Doch dann ganz plötzlich: Mir legt sich sanft eine Idee in die Hand! Innerlich sehe ich ein Buch.

Ich hatte versucht, Gott Daumenschrauben anzulegen. Aber nun war ich selbst erst einmal unter die Räder gekommen. Das war spektakulär. Aber darüber schreiben – nein, das hätte ich weit von mir gewiesen. Doch nun wird mir von höchster Seite die Buchidee nahegelegt. Ich werde geradezu darum gebeten. Und damit folgt der niederschmetternden Erfahrung wieder Errettung – mitsamt einer Verheißung?

Die Buchidee hat zwar erst einmal etwas Erlösendes. Schon. Aber meine gepflegte Naivität ist hin: Weiß ich noch wirklich, worauf und wohinter Gott steht? Meine Seele ist auf Abstand gegangen.

Nährendes göttliches Feuer

Die Welt ist für mich deutlich unsicherer geworden. So mit meinem angefressenen Gottesvertrauen und mit meiner melancholisch stimmenden Gottesenttäuschung. Das spüre ich durch und durch. Ich eiere irgendwie nur herum. Hilfe!

Ich weiß, man kann sich göttliches Feuer vorstellen: Als lodernde Flammen. Und wenn in einem gerade Angst grassiert, dann hinein damit ins Feuer. Danach schaut man begeistert zu, wie sie aufflammt und in Rauch aufgeht. Und wenn es gut läuft, ist die Angst dann ganz entschwunden.

Taugt so ein Feuer auch für meine Missstimmung? Und für mein Misstrauen gegen Gott, das sich in allen Glieder eingenistet hat? Es kommt auf einen Versuch an. Also gut, ich werde mit meiner ganzen Person in solch ein göttliches Feuer steigen, um hoffentlich durchgeglüht und von allen lästigen Gefühlsparasiten befreit zu werden. Ich schließe die Augen und bin gespannt:

> Erst sind mannshohe Flammen da. Ich sehe sie innerlich ein Stück entfernt. Dann gehe ich ein paar Schritte vor und trete mitten hinein. Nein, ich spüre keinerlei Hitze! Aber mitten in den Flammen steigen Gefühle von Kraft und Freude in mir auf. Sie beleben mich, sie durchdringen mich. Und dann ist auch noch mehr da: Eine höhere Gegenwart. Sie wirkt erfrischend. Und sie macht spürbar Mut.

Was für ein überwältigendes Feuer! Da muss ich wieder und wieder hinein!

Später: Kaum denke ich einmal gezielt an das Feuer, ist es schon da. Erst nur innerlich sichtbar, dann immer mehr fühlbar. Und je unsichtbarer die Flammen werden, desto spürbarer wird ihre Gegenwart. Das Feuer ist dabei umwerfend kreativ:

> Mal pumpen die Flammen Kraft in meinen Körper. Ich könnte damit männlich gestählt auf die Welt losmarschieren. Dann wieder umschmeicheln die Flammen mich und streichen mir sanft über die Glieder – weiblich-erotisch.
>
> Oder sie zerfließen und formen sie sich zu einem Lächeln über mir. Dann wieder wabern sie wie ein eleganter Reigen von Engeln um mich. Oder sie werden zu steil aufragenden Zypressen, die meinen Blick strikt zum Himmel schicken.
>
> Und spielerisch sind sie auch, die Flammen: Sie umzucken mich neckisch, reichen mir eine Hand und ziehen sie wieder zurück. Sie zupfen mich an den Haaren. Oder sie geben sich so verrückt, dass ich ihnen nur noch amüsiert zusehen kann. Und damit ist plötzlich da: eine Leichtigkeit des Seins.

Ich bin in diesen Flammen nie allein. Ich fühle mich begleitet, von Göttlichem umgeben. Mit ganz viel warmem Lächeln.

Ist das Feuer nun eine Frucht meines Ultimatums? Wenn ja, dann streue ich jetzt ein freudiges Danke in die Flammen, mich dreimal um mich selbst drehend.

Geheimnisvoller Gottesdienst

Drei Tage später: Das visionäre innere Bild mit den göttlichen Flammen ist überholt. Es hat keine Kraft mehr. Aber mein ramponiertes Gottesvertrauen ist glücklich auferstanden. Es ist wieder da! Das göttliche Feuer hat ganze Arbeit geleistet. Respekt!

Jetzt muss aber ein neues Thema her. Ich bitte meine himmlische Instanz um einen zukunftsweisenden Impuls. Und warte.

Dann ist der Impuls da: Morgen ist doch Sonntag. Da ist jetzt das Thema Gottesdienst dran. Sofort erhebt sich in mir Gejammer: Nein, doch nicht das! Wenn schon, dann später. Gottesdienst ist so heikel! Und ich stöhne: Warum jetzt dieses Thema? Ich höre nur lapidar: Ich will es! Oh ja, die Stimme kenne ich und lenke ein.

Also Gottesdienst. Die meisten Gottesdienste sind mir zu fade. Da fehlt mir Gewürz. Oder Saft. Oder auch Süße. Doch ja, es gibt schon die Gottesdienste, die Schauder über den Rücken schicken. Oder Tränen in die Augen. Aber so selten, so selten.

Ich habe eine Idee: Was passiert eigentlich, wenn ich mal den Durchschnittsgottesdienst ins göttliche Feuer schicke? Geht das? Und wenn ja, was verbrennt dann? Ich bitte den Himmel um ein erhellendes Bild:

> Ein Engel kommt zu mir, nimmt mich an die Hand und saust mit mir los. Durch die Luft. In der Ferne kommt eine kleine alte Kirche auf einem Berg in Sicht. Wir bleiben davor in der Luft stehen. Ich kann kurz in die

Kirche hineinsehen: Da drin sitzen Menschen still und dicht gedrängt. Sie sind schwarz angezogen.

Dann kommt das göttliche Feuer: Ein Meer von Feuer, in dem die Kirche hinter Feuerwänden verschwindet. Schließlich erlöschen die Flammen.

Als die Kirche wieder ins Blickfeld kommt, ist sie fast völlig verschwunden: Alle Wände und der Turm sind weg. Nur die Menschen sitzen noch da. Schwarz und unbeweglich. Und ganz im Freien. Bei genauerer Betrachtung sehe ich: Die Menschen sind jetzt schwarz verkohlte Leichen.

Mich graust es. Das kann doch nicht wahr sein! Mein Gott, was für ein Bild! Ich will ein freundlicheres. Aber nein, es gibt kein anderes. Ich habe ein Bild gewollt, nun ist es genau dieses geworden.

Gut, dann zähneknirschend ans Werk. Was will oder soll uns also dieses Bild sagen? In der Kirche sitzt gerade eine Trauergemeinde? Aber dazu würden Sarg und Friedhof gehören. Die aber fehlen.

Da trifft eine andere Sicht den Nagel besser auf den Kopf: Die gesamte Gottesdienstgemeinde trauert, ja. Aber nicht um einen Toten. Sondern die Menschen trauern um sich selbst: Um das, was sie verpasst haben. Um das ihnen bisher entgangene Leben.

Das Bild stellt damit eine elementare Frage: Wie viele trauernde Menschen füllen eigentlich die Bänke überall in den Gottesdiensten? Und wie viele suchen da Impulse für mehr Leben und Lebendigkeit?

Ich könnte mir die Gemeinde auch anders vorstellen: Farbenfroh gekleidet. Sich lebendig bewegend oder gar tanzend. Von fröhlicher Musik begleitet oder gar von heißen Rythmen angefeuert. Bei solcher Vorstellung wird erst klar, was für ein steifer, trauriger Haufen sich da in der Kirche eingefunden hat.

Warum hat es die trauernden Menschen in diese alte und abgelegene Kirche gezogen? Sie klammern sich offensichtlich an überkommene Rituale und Traditionen. Das ist, was sie kennen. Und das verspricht zumindest ein Stück Sicherheit in einer sich zügig wandelnden Welt. Zwar vermindern die alten Rituale nicht die Trauer, aber immerhin erhöhen sie nicht die Angst.

Eigentlich wollte ich ein Bild mit einem Durchschnittsgottesdienst. Das hier ist aber nicht Durchschnittsniveau, sondern eher unterste Kategorie. Innere Bilder wollen es manchmal drastisch. Sie greifen dann nicht zum Hämmerchen, sondern zum Vorschlaghammer. Damit Entscheidendes nicht weggewischt und unter den Teppich gekehrt wird.

Der zweite Teil des Bildes ist ein gutes Beispiel dafür: Da wird es tragisch, da geht es um ein Massensterben. Was ist da passiert? Mich selbst hat das göttliche Feuer lebendiger gemacht – und hier tötet es? Kann das stimmen?

Zuerst hat das Feuer die alten Mauern des Gotteshauses weggefetzt. Zugleich ist wohl der Feuersturm mitten das traditionelle Ritual gefahren, das gerade ablief. Die Lebendigkeit des göttlichen Feuers brach also voll über die Gemeinde herein. Und verbreitete sicherlich Angst und Schrecken.

Und die Menschen? Sie hätten vermutlich ihren ganzen Mut zusammennehmen, ihre Angst überwinden und aufspringen können. Sie hätten die überraschende Chance packen und sich in eine neue Lebendigkeit hineinwerfen können. Doch sie blieben einfach passiv sitzen. Vielleicht verweigerten sie sich sogar trotzig dem Feuer. Das aber brachte ihnen den Tod. Eine rabiate Aussage des Bildes! Sich allzu sehr in Traditionen zu flüchten, das kann tödlich enden. Vor allem, wenn das Angebot göttlicher Lebendigkeit nicht geschätzt und angenommen wird.

Aber was soll das? Worauf will das innere Bild letztlich hinaus? Ich rätsele lange herum.

Dann endlich kommt es mir: Es geht, glaube ich, schnurstracks um dich, liebe Leserin oder lieber Leser. Das innere Bild ist an dich adressiert. Hier am Anfang des Buches. Aber es will dir beileibe nichts Böses, sondern es möchte dich stärken. Und zwar darin, dich nicht von Herkömmlichem und von Traditionen festnageln zu lassen. Das kann sonst für dich tückisch werden und tödlich enden, sagt das innere Bild.

Sicherlich ist das erst einmal eine Warnung. Du sollst aufhorchen. Aber vor allem möchte das innere Bild dir raten: Nimm Angebote an, die dich lebendiger machen. Bleib nicht aus Angst sitzen. Lös dich von Strukturen und Menschen, die dir nicht gut tun, auch wenn das vielleicht Mut erfordert. Manchmal ist einfach Aufstehen dran. Oder aus der Reihe Tanzen. Kann es also sein, dass du da gerade gefordert bist? Auch durch dieses Buch?

Heißes Abenteuer, kühler Alltag

Heute ist mein Geburtstag. Heute läuft mein Ultimatum ab. Und gestern habe ich Gott gebeten: Bitte an diesem Tag für mich ein versöhnliches Geschenk!

Und was passiert? Um 8 Uhr 30 drängen sich gut hundert Schafe vor meiner Wohnungstür aneinander. Irgendwo sind sie ausgebrochen. Die Nachbarin telefoniert nach dem Besitzer. Und ich bemühe mich mit einem Stecken, die Tiere auf dem Rasenstück zu halten.

Dann: Das eine oder andere Schaf hebt den Kopf, kommt auf mich zu und schaut mich ganz freundschaftlich an. Unerwartet habe ich eine Herde von lammfrommen und liebenswürdigen Gratulanten zu meinem Geburtstag! Mehr noch: Ich stehe plötzlich als Schafhirte da. Und dann kommt die Eingebung, die mir Tränen in die Augen treibt: Ich bin plötzlich Pastor – übersetzt: Hirte – einer kleinen mir zugelaufenen Gemeinde! Als ich noch jung war, habe ich mal auf Pastor studiert, bis die Umstände gegen mich waren. Und nun heute solch merkwürdige Erfüllung als Geburtstagsgeschenk!

Ja, es gibt sie die abenteuerlichen Situationen mit dem heißen Glücksgefühl: Dann wenn der Himmel die Erde unübersehbar berührt. Da läuft der Glaube zu seiner schönsten Form auf. Es ist ein betörend verrücktes Pingpong, wenn ich den einen Tag eine Bitte gen Himmel schicke, und am nächsten Tag kommt eine Antwort köstlich verpackt und mit Schleife darauf zurück.

Allerdings ist das kostbare Ausnahme. Es ist nicht Alltag mit Gott. Diesen gängigen Alltag möchte ich gern in einem inneren Bild einfangen. Und das hier ist gekommen:

Ich stehe in einem breiten Lichtkegel an einem Strand. Vom Himmel fällt wunderbar wärmendes Licht. Und ich fühle mich schlicht rundum wohl. Da beobachte ich: Hier und da versucht ein schwarzes Schaf in den Lichtkegel einzudringen. Aber das Licht schiebt jedes Tier zurück.

Doch schließlich gelingt mehreren Tieren gemeinsam der Einbruch. Sie umringen mich. Bedrängen mich. Mir wird eng und enger. Da greift eine Lichthand ein, hebt mich auf und setzt mich ein ganzes Stück weiter wieder ab. Der Lichtkegel rückt sofort nach, und die schwarzen Schafe sind wieder außen vor.

Dann patsche ich durch seichtes warmes Wasser. Da liegen weiße Muschelschalen herum. Mit den Füßen schiebe ich sie so zurecht, dass ich sie gut betrachten kann. Ich bin ganz versunken in mein Tun, als ich spüre: Mir wird kalt! Und auch das Wasser wird kühl. Ich schaue auf: Der Lichtkegel ist weitergezogen, und ich bin nicht mitgegangen. Nichts wie hinterher!

Das sollte der Alltag sein: Ein Leben in göttlicher Wärme. Hier im Bild ist es der Ausgangspunkt. Und da zeigt sich: Ab und an wollen schwarze Schafe – ich nenne sie mal Biester – das Wohlbefinden stören. Was sind das für Biester? Es sind etwa Attacken von Ängsten. Aber auch von Zweifeln. Niemand bleibt davon verschont. Ein gestandenes Gottesvertrauen kann sie aber meistens auf Abstand halten.

Doch dann kommt ein Einbruch. Vielleicht dramatisiert sich gerade das Leben – etwa durch Unfall, Krankheit, Verlust. Dann kann der Glaube geschwächt sein, und Ängste und Zweifel haben leichteres Spiel. Sie können beklemmend weit vordringen. Da hilft dann nur noch ein Notschrei zum Himmel – welcher Art auch immer –, und eine göttliche Hand greift ein und packt zu. Ich habe das ja gerade mit meinem Ultimatum durchexerziert.

Die rettende göttliche Hand setzt erst ein ganzes Stück weiter wieder ab, und der Lichtkegel rückt nach: Ein Sinnbild für rasch wachsendes Gottesvertrauen. Jede Not mit göttlicher Errettung bringt es weiter voran, festigt es und gibt ihm mehr Kraft.

Dagegen kann Glaubenswohlstand schwächen: Alles läuft gerade gut. Der Himmel ist dem Anschein nach mit einem. Und der Alltag sorgt für genug kleine Freuden. Darüber aber reißt unerwartet der Glaubensanschluss ab. So wie das Leben immer weitergeht, so ist dann inzwischen auch der Himmel weitergezogen. Scheinbar rigoros.

Das kann passieren. Aber das muss auch ab und an passieren! Glaube ist kein Ding, das man fest in Besitz hat. Er kann durch die Finger rinnen. So wie eine gute Beziehung gepflegt werden muss, um nicht zu versanden, so muss auch der Kontakt zum Himmel immer wieder aufgefrischt werden. Und ab und an braucht es eben den deutlichen Verlust dieses Kontaktes. Nur dann wird handfest spürbar, was man am Glauben hat: Mehr Geborgenheit, mehr Wärme.

Im Übrigen ist es meistens so: Geht es einem gut, fühlt man sich dem Himmel näher. Die Sonne scheint, und das Herz pocht freudig. Anders dagegen ist es, wenn das Leben unangenehmen Widerstand bietet. Wenn es gerade mühsam ist. Dann fühlt man sich dem Himmel ferner. Und das Gottesvertrauen kann schwächeln. Vielleicht sackt es auch einmal richtig durch.

Doch wechselnde Pegelstände des Glaubens sind ganz natürlich. Sie gehören einfach dazu. Dabei kommt es dann nicht so sehr auf das Ausmaß des Glaubens an, sondern auf seine Qualität: Bleibt in allem Auf und Ab immer noch ein Mindestmaß an Geborgenheit erhalten? Gibt der Himmel immer noch Anlass für wärmende Gedanken?

Viele allerdings kennen solch tragende Gefühle und Gedanken überhaupt nicht. Auch mir ist es lange so gegangen. Da frage ich mal: Wie warm ist eigentlich deine Beziehung zum Himmel, liebe Leserin oder lieber Leser? Rede ich hier von etwas, das dir ziemlich fremd ist? Dann sprechen wir jetzt einmal über Gottes Liebe. Ich selbst habe sie früher lange nicht gespürt.

Verblüffendes Selbstbild von Gott

Es gibt viele Gründe, an Gott zu glauben. Ein Grund kann Tradition sein. Man ist damit aufgewachsen. Ein Grund kann die religiöse Umwelt sein. Es wäre dann lästig, aus der Weltsicht der Umgebung auszuscheren und anzuecken. Ein Grund kann Angst sein. Man möchte sich gegen unangenehme Überraschungen im Diesseits und Jenseits wappnen. Ein Grund kann Sinnsuche sein. Man braucht tieferen Sinn im Leben. Und ein Grund kann schließlich auch Gottes Liebe sein. Und das ist der beste Grund.

Gottes Liebe hat mit einigen Schwierigkeiten zu kämpfen. Das hat mit ihrem Empfänger zu tun: Der Mensch kann sich zwar relativ leicht Jenseitiges denken. Aber mit konkreteren Vorstellungen hapert es dann. Und wenn das Bild des jenseitigen Wesens, von dem die Liebe ausgeht, im Kopf des Menschen zerfasert, unangenehm verschwimmt oder gar eher abstoßend wirkt – wie soll dann von göttlicher Liebe bei ihm mehr ankommen als höchstens ein paar Fünkchen?

Der Anteil derer, die an Engel glauben, soll jedenfalls größer sein, als derjenigen, die an Gott glauben. Das erscheint plausibel. Denn Engel lassen sich gut in menschlicher Gestalt vorstellen. Sie werden damit als nahe und nahbar erlebt. Sie sind zudem gut denkbar als dienstbare Geister im Alltag. Und sie wollen nur Gutes tun – das ist gängige Ansicht. Bei ihnen erscheint Liebe zum Menschen als absolut plausibel. Sie sind daher nicht bedrohlich, sondern höchst willkommen. Und werden prompt zurückgeliebt.

Bei Gott dagegen gehen bildliche Vorstellungsversuche ins Leere. Auch abstrakte Beschreibungen helfen nicht weiter. Da fallen dann Begriffe wie etwa Allwissenheit, Allgegenwärtigkeit, Allmächtigkeit. Versucht man sich solche Zuschreibungen nur ansatzweise vorzustellen, ruft das Schwindel hervor. Oder gar Angst und Schrecken.

Was nun? Ein guter Ansatz kann sein, Gott als „Vater" zu bezeichnen. Da kann so manchen Menschen das Herz aufgehen. Vor allem denen, um die sich ein Vater liebevoll gekümmert hat.

Doch der Ansatz hat Grenzen. Denn angenehme und hilfreiche Väterlichkeit schwingt in dem Wort Vater nicht für alle mit. Es gibt auch unausstehliche Väter. Und die prägen das Gottesbild bei ihren Kindern negativ. Um dann in deren Köpfen das Gottesbild von väterlicher Strenge, Unnahbarkeit oder Unzuverlässigkeit auf Milderes umzupolen: Das braucht Zeit! Das braucht Intensität! Ich weiß, wovon ich rede.

Im Übrigen ist Gott für viele überhaupt undenkbar als ein personales Wesen. Für sie ist er zum Beispiel nur geballte Energie. Also etwas Verschwommenes. Solche Menschen sträuben sich vermutlich unbewusst: Nein, bitte bloß kein Vater oder keine Mutter als Gott! Und bitte auch sonst keine Gestalt, die womöglich gezielt auf mich zugreifen könnte.

Gottes Unsichtbarkeit lässt zu, dass jeder Mensch eine ganz eigene Vorstellung von ihm pflegen kann. Oder auch seine

Nichtexistenz propagieren kann. Doch immerhin ist Gott schon hier im Buch innerlich sichtbar in Erscheinung getreten. Er hat sich in den bisherigen inneren Bildern selbst auf eine Leinwand der Seele projeziert. Und zwar in Gestalt von Feuer und Licht.

An dieser Stelle, merke ich, wird es Zeit, ihn um ein Bild von sich selbst zu bitten. Es soll ein Bild sein, mit dem er sich selbst gern vorstellen möchte. Und mit dem er – auf seine Weise – zugleich etwas über seine Liebe zum Menschen sagt. Genau jetzt hier im Buch. Das wird für mich ziemlich spannend. Aber sicherlich auch für dich, liebe Leserin oder lieber Leser.

Ich schiebe das Vorhaben allerdings erst einmal vor mir her. Kann es denn anders enden als in peinlicher Frustration? Schließlich werde ich dann überrascht:

> Ich sehe im inneren Bild die Morgensonne über dem Meer aufgehen. Sie ist eine große orangefarbene Scheibe. Sie steht schon leicht über dem Horizont. Mitten in der Scheibe ist schwarz, groß und unübersehbar zu lesen: „ich".

Ich habe etwas völlig anderes erwartet. Diese Sonne – das ist doch ein allzu simples Symbol! Aber sie war überdeutlich da. Gott findet also sich und seine Liebe zum Menschen mit einer Morgensonne treffend charakterisiert? So etwas!

Eher hätte ich gleißendes weißes Licht erwartet. Eine Art überdimensionale Sonne direkt über mir. Aber es stimmt natürlich: Zu einer Sonne hoch am Himmel darf und kann man nicht aufsehen. Sie ist für die Augen Sperrgebiet. Allenfalls kurzes Blinzeln ist erlaubt, will man nicht erblinden.

Zudem kann tägliche pralle Sonne ganze Landstriche verwüsten. Sie hat dann eine zerstörerische Seite. Und hatte ich nicht schon ein inneres Bild, in dem göttliches Feuer Menschen den Tod brachte?

Die Morgensonne hier im Bild ist das aber gerade nicht: Sie ist nicht tödlich. Sie will es absolut nicht sein. Sie ist vielmehr eine verheißungsvoll milde Sonne. Ihr Licht ist noch sehr gedämpft – gemessen an ihren Möglichkeiten. Und ihre Wärme ist es ebenso. Aber sie wirkt schon anregend. In dieser Gestalt verspricht sie Leben und Fülle. Und man ahnt bereits, dass sie damit auch sehr großzügig umgehen kann.

Die Morgensonne lieben eigentlich alle. Sie beendet Dunkelheit. Sie bringt erste Wärme. Sie vermittelt das Gefühl: Es geht aufwärts. Das Leben – egal wie es bisher war – beginnt ein Stück frisch und neu.

Gott als Morgensonne: Da wirkt er doch absolut liebenswert? Da kann man doch ein richtig gutes und warmes Gefühl zu ihm haben? Ich finde: Ja! Das Bild jedenfalls behauptet: Gottes Liebe kann dem Menschen rundum gut tun.

Und noch eins: Da ist auch noch das Wort „ich" mitten in der orangefarbenen Sonnenscheibe. Und nur eine Person sagt „ich" – aber nicht eine abstrakte Energiezusammenballung. Gott stellt sich in diesem inneren Bild also als Person vor. Als ein Wesen, das ein Ich hat, weil es auch das Du kennt. Und dieses Wesen ist für den Austausch mit dem Du offen. Ja, es bietet diesen Austausch direkt an – so zentral, wie mir das „ich" aus der Sonnenscheibe entgegenspringt.

Dabei hat das „ich" nur kleine Buchstaben. In der Sonnenscheibe steht nicht „ICH". Es ist das Angebot eines liebevollen Austauschs von gleich zu gleich. Und nicht von oben nach unten. Es ist das Angebot einer Liebesbeziehung, in der die Dinge gleichrangig miteinander verhandelt werden. Und wo nicht eine Seite dominiert und alles bestimmt.

Unterstrichen wird das vom Stand der Sonne: Sie erscheint dicht über dem Horizont. Da ist sie fast noch greifbar. Man muss nicht etwa den Kopf verrenken, um zu ihr aufzuschauen. Man kann sie einfach von Angesicht zu Angesicht begrüßen und sich von ihr auch so begrüßen lassen.

Das scheinbar simple Symbol der Morgensonne hat also versteckte Raffinesse. Und eine ebenso verdeckte Großartigkeit. Denn Gott stellt sich hier fast auf eine Ebene mit dem Menschen. Und wenn ich mir jetzt – an dieser Stelle – Art und Umfang dieses Angebots wieder einmal vor Augen führe, macht es mich erneut fassungslos. Aber zugleich auch glücklich.

Früher hat man Gott anders gesehen. Da hieß es: Gott thront weit abgehoben über den Menschen. Er verfolgt penibel Verstöße gegen seine göttliche Ordnung. Man muss Buße tun, um ihn gnädig zu stimmen, sonst straft er. Man erlebte ihn als kalten, harten, maßregelnden Gott. Zugleich wusste man nie so recht, wie eigentlich der Stand des persönlichen Gnadenkontos bei ihm war. In hohem Maße hat damals drohende Strafe – und damit Angst – die Menschen zu Gott und in die Kirchen getrieben.

Inzwischen wird Gott erträglicher geschildert. Er ist nicht mehr so hart, nicht mehr so ungnädig. Er ist wohlwollend gegenüber den Menschen. Er hat ein ganz freundliches Wesen. Man braucht keine Angst vor ihm zu haben.

Aber wie viel Distanz ist immer noch da? Wie viele Menschen werden eigentlich wirklich warm mit ihm? Genügt es dafür, wenn Gott als gütig und liebevoll geschildert wird? Und wenn er deshalb sogar in höchsten Tönen gelobt wird?

Nein, das reicht nicht. Absolut nicht! Und damit sind wir bei der Rede über Gott. Man kann über seine Liebe zum Menschen sprechen. Man kann viele Facetten dieser Liebe aufzählen und preisen. Das Ergebnis ist allerdings nur: Es erhellt den Verstand, aber erwärmt nicht die Seele.

Gottes Liebe zum Menschen findet nur tiefere Resonanz, wenn sie erlebbar und spürbar wird. Sie überzeugt nur, wenn sie als Wärme im Herzen ankommt. Nur dann kann der Mensch seinerseits darauf mit Wärme antworten. Und dann kann er Gott von ganzem Herzen lieben.

Noch einmal zum Bild der Morgensonne: Ich stelle mir vor, ein Mensch hat noch nie selbst Morgensonne erlebt. Vielleicht wohnt er ja hinter einem hohen Berg, seine Fenster gehen nach Westen hinaus oder er ist sogar blind geboren. Egal. Beschreibt man solch einem Menschen die Morgensonne, kann er zwar Sehnsucht bekommen. Er kann sogar die Beschreibung an andere weitergeben und auch deren Sehnsucht wecken. Aber die Morgensonne muss erst einmal auf seiner Haut liegen und da zu spüren sein. Er muss sie zunächst mit den eigenen Augen trinken. Dann erst weiß er wirklich, wie tief sie wärmen kann.

An meinem Geburtstag war die Schafherde, die vor meiner Tür aufmarschierte, meine göttliche Morgensonne. Als die Tiere wieder abgezogen waren, blieb ein beglückender Schub von Wärme in mir zurück. Und ein heißes Gefühl von Liebe zu dem, der solch fantasievolle Liebeserklärung macht.

Es braucht solche Liebeshöhepunkte. Sie brennen sich ins Herz ein, sie füllen es mit Liebe ab. Von solch einem Polster lässt sich dann oft lange zehren.

Selbstfesselnde Zweifel

Was wäre: Wenn ich die Gratulation der Schafherde als Zufall abgetan hätte? Wenn ich bezweifelt hätte, dass sie göttliches Geburtstagsgeschenk ist? Wenn ich sie nicht als Akt göttlicher Liebe an mein Herz gedrückt hätte? Ich hätte zwar etwas Nettes erlebt. Und mich an den Tieren erfreut. Ja. Aber es wäre kein furioses Liebesabenteuer geworden.

Mit Zweifeln kann man sich selbst gut fesseln: Etwa an beschränkte oder gar armselige Weltsichten. Und damit lässt man sich dann so einige Freuden entgehen.

Bei zweifelsfreiem Glauben dagegen ist vieles als göttliche Liebesbotschaft zu interpretieren: Etwas Reizvolles am Weg. Eine interessante Begegnung in der Stadt. Ein Anruf oder Brief genau zur rechten Zeit. Eine Bewahrung vor Missgeschick oder gar Unglück.

Ich selbst komme – zu meiner Freude – auch noch in den Genuss spannender visionärer Bilder. Gerade die inneren Bilder, die ich für dieses Buch erbitte, sind oft verblüffend, aufregend, beglückend. Sie sind für mich fast immer fantastische Geschenke. Und nur allzu gern teile ich sie mit dir, liebe Leserin oder lieber Leser.

Zudem behaupte ich: In allem und jedem lässt sich ein göttliches Geschenk entdecken – wenn man will. Die Anleitung dazu bekomme ich in einem inneren Bild:

> Mein Engel lässt mich voranschreiten – so wie ich immer meinen Weg gehe. Dann drückt er mir eine Art Blindenstock in die Hand. Und er bittet mich, mit diesem langen dünnen Stock leicht an die Dinge zu schla-

gen, die gerade vor mir sind. Ich mache das, und die sonst so stummen Dinge geben angenehme Töne und Klänge von sich. Mein Engel nennt diesen Stock den „Liebesstecken".

Für mich ist klar: Dieser göttliche Liebesstecken entlockt den Dingen etwas, das sich der normalen Wahrnehmung entzieht. Die angenehmen Töne und Klänge symbolisieren kleine göttliche Liebesbotschaften.

Was für Botschaften sind das? Das fragst du mich jetzt sicherlich, liebe Leserin oder lieber Leser. Damit du Beispiele hast, probiere ich selbst den Liebesstecken aus:

> Ich tippe die langblättrige Pflanze rechts neben mir an. Sie ist dreißig Jahre mit dir durch meine Wohnungen gewandert – welch ein Weg mit mir: Lächeln! Sie ist immer schöner dabei geworden: Freude! Ein wahrhaft göttliches Geschenk: Leise innere Überwältigung! Ich sehe die Pflanze so beglückt an wie noch nie.

> Oder mein Locher links vor mir: Ich tippe ihn an. Er war mir zwar ein eher selten gebrauchter, aber stets bereiter Diener: Lächeln! Er ist noch immer da, löst mir sofort fast jedes Lochproblem: Freude! Was für ein göttliches Geschenk an mich und die Menschheit: Mein Blick ruht still begeistert auf ihm!

Der Liebesstecken funktioniert! Möchtest du nun selbst den Dingen etwas entlocken? Ich zeige dir, wie es geht. Du solltest allerdings möglichst zweifelsfrei glauben, dass der Stecken vorn mit göttlicher Liebe und Kraft geladen ist:

> *Du stellst dir vor: Du hast einen Liebesstecken. Er ist vielleicht einen Meter lang. Und das Besondere an ihm*

ist eben: Er ist mit göttlicher Liebe und Kraft geladen – besonders ganz vorn. Wenn du nun mit diesem Stecken Dinge antippst, kommt dir Schönes in den Sinn, was du damit erlebt hast. Und ebenso das Gute, was dir diese Dinge gegenwärtig geben und schenken.

Mit diesem Stecken kannst du auch Menschen antippen. Wenn du dabei an die göttliche Kraft im Stecken glaubst, siehst du die Menschen gleich in wärmerem Licht. Dann fällt dir Gutes ein, was du bisher mit ihnen erlebt hast. Ebenso entdeckst du, welche Vorzüge ihre Existenz für dich gegenwärtig hat. Und vielleicht erkennst du auch noch, was an ihnen speziell ein göttliches Geschenk für dich ist. Du siehst die Menschen sofort mit viel freundlicheren, vielleicht sogar liebevollen Augen an. Selbst ihr Äußeres gewinnt dazu.

Du kannst sogar dich selbst mit dem Liebesstecken berühren – und so prompt dein Verhältnis zu deiner eigenen Person verbessern. Wenn ich das bei mir mache, werde ich gleich netter zu mir selbst …

Der Liebesstecken funktioniert zwar auch ohne Glauben. Aber die Freude fällt dann magerer aus. Das Erleben ist ärmer. Grundsätzlich lässt sich feststellen: Mit einem zweifelsfreien Glauben an göttliche Liebe erscheint die Umwelt einfach gehaltvoller und freudvoller. Und Menschen und Dinge werden liebenswerter.

❄ ❄ ❄

Lange Zeit habe ich immer wieder Zweifel an Gottes Existenz gehegt. Mich haben diese Zweifel zwar gestört. Ich wünschte mir einen zweifelsfreien Glauben. Aber trotzdem habe ich die Zweifel auch gepflegt. Ich war hin- und hergerissen.

Damals verdiente ich mein Geld in der sozialwissenschaftlichen Forschung. Den Arbeitstag verbrachte ich in einem Umfeld, das mit Hypothesen arbeitete und sie nüchtern mit Zahlen stützte oder verwarf. Für mich war Gott da nur eine Hypothese. Meine Zweifel an Gottes Existenz fand ich intellektuell redlich. Ja, meine Zweifel hielt ich sogar für notwendig, wenn ich mich ehrlich der ganzen Realität stellen wollte.

Doch zugleich arbeitete ich schon mit visionären inneren Bildern. Was ich darin sah, deutete für mich stark auf direkte Impulse von Gott hin. Und ich wünschte und wollte auch Gottes Existenz. Ich versuchte sogar, sie mit den visionären Bildern zu untermauern. Hätte man mich damals nach der Wahrscheinlichkeit von Gottes Existenz gefragt, hätte ich wohl gesagt: So um die neunzig Prozent. Das war bereits viel.

Heute sehe ich allerdings: Nur zehn Prozent Zweifel am Glauben können schon vieles stören oder gar zerstören: Sie verunsichern dann grundsätzlich. Sie rauben Energie. Sie lähmen den Willen. Sie nagen an der eigenen Identität. Der Umgang mit dem Leben leidet.

Wirklichen Halt gibt nur hundertprozentiger Glaube. Nur mit einem solchen Glauben ist man mit sich selbst im Reinen. Nur er vermag wirklich zu tragen und kann auch mal Flügel verleihen. Im Nachhinein ist mir das sonnenklar.

Ich arbeitete mich dann an einen hundertprozentigen Glauben heran. Wie? Es gab einen Auslöser: Ein Mensch in meiner allernächsten Umgebung rutschte in eine schwere Depression. Und dieser Mensch war von mir abhängig. Seine Betreuung lag ganz auf meinen Schultern. Ich drohte, unter dieser Belastung einzuknicken, ja, womöglich sogar zusammenzubrechen. Mir wurde klar: Jetzt musste etwas geschehen. Unbedingt!

Zu der Zeit wurden wissenschaftliche Daten veröffentlicht: Danach konnte positiver Glaube Halt geben und stabilisieren. Da fragte ich mich: Was habe ich eigentlich von intellektueller Redlichkeit, wenn sie letztlich Untergang bedeutet? Ich beschloss, für mich die Wahrscheinlichkeit für einen liebenden Gott auf hundert Prozent zu setzen. Ich entschied mich gegen alle Zweifel. Mit meinem ganzen Willen. Zwar gelang es mir nicht, die Zweifel auf einen Schlag auszumerzen. Sie suchten immer neu Unterschlupf bei mir. Aber mit der Zeit verloren sie ihre Hartnäckigkeit und gaben auf.

Die Verbannung der Zweifel war ein Durchbruch. Und die jahrelange Belastung konnte mich dann nicht in die Knie zwingen. Ich überstand sie ohne Schaden. Das war ein elementares und wegweisendes Erlebnis. Seitdem weiß ich, dass zweifelsfreier Glaube auch Willenssache ist. Er ist – zumindest zum Teil – selbst zu erarbeiten.

Der Rest allerdings ist immer noch göttliches Geschenk. Aber wer sich dieses Geschenk ernsthaft wünscht und sich mit bittenden Händen hinstellt, dem wird tatsächlich ein tragfähiger, zuversichtlicher Glaube zuteil. Zwar ist gelegentliches Stolpern und Hinfallen unvermeidbar. Aber das muss auch so sein. Und steht man dann erst einmal wieder, ist der Glaube noch ein bisschen stärker geworden.

Scheinbare Gottesblindheit

Können wir Gott sehen? Nein. Und natürlich ist das eine provokative Frage: Denn eigentlich ist es eine Binsenwahrheit, dass Gott unsichtbar ist. Doch: In visionären inneren Bildern lässt sich Gott durchaus blicken. Bei einigen Menschen sogar relativ häufig. Und das lässt aufmerken.

Überhaupt: Ist denn die normale Unsichtbarkeit von Gott wirklich schlimm? Von Blinden ist bekannt, dass sie manches viel intensiver wahrnehmen als Sehende. Vielleicht werden wir durch äußere Gottesblindheit ja zu innerer Gotteswahrnehmung getrieben? Wirkliche Schätze liegen auch nicht auf der Straße. Und sie sind oft nur mit Mühe zu heben.

Im realen Leben brauchen wir unsere Augen dringend zur Orientierung. Ja. Aber was nützen uns die Augen beim Blick in die Sonne über uns? Wir sind dann nur geblendet. Und so geblendet und blind wären wir auch, wenn Gott sich uns in ganzer Größe und Intensität zeigen würde.

Und außerdem: Meistens kommt es überhaupt nicht auf die äußere Gestalt von Menschen und Dingen an. Sondern ihr inneres Wesen, ihre eigentliche Substanz ist für uns hilfreich und reizvoll: Wie viel Freude machen sie uns auf diese Weise? Wie viel profitieren wir so von ihnen? Das zählt in der Regel.

Gott vermeidet von vornherein, uns mit irgendeinem Aussehen zu behelligen oder zu irritieren. Er kommt uns gleich mit dem Entscheidenden, also mit seinem Wesen. Er zeigt sich so, dass wir seine liebevolle Zuwendung und seine förderliche Kraft spüren können. Und zwar in einer Dosierung, die uns nicht umhaut, sondern aufbaut. Und auch nur dann, wenn wir das wirklich wollen und brauchen.

Dabei ist es so: Wir müssen doch morgens erst einmal die Augen aufschlagen, wenn wir unsere Welt wahrnehmen wollen. Dann erst wird sie für uns sichtbar und zugänglich. Ähnlich ist es mit der Wahrnehmung von Gott: Wir müssen erst den Kanal auftun, der uns Gott sinnlich erfahren lässt. Wir müssen uns für seine Ausstrahlung öffnen. Dann können wir ihn erspüren. Oder auch – mit konzentrierter Aufmerksamkeit – innerlich sehen und hören.

Dazu bitte ich um ein treffendes inneres Bild. Und ich sehe:

> Mein Engel führt mich zu einer grauen Menschenmenge. Alle stehen da und schauen gen Himmel. Sie hoffen offenbar darauf, dass oben über ihnen Gott erscheint. Aber der Himmel ist grau und bleibt grau. Nichts tut sich.
>
> Doch am Rand der Menge erscheint eine Lichtgestalt. Sie ist so groß wie die Menschen und tritt mitten unter sie. Und die Gestalt fasst hier einen Menschen freundschaftlich an den Arm, legt da einem anderen die Hand auf die Schulter und streicht dort jemandem über den Rücken. Die Menschen bekommen das zunächst nicht mit. Erst als sie den Blick zum Himmel aufgeben und gerade gehen wollen, stutzen sie. Jetzt fasst sich der eine an den Arm, der andere tastet seine Schulter ab und der dritte versucht nach hinten auf seinen Rücken zu schauen. Sie merken nun erst: Da war doch was!

Ist die lichte Gestalt nun Gott? Gott ist hier im Buch in inneren Bildern schon als Feuer, Lichtkegel, Lichthand und Morgensonne in Erscheinung getreten. Da kann er auch einmal volle menschliche Gestalt annehmen. Und in dieser Gestalt sagt er nun: Ich bin euch Menschen ganz nahe. Ihr müsst mich nicht irgendwo in der Ferne erwarten, sondern ihr könnt mich hautnah erleben und spüren. Ich begebe mich ganz auf eure Ebene. Ich komme sogar – wenn es euch gut tut – in Menschengestalt und Menschengröße zu euch.

Allerdings: Ihr müsst mich schon in der richtigen Weise suchen und an der richtigen Stelle. Und zwar ganz in eurer Nähe. Ich kann in einem Menschen sein, der euch begegnet und rührt. Ich kann in einer Situation sein, die euch erschüttert. Ich kann in Worten, Gefühlen, Bildern, Gedanken sein, die innen in euch aufsteigen.

Über Gott schwirren ja viele Berichte und Ansichten in der Welt herum. Schriftlich und mündlich. Sie erzählen, wie Gott ist und was Gott will. Oder sie berichten, was Gott getan hat. Solchen Erzählungen wird oft besondere Autorität zugemessen, und sie werden als Anleitung für das Verhalten in vielen Lebenslagen genommen. Allerdings: Es sind Botschaften, die uns aus großer Ferne erreichen. Sie klingen oft wie von einem wenig gegenwärtigen und von einem eher gestrigen Gott.

Dazu kommt: Viele Menschen haben Gott gegenüber fremdbestimmte Gefühle. Sie haben diese Gefühle vom Hörensagen. Sie wurden vielleicht jahrzehntelang angepredigt, ihnen wurde die Liebe von Gott in den Kopf hineinzustopfen versucht, sie wurden mit Bibelversen beschossen. Sie finden Gott dann gut – aber sie bleiben distanziert. Sie müssen zunächst göttliche Liebe am eigenen Leib erfahren, ihren eigenen Zugang zu Gott finden, ihre Gefühle gegenüber Gott als ureigene Gefühle erleben.

Es gilt also, die Antennen für Gott auszufahren. Der Mensch wird dann unabhängiger von gut gemeinten Ratschlägen. Oder auch von manchmal fragwürdigen Anleitungen. Er kann dann selbst göttliche Impulse empfangen. Und er kann auch diese Impulse in Eigenverantwortung umsetzen. Er wird damit zu einem selbsttragenden Element auf der spirituellen Ebene. Und er wird für Gott zu einem wichtigen Partner.

Ich weiß nicht, liebe Leserin oder lieber Leser, wo du selbst stehst. Falls du aber noch wenig eigene Erfahrung mit Gott hast, kann ich dir nur allerwärmstens dazu raten. Dein Herz wird wärmer, dein Denken weiter und dein Lächeln breiter.

Mehr als herablassende Gnade

Ich gestehe vorab: Ich gehe eher unbarmherzig mit den Worten Gnade und Barmherzigkeit um. Und zwar immer dann, wenn sie hervorgehoben werden, um Gottes Liebe zum Menschen zu preisen.

Denn Gnade und Barmherzigkeit sind eng mit feudalen Zeiten verknüpft. Sie entstammen einer Menschheitsepoche, in der es Könige und Untertanen gab und Herren und Knechte. Damals war die Umgangsweise miteinander vor allem Befehl und Gehorsam. Hatte sich ein Untertan etwas zuschulden kommen lassen und der König rechnete ihm das nicht an, dann war das Gnade. Und wenn ein Herr einem kranken Knecht nicht die übliche Leistung abforderte, sondern auf seinen Zustand Rücksicht nahm, dann war das Barmherzigkeit. Passt so etwas in unsere Zeit?

Es ist doch so: Die Worte Gnade und Barmherzigkeit gehen von einem Herrschaftsgefälle aus. Einer ist oben und die anderen sind unten. Aber ist ein solches Verhältnis von Gott zu Mensch zeitgemäß? Oder war es das jemals? Für Jesus zumindest war jeder Mensch ein gleichrangiges Gegenüber. Er hat die Menschen geliebt und sich auf eine Ebene mit ihnen gestellt. Und er hat Gott als Vater bezeichnet und die Menschen als Gottes Kinder – und nicht als Gottes Untergebene.

Und: Ist es etwa Gnade von Vater und Mutter, wenn sie einem Kind einen Wunsch erfüllen? Oder versorgen sie ihre Sprösslinge nur aus Barmherzigkeit mit allem Nötigen? Wahre und volle Liebe ist von Gleichrangigkeit geprägt – auch wenn die eine Seite ungeheure Macht hat und die andere Seite praktisch keine. Man ist dann nicht gnädig und barmherzig zueinander, sondern gibt einfach von Herzen.

Oder wie ist es bei Partnern: Sind sie zueinander nur gnädig und barmherzig? Nein. Oder ist das so unter Freunden? Nein, ebenfalls nicht.

Natürlich gibt es auch Menschen, auf die man offen oder heimlich hinunterschaut. Dann hat etwaige Hilfe für sie tatsächlich etwas von Gnade und Barmherzigkeit. Mehr Zuwendung von gleich zu gleich wäre da allerdings auch besser und wünschenswert.

An dieser Stelle versuche ich nun ein inneres Bild zu bekommen. Aber als es da ist, macht es mich erst einmal ratlos:

> Mein Engel kommt und nimmt mich mit auf eine blühende Wiese. Da lässt er mich niederknien. Dann legt er mir die Hände auf und segnet mich. Danach soll ich mich wieder erheben. Und das ist es dann.

Bitte: Was hat das mit Gnade und Barmherzigkeit zu tun? Es dauert, bis ich begreife. Ich sehe nun den Segen als eine Art göttlichen Gutschein. Einen Gutschein für Gutes. Und bei entscheidenden Gelegenheiten löst sich dieser Gutschein von ganz alleine ein. Dabei ist er in seiner Gültigkeit nicht auf bestimmte Dinge oder Situationen begrenzt. Er ist vielmehr eine überreiche Ausschüttung von uneingeschränkter Güte und Liebe. Und er gilt auch für lange Zeit.

Ja, ich habe sogar den Gedanken: Gott stattet jeden Menschen von vornherein mit einem gewaltigen Guthaben aus. Jeder kommt damit auf die Welt. Und jeder kann davon lange zehren und immerzu neu abheben. Erst wenn der Mensch unverantwortlich handelt, kann das Guthaben zu schmelzen beginnen. Und nur wenn das häufiger und in großem Maßstab geschieht, kann es passieren, dass der Mensch irgendwann einen Nachschuss braucht. Dann ist er womöglich tatsächlich auf göttliche Gnade angewiesen.

Im Prinzip will das innere Bild also darauf hinaus: Gott kann und will unglaublich freigebig schenken. Er möchte den Menschen mit Gutem überschütten. Und er tut es jeden Tag – meist eher versteckt, aber manchmal auch überdeutlich. Das hat dann absolut nichts mit herablassender Gnade und Barmherzigkeit zu tun, sondern geht weit darüber hinaus.

Wer Gott dagegen nur als gnädig und barmherzig wahrnimmt, der sieht ihn als einen, der erhaben über dem Menschen steht und stehen will. Der nicht daran denkt, sich bis auf Augenhöhe zum Menschen hinunter zu begeben. Und zugleich sieht er Gott als einen, der sich fast ständig vom Menschen verletzt fühlt und immer wieder in seiner Schöpferehre gekränkt ist.

Nun ist ja der Mensch tatsächlich kein durch und durch liebevolles Wesen. Er kann schon andere Menschen schlecht reden. Oder sie unterdrücken. Oder sie quälen. Oder noch Schlimmeres. Und er kann damit seinen Schöpfer schon sehr verletzen.

Doch ist daraus zu schließen: Gott schlägt nur noch entsetzt die Hände über dem Kopf zusammen, wenn er sieht, was die Menschheit auf seiner schönen Erde so anrichtet? Und muss er nur ständig neu im Kinderzimmer der Menschheit aufräumen, dieser Menschheit unentwegt ihre Dummheit, Achtlosigkeit oder auch Bösartigkeit vorhalten und ihr unentwegt – sich herablassend – gnädig und barmherzig verzeihen?

Wäre es so, könnte man Gott bemitleiden: Oh, du armer Gott! Ist dir die Schöpfung aus dem Ruder gelaufen? Sind dir die Menschen missraten? Hast du nun einfach keine Zeit und Muße mehr, dich ausgiebig der Freude an deiner Schöpfung hinzugeben – obwohl das sicher Ziel deiner Schöpfung war?

Ja, solch Mitleid wäre tatsächlich angebracht, wenn der Mensch vor allem ein Wesen aus Mängeln und Fehlern wäre. Damit hätten diejenigen Recht, die Gottes Liebe besonders als Gnade und Barmherzigkeit definieren und den Menschen – ja tatsächlich! – vor allem als göttliches Missgeschick ansehen.

Doch so ist es nicht – zum Glück! Der Mensch ist ein Meisterstück göttlicher Schöpfung! Alle Zweifel hin oder her. Denn viele bemühen sich engagiert um den Erhalt und die Weiterentwicklung von Gottes Schöpfung. Noch mehr setzen sich mit bemerkenswerter Energie für benachteiligte Mitmenschen ein. Oder eine unglaubliche Zahl kümmert sich Tag und Nacht liebevoll um den eigenen Nachwuchs. Und das ist längst nicht alles. Denn da gibt es ja noch die ungeheure Menge dienstbarer Menschen, die den Alltag überhaupt lebenswert machen und ihn am Laufen halten.

Nein, Gott befindet sich nicht im Repariermodus, sondern im Schenkmodus. Er kann stolz sein auf seine Schöpfung. Und als durch und durch liebendes Wesen hat Gott auch alle Hände voll damit zu tun, weiter ungeheuer zu schenken. Und zwar lustvoll und in jeder Beziehung. Auf dass sich seine Schöpfung immer weiter entfalte.

Und Gott, dieses durch und durch liebende Wesen, schenkt dabei in einem Ausmaß, dass einem schwindelig werden kann. Er nimmt Milliarden von Jahren Anlauf, um eine unglaublich differenzierte und komplexe Welt zu schaffen. Und was dann dasteht, ist eine Welt, die von lauter Geschenken überquillt.

Die Geschenke sind nach allen Seiten aneinandergereiht und auch noch übereinander gestapelt. Die Fülle ist unendlich. Und nur weil unsere Wahrnehmung beschränkt ist, sticht uns relativ selten einmal ein außerordentliches Geschenk ins Auge. Passiert das aber – und das kommt zum Glück immer wieder vor –, dann erleben und genießen wir dieses Geschenk und finden es wunderbar und kostbar.

Vielleicht fällt dir selbst, liebe Leserin oder lieber Leser, spontan ein solches Geschenk aus den letzten Tagen ein. Etwas, bei dem dir das Herz überfloss.

Ich meinerseits hatte jedenfalls erst vorhin eine Begegnung der besonderen Art. Und für mich war diese Begegnung ein wundersames und köstliches Geschenk. Nicht zuletzt auch deshalb, weil es – wie bestellt – genau hierher passt und das Thema noch ein Stück erweitert.

Vorhin also sah ich auf einem Spaziergang ein Kalb. Es war unter dem elektrisch geladenen Weidedraht durchgeschlüpft und stand mitten auf meinem Weg. Ich nähere mich ihm langsam und rede sanft auf das Tier ein. Schließlich darf ich ihm vorn auf den Kopf tippen. Da kommt seine Zunge heraus. Die Zunge beginnt mir die Hand zu lecken. Sie ist ziemlich rau.

Da wage ich mich weiter vor und schiebe dem Tier langsam meinen Zeigefinger tief ins Maul. Das Kalb leckt intensiv daran. Ich spüre nun auch seine Zähne und denke: Wenn es jetzt zubeißt? Tut es aber nicht. Dann entziehe ich ihm langsam wieder meinen Finger und verabschiede mich.

Ich bin tief berührt davon, wie viel Vertrauen mir das Kalb geschenkt hat. Und ich sage ihm innerlich: Danke, du mein Mitgeschöpf, du Kalb! Du hast mir heute eine ganz besondere Freude bereitet.

Dieses Kalb bringt mich darauf, dass es bei Gottes Geschenken nicht zuletzt auch um die Kreatur geht. Und um den Umgang mit ihr – so von Geschöpf zu Mitgeschöpf. Und dass der Mensch ihr mit mehr als nur herablassender Gnade und Barmherzigkeit begegnen sollte: nämlich mit viel Liebe. Zur Freude beider Seiten.

Großzügige Geschenke Gottes

Jeder Säugling, jedes Baby muss erst einmal nehmen. Und immer wieder nehmen. Es dauert lange, bis daraus ein erwachsener Mensch wird. Und erst dann, wenn der Mensch deutlich älter geworden ist, kann er bewusst etwas zurückgeben. Vielleicht an eigene Kinder. Vielleicht an andere, die ihm das Herz rühren.

Auch in der Gottesbeziehung ist der Mensch zunächst Nehmender. Da trifft es sich gut, dass Gott nur allzu gern Gebender ist. Er schenkt zunächst das Leben als solches und dazu noch die Welt drumherum. Mit ihrer ganzen Fülle und gewaltigen Komplexität.

Ein kostbares Geschenk Gottes ist dabei unsere eigene Person und Persönlichkeit. Die meisten Menschen nehmen dieses Geschenk gern an. Sie kommen damit in der Regel gut zurecht. Ebenso sind unsere Mitmenschen ein kostbares Geschenk. Mit denen können wir uns verbinden, manchmal streiten, wieder versöhnen und nicht zuletzt auch feiern. Und will der Mensch dann noch ein ganz besonderes Geschenk, bietet ihm Gott auch ein Bündnis mit ihm selbst an.

Allerdings ist das Leben ansonsten nicht immer ein üppiger Geschenkebasar. Schon der Alltag bereitet häufiger Verdruss:

Da gibt es tägliches Einerlei, unangenehme Belastungen oder schmerzhafte Konflikte. Das ist wahrhaft nicht jedermanns Sache. Und wenn es gar zu dramatischen Krisen kommt, würden etliche sogar gern aus ihrem Leben aussteigen.

Soll ich es wagen, an dieser Stelle zu sagen: Wir brauchen aber auch den langweiligen oder sogar öden Alltag? Oder wir brauchen Konflikte und Krisen? Gut, ich sage es. Denn jeder Mensch spürt selbst, wenn er tief in sich hineinhorcht: Ohne einige Herausforderungen – ab und an – würde er sich nicht wohlfühlen.

Das berücksichtigt Gott, wenn er schenkt. Die Lebensgrundlagen, unsere Lebensbasis, die gibt er ziemlich ausreichend und absolut bedingungslos. Die werden in keiner Weise in Rechnung gestellt. Da ist Gott ein großer Geber. Aber bei dem, was darüber hinausgeht, ist er wesentlich zurückhaltender. Er wirft einem nicht alles hinterher!

Manche preisen zwar Gott leichthin als Ausweg aus allen Nöten. Doch da tue ich mich sehr schwer. Denn Gott gibt zwar immer gern. Aber er ist nicht nur ein großer, sondern häufig auch ein anspruchsvoller Geber. Er macht das Leben nicht müheloser. Der Mensch darf und soll sich auch noch anstrengen.

Das heißt: Gott verschleudert seine Geschenke nicht, wenn es um mehr als die Grundversorgung geht. Er schaut genau darauf, wer seine Geschenke erhält. Also ob der zu Beschenkende tatsächlich Bedarf hat. Und ob er die Geschenke auch pfleglich behandeln wird. Dazu ein inneres Bild:

> Eine Lichtbahn kommt vom Himmel. Da, wo sie auf die Erde trifft, steht ein Mensch mitten in dieser Lichtbahn.

Er bekommt ein Geschenkpaket vom Himmel herunter gereicht. Er schaut es sich länger an, legt es dann auf den Boden und stellt sich darauf. Nun ist er dem Himmel ein kleines Stück näher. Mit einem weiteren Paket verfährt er genauso und kommt dem Himmel wieder etwas näher. Und auch mit einem dritten Paket geht er so um.

Die Geschenke, die der Mensch hier entgegennimmt, könnte er achtlos in einer dunklen Ecke verstauben lassen. Doch der Mensch würdigt sie: Erst schaut er sie sich an. Dann legt er sie im Licht ab, wo er sie im Blick hat. Und zugleich baut er daraus auch noch eine Art Trittleiter, die ihn dem Himmel ein Stück näher bringt.

Die Würdigung eines Geschenks kann aus Worten des Dankes bestehen. Oder aus einem Lächeln der Freude. Oder aus besonderem Lob – etwa nüchtern ausgesprochen, in blumige Worte verpackt oder gar in höchsten Tönen gesungen.

Außerdem ist die ausdrückliche Würdigung eines Gottesgeschenks ausgesprochen nahrhaft: Wenn sich mit der Zeit die Geschenke stapeln, kann die darin mit verpackte göttliche Liebe eine ganze Weile die Seele nähren.

Menschliche Gegengaben

Beschenkt nun aber Gott den Menschen teils großzügig, teils eher wählerisch, ist die Frage: Womit revanchiert sich der Mensch? Wie kann er seinerseits Gott beschenken?

Lächelnder Dank und freudiges Lob sind schon gute Gegengaben. Aber was vielleicht noch? Dazu wieder ein inneres Bild:

Mein Engel führt mich zu einer Menschenmenge. Die Gestalten sind schwarz und stehen da wie Schattenrisse vor einem hellen Hintergrund. Alle heben die Hände zum Himmel. Sie bitten um Hilfe, sie flehen vielleicht sogar darum.

Die Menschen hier sind offenbar in Not. Sei es, dass sie einzeln leiden, oder dass sie gemeinsam in einer Notsituation sind. Jedenfalls ist das innere Bild die Beschreibung einer Grundsituation zwischen Mensch und Gott: Der Mensch steckt fest. Sein Wissen und Können reichen nicht aus, um sich selbst aus einem Schlamassel zu befreien. Und da streckt er die Hände aus nach einem mächtigen Helfer.

Menschliches Bitten und Beten ist eine elementare Aktivität gegenüber Gott. Es ist gewissermaßen eine Standardannäherung. Der Hilfebedürftige versucht, den erwünschten Helfer auf sich aufmerksam zu machen und seine Zuwendung zu erreichen.

Und genau dieses Tun ist ein Geschenk für Gott: Denn dabei schenkt ihm der Mensch erst einmal seine Aufmerksamkeit. Dann schenkt er Gott seine Anerkennung als möglichem und mächtigem Helfer. Und schließlich schenkt er Gott auch noch notgedrungen ein Stück Vertrauen und Hingabe.

Das sind für Gott tatsächlich Geschenke. Geht der Mensch auf ihn zu und ist bereit, sich helfen zu lassen, dann ist das so, als wenn sich ein hilfloses Kind an seine Eltern wendet. Liebende Eltern freuen sich in solcher Situation. Sie freuen sich über das Vertrauen ihres Kindes. Sie freuen sich ebenso, ihm helfen zu können. Und genau das tut ein liebender Gott auch. Oder deutlicher formuliert: Der Mensch tut Gott einen richtig großen Gefallen, wenn er sich in Not an ihn wendet.

Es ist grundsätzlich ein zentraler Teil einer Liebesbeziehung: Sich gegenseitig die eigene Hilflosigkeit schenken, so dass die andere Seite passenden Beistand zurückschenken kann. Das ist Geben und Nehmen. Oder Gabe und Gegengabe. Und das stärkt und erhält die Beziehung.

Aber gilt das auch für die Beziehung mit Gott? Denn dann müsste der ja auch hin und wieder hilflos sein. Und wenn es tatsächlich so sein sollte: Wie, wo und wann braucht denn Gott Hilfe vom Menschen?

Ich gehe wieder in ein inneres Bild:

> Mein Engel holt mich ab und fliegt mit mir in einen Baum. Der ist ein Prachtstück. Da sitzen wir dann auf einem dicken Ast und lassen die Beine baumeln. Ich frage mich ziemlich ratlos: Was soll ich hier? Dann aber sehe ich rund um den Baum eine von Hitze verwüstete Gegend. Und außerdem fallen mir zwei Menschen auf, die unter mir auf einer Holzbank sitzen. Der eine ist in sich zusammengefallen. Der andere versucht ihn zu trösten und aufzurichten. Der Tröstende hebt dabei ein paar Mal die rechte Hand und weist zum Himmel.

Dieses Bild deute ich so: Gott braucht die Hilfe des Menschen in drei Bereichen. Dort kann der Mensch seinerseits Gott helfen und ihn zugleich mit Gegengaben beschenken:

Ein erster Bereich ist die Schöpfung. Das Prachtstück von Baum in einer verwüsteten Gegend weist unübersehbar darauf hin: Gott braucht den Menschen, um die Schöpfung zu sichern. Und auch, um sie vorsichtig weiterzuentwickeln. Da kann der Mensch allerorten Gott zur Hand gehen, und da gibt es für ihn inzwischen reichlich zu tun.

Der zweite Bereich ist das menschliche Miteinander. Die beiden Menschen auf der Bank stehen dafür. Gott liegt extrem viel daran, dass der eine Teil der Menschheit, der gerade Kraft und Macht hat, dem anderen Teil hilft, der im Moment schwach und ohnmächtig ist.

Und dann der dritte Bereich. Da geht es um die Hand im inneren Bild, die zum Himmel weist. Also zu Gott. Gott wünscht sich auch: Diejenigen, die eine richtig gute Beziehung zu ihm haben, mögen bitte dem Rest der Menschheit eben diese Beziehung schmackhaft machen.

Spätestens bei diesem dritten Bereich stellt sich die Frage: Warum ist eigentlich Gott so hilflos? Warum zum Beispiel wirbt er nicht selbst für sich?

Doch wie soll das gehen? Würde sich Gott etwa als gewaltiges Wesen direkt vor den Menschen aufbauen, würden die in heller Panik davonstürmen. Spricht er dagegen nur als leise Stimme zu ihnen, nehmen die allerwenigsten ihn wahr. So gesehen ist Gott schon angewiesen auf die liebevolle Werbung von Mensch zu Mensch. Und besonders auf Werbung durch Menschen mit eigener Gotteserfahrung. Denn gerade die zieht.

Aber die Frage nach der Hilflosigkeit Gottes geht tiefer. Und letztlich stellt sich dann heraus: Es ist Gottes eigener Wille, hilflos zu sein. Er will es genau so. Ein inneres Bild weist unübersehbar darauf hin:

> Mein Engel führt mich in eine tiefe schwarze Kluft. Oben drüber auf einer Hochebene sind Wiesen zu ahnen. Und von dort ist leise das Geschrei von spielenden Kindern zu hören. Hier unten aber hockt Gott als Lichtnebel, gut erkennbar an den wabernden Buchstaben G O T T.

Gott macht sich in diesem inneren Bild klein und versteckt sich! Oben auf der Hochebene tobt offensichtlich das Leben. Da sind die Menschen. Aber hier im Bild hockt Gott tief unter den Menschen. Er duckt sich extra weg.

Das heißt doch: Eigentlich ist Gott ist gar nicht so hilflos. Er könnte schon alle Dinge ohne die Menschen regeln. Er hätte nur die Welt und den Menschen so zu schaffen brauchen, dass der Mensch darin nicht dominiert. So wie es jetzt ist. Dann stünde Gott hoch über dem Menschen und wäre überhaupt nicht auf dessen Hilfe angewiesen! Doch stattdessen taucht Gott tief ab. Er will nicht der mächtige Macher sein.

Nur warum? Ich behaupte: Gott will auf die Hilfe des Menschen angewiesen sein. Er will schwach sein. Nur so ist eine gleichrangige Liebesbeziehung zwischen ihm und dem Menschen möglich. So von gleich zu gleich. Nur ganz selten kehrt Gott doch einmal den mächtigen Macher heraus – etwa wenn ein Mensch sehr hilflos nach ihm schreit.

Das zeigt: Gott ist durch und durch Beziehungswesen. Er kann gar nicht genug andere Wesen um sich herum scharen. Engelheere, Menschenvölker, Tiere in Mengen und Massen. Er liebt Fülle, er gönnt sich Fülle. Er kann anscheinend gar nicht genug davon bekommen.

Und zu dieser Fülle gehört nun eben auch ein Wesen, das Gott aus freiem Willen zu Hilfe eilen kann: der Mensch. Gott hat den Menschen unbedingt so gewollt, wie er ist. Mit seinen vielen Fähigkeiten. Aber auch mit seiner Unabhängigkeit. Damit ist der Mensch einerseits ein Wesen, das sich Gott verweigern kann. Andererseits kann er aber auch seinem Schöpfer sehr viel schenken – ganz aus freien Stücken. Etwa als Gegengabe für das ihm geschenkte Leben. Oder überhaupt.

Da kann man wohl sagen: Gott hat am Menschen einen Narren gefressen. Und damit ist er auch in dich vernarrt, liebe Leserin oder lieber Leser. Und ebenso in mich.

Exquisites Liebesbündnis

Ein exquisites Geschenk von Gott ist ein Liebesbündnis mit dem Menschen. Das ist eine vertraglich vereinbarte Liebesbeziehung. Mit einigen Rechten und Pflichten. Und nimmt der Mensch dieses Bündnis als göttliches Geschenk an, ist das seinerseits eine wertvolle Gegengabe an Gott.

Wie bei jeder Liebesbeziehung geht es dabei zunächst ums Kennenlernen. Man nähert sich dem möglichen Partner an, nimmt ihn in Augenschein. Dann wird Kontakt aufgenommen. Und nun kann man direkte und ausgiebige Erfahrungen mit dem jeweils anderen machen. Erst danach sollte das Liebesbündnis vereinbart und festgeschrieben werden.

Ich bitte dazu um ein sinnfälliges Bild. Und sofort ist es da:

> Links kommt ein Streifen göttlichen Lichts vom Himmel und streift suchend umher. Rechts steht ein Mensch im Dunkeln. Und zwar dort, wo das Licht nicht hinkommt.

Das Bild behauptet: Das göttliche Licht sucht den Menschen. Mal ist es ihm näher, mal ferner. Dabei bleibt der Menschen aber immer außerhalb der Reichweite des Lichts. Solange allein das Licht aktiv ist.

Möchte der Mensch ins Licht kommen, muss er sich seinerseits in Bewegung setzen. Und zwar so, dass ihn das Licht erreichen kann. Oder anders gesagt: Eine Liebesbeziehung mit Gott ist nur mit einem Aufbruch des Menschen möglich.

Was kommt da in Frage? Für die Annäherung fallen mir fünf Schritte ein, liebe Leserin oder lieber Leser. Vielleicht schaust du, ob etwas davon für dich dran sein könnte – selbst wenn du schon eine Beziehung zu Gott hast:

1. Du entschließt dich, zu einer Verbindung in Liebe mit Gott bereit zu sein. Das ist eine Frage des Willens.

2. Du überprüfst dein Denken über Gott. Denke ihn dir warm und gebend! Wer ihn sich kalt und nehmend denkt, verringert die persönliche Offenheit für ihn.

3. Du bittest Gott, dir seinerseits ein Stück entgegenzukommen. Und du hältst die Augen offen für Situationen, wo das geschehen könnte.

4. Du begibst dich aktiv in Situationen, wo Gott liebevoll auf dich warten könnte.

5. Du lässt Situationen zu, wo du Gottes Rat und Hilfe brauchst. Du flüchtest nicht daraus. Jedes Erlebnis göttlicher Hilfe ist ein Baustein für eine gute Gottesbeziehung.

Das sind erste Schritte der Annäherung an Gott. So kannst du Gott kennenlernen. Diese Phase ist noch ganz unverbindlich. Du hältst also nicht etwa Gott einen kleinen Finger hin, und er reißt dich gleich ganz an sich. Nein.

Hast du irgendwann ausreichend positive Erfahrung mit Gott gesammelt, kann ein Liebesbündnis in Frage kommen. Du solltest allerdings nicht einfach hineinstolpern. Du solltest dir schon der Tragweite bewusst sein.

Denn Gott erwartet von dir dabei eine ausdrückliche Willenserklärung. Erst wenn du mit seinen Bedingungen einverstanden bist und er ebenso mit deinen, kann das Liebesbündnis geschlossen werden. Dabei gibt es keine Unterparagraphen oder Nebenabreden. Zudem wird das Bündnis recht flexibel gehandhabt. Wie man so sagt: Nach Treu und Glauben.

Ich bitte um ein inneres Bild dafür:

> Mein Engel führt mich zu einem schlichten Gartentisch in einem anheimelnden Park. An der Längsseite des Tisches sitzt eine Frau. Ihr gegenüber sitzt der Jesus. Und an der Kopfseite des Tisches ist ein warm leuchtender Nebel zu sehen. Das ist offenbar Gott. Die Frau fragt nun den Jesus: Was muss ich tun? Er antwortet: Folge mir nach! Die Frau fragt weiter: Wie? Der Jesus sagt: Mit Kopf und Herz! Nun legt sich vom Nebel her eine warme lichte Hand auf die Hand der Frau. Und durch die Frau geht ein Aufleuchten. Sie sagt jetzt einfach nur: Ja!

Was passiert da? Der Jesus geht mit der Frau nicht Punkt für Punkt Vertragsbedingungen durch. Er macht es ihr einfach: Halte dich an mich! Und als sie etwas mehr wissen will, bedeutet er ihr: Ein inspirierter Kopf und ein inspiriertes Herz genügen. Mehr braucht es nicht, um ein Liebesbündnis vereinbarungsgemäß zu erfüllen.

Dann legt sich vom leuchtenden Nebel her eine warme lichte Hand auf die Hand der Frau. Die Frau erlebt das als großes göttliches Versprechen: Als das Versprechen, mit ihr liebevoll durch dick und dünn zu gehen. Zugleich ist es die Anfrage, ob die Frau die göttlichen Zusagen und Bedingungen annimmt. Und sie schlägt ein. Mit ihrem Ja! besiegelt sie das Liebesbündnis mit Gott.

Findest du solch ein Liebesbündnis mit Gott attraktiv? Reizt es dich? Hast du ein Bedürfnis danach? Wenn du ein Liebesbündnis mit Gott willst, folgen hier die genaueren Bedingungen. Du kannst es auch als zeitlich begrenztes Probebündnis mit Gott abschließen:

Du legst dich ausdrücklich auf ein Liebesbündnis mit Gott fest. Und du sagst das Gott – vielleicht in einer kleinen Zeremonie. Oder du machst das schriftlich.

Deine Bedingung dabei ist: Gott ist in besonderer Weise für dich und deine Wünsche offen. Er lässt dich nie fallen und trägt dich auch durch schwierigste Situationen.

Gottes Bedingung dabei ist: Du bist in besonderer Weise für Gott und seine Wünsche offen. Du gibst Gott den Vorrang, wenn dich ein starker Impuls von ihm erreicht.

Ansonsten entscheidest du immer selbstständig – und das wird die normale Situation für dich sein.

Willst du ernsthaft diese Bedingungen erfüllen, sei sicher: Gott schlägt auf seiner Seite sofort ein – ob du es spürst oder nicht.

❄ ❄ ❄

Wenn du nun solch ein Liebesbündnis mit Gott tatsächlich vereinbarst, was hast du dann davon? Eigentlich ist schon viel dazu gesagt. Aber ich bitte noch um neues visionäres Bild dafür. Und ich sehe zu meiner Verblüffung:

In einer Kirche steht Christus erhöht im Altarraum. Ich kann seine Gestalt nur erahnen, es geht von ihm blendend helles Licht aus. In der Kirche liegen viele Menschen vor ihm auf den Knien. Sie sind offensichtlich überwältigt von seiner Erscheinung und der Begegnung mit ihm. Aber vielleicht erhoffen und erbitten sich einige noch mehr.

Dann verwandelt sich die Christusgestalt: Ihr Licht erlischt, und als Jesus steigt sie zu den Menschen hinunter. Der Jesus geht nun durch die Reihen und bleibt bei einer Frau stehen. Er bittet sie, mit ihm nach vorn zu kommen. Dort legt er der Frau die Hände auf den Kopf. Um seine Hände bildet sich eine Feuerwolke, und auch blitzendes Licht kommt darunter hervor. Die Frau sinkt auf die Knie.

Danach hilft ihr der Jesus wieder auf die Füße. Er dreht sie um zu den Menschen und bedeutet ihr, sie solle jetzt bitte zu den anderen gehen und ihnen etwas von dem weitergeben, was sie gerade bekommen hat.

Die Menschen hier wollen offensichtlich ihre Beziehung zu Gott vertiefen. Sie haben den Schritt getan, sich in eine Veranstaltung zu begeben, wo Gott auf sie warten könnte. Und sie werden nicht enttäuscht: Ihnen allen wird eine eindrucksvolle Begegnung geschenkt, die sie nicht vergessen werden.

Allerdings wird einer Frau noch mehr angeboten. Und sie nimmt dieses Angebot gern an. Sie erhält vom Jesus ein ganz persönliches und unvergessliches Geschenk. Vielleicht ist es eine Heilung. Oder etwas anderes Exquisites. Die Frau hat sich jedenfalls wohl nach diesem Geschenk gesehnt, und nun bekommt sie es in eindrücklicher Form überreicht. Sie fällt dafür sogar auf die Knie.

Diese Frau hat offensichtlich schon länger ein Liebesbündnis mit Gott. Und sie hat es wohl sehr ernst genommen und sehr geschätzt. Deshalb vermutlich die Vorzugsbehandlung.

Vielleicht leben auch noch andere Menschen in der Kirche mit solch einem Liebesbündnis. Aber sie nehmen es lockerer. Oder ihre Zeit für ein exquisites Geschenk ist noch nicht gekommen. Sie erhalten jedenfalls noch kein solches Geschenk. Und die übrigen Menschen sind wahrscheinlich sowieso erst in der Annäherungsphase.

Die Vorzugsbehandlung wird vom Jesus mit einer Bitte begleitet: Die Frau möge doch ihr Geschenk mit anderen teilen. Im inneren Bild ist zwar nicht zu sehen, wie die Frau dieser Bitte nachkommt. Aber sie soll sicher anderen berichten, was sie sich gewünscht hat. Und wie unvergesslich nun ihr Geschenk ist.

Ich habe schon darauf hingewiesen: Gott legt großen Wert auf solche Berichte von Mensch zu Mensch. Sie sind die beste Werbung für ihn. Und wenn jemand selbst kein größeres Geschenk erhält, soll er wenigstens von den Geschenken anderer profitieren. Das motiviert. Und das kann dazu führen, dass bisherige Liebesbündnisse mit Gott intensiviert oder neue Bündnisse geschlossen werden.

Aber wie viel bewirken Berichte tatsächlich? Genau jetzt, während ich an diesem Text schreibe, erhalte ich einen Erfolgsbericht: Es gibt einen lieben Menschen, der in einer argen Klemme sitzt. Vor ein paar Tagen habe ich ihm einige Seiten dieses Buches zukommen lassen. Und zwar gerade Seiten mit persönlichen Erlebnisberichten von mir.

Der besagte Mensch fühlte sich daraufhin animiert, sich mit frischem Mut an Gott zu wenden. Als erstes Resultat, schrieb er ganz erfreut, hätten sich nun bei ihm mehrfach richtig gute Eingebungen eingestellt. Das ist doch was! Das berührt und freut mich.

Bewegendes
Das Leben mit Gott

Mehr und tiefere Freude

Etwas ratlos bin ich heute auf und ab gegangen: Was für ein Thema jetzt? Ich habe Gott gefragt. Mir schoss sofort „Freude!" in den Sinn. Das Thema kümmerte bislang eher vor sich hin. Aber hier an dieser Stelle meines Buches, finde ich, hat es tatsächlich einen würdigen Platz.

Beim Leben mit Gott ist letztlich immer Freude das Ziel. Oder genauer: Mehr Freude als im normal dahinplätschernden Dasein. Und ab und an sogar Gottesglück. Das ist dann kein seichtes Dauerglück, nein. Im Leben mit Gott kann es schon ziemlich rauf und runter gehen. Doch auf den Durchschnitt kommt es an: Da soll am Ende deutlich mehr Freude zu bilanzieren sein als bei einem Leben ohne Liebesbündnis mit Gott.

Für größere göttliche Geschenke sollte man allerdings schon selbst einiges tun – wie bereits beschrieben. Sonst könnte man häufiger leer ausgehen. Das gilt genauso für Freude. Aber was kann man da machen? Wo sind Stellschrauben? Wenn man weiß, woran man drehen muss, kann man ja besser für sich selbst sorgen.

Ich möchte also wissen, was Freude macht – und du sicherlich auch, liebe Leserin oder lieber Leser. Deshalb bitte ich nun um ein inneres Bild dazu:

> Mein Engel führt mich an den Rand einer Tanzfläche. Darauf herrscht ein buntes wildes Durcheinander von Menschen mit lächelnden und lachenden Gesichtern. Der Tanz ist ein Wirrwar von Kleidern und Farben und

von Bewegungen und Verrenkungen. Es gibt sogar Leute, die im Handstand umeinander kreisen. Irgendwann geht auch noch ein großes, helles, warmes Licht über dem Geschehen an, das überirdisch wirkt. Und überall ertönt Aah! und Ooh!

Hier tobt die Freude. Das ist pure Lebendigkeit! Ist also das Leben mit Gott ein einziger wilder beglückender Tanz? Absolut nicht! Denn wer tanzt und tobt schon täglich im normalen Leben? Auch im Leben mit Gott ist das der Sonderfall. Die Ausgangsfrage war ja: Was macht Freude? Und nur dafür sollte das innere Bild Fingerzeige liefern. Was also geht in diesem Bild so begeisternd unter die Haut? Wenn ich das Geschehen durchleuchte, kommt mir dies:

Bewegungen und Verrenkungen: Auf der Tanzfläche wird gelebt, was sonst zu kurz kommt. Man fühlt sich lebendiger. Das macht freudig.

Tanz auf Händen: Neues wird ausprobiert. Das ist Zuwachs an Leben. Man fühlt sich größer und weiter. Und ist begeistert.

Kleidung, Tanzstil, Umgang miteinander: Es gibt Neues zu sehen. Die Sinne werden mit frischen Reizen gefüttert. Das erfreut in vielerlei Hinsicht.

Lebendige Tanzgemeinschaft: Sie erfreut schon als Lebenserweiterung. Und zugleich gibt es auch noch gegenseitige Ansteckung mit Freude.

Licht aus überirdischer Höhe: Das weitet die Erlebnisdimension – vielleicht bis in die Transzendenz. Und das geht mit Entzücken einher.

Mehr Lebendigkeit, mehr Lebensmöglichkeit, mehr Gemeinschaft, mehr Sinnesreize – dann also platzt das Leben aus allen Nähten! Das ist innere Ausweitung und Beglückung.

Gibt es nun auch eine ähnliche Ausweitung des Lebens mit Gott? Ja, es gibt sie – aber nur unter einer Bedingung: Gott wird als wohlwollend, gütig, aufmerksam, zugewandt betrachtet. Und als ein Wesen, das wirklich das Allerbeste für den Menschen will. Dann kann sich mit ihm das Leben steigern. Dann wird es oft angenehmer. Und manchmal auch geradezu überwältigend.

Dazu ein praktisches Beispiel – von der biologischen Basis des Menschen ausgehend. Du weißt, dass warmes Blut in dir kreist. Und du weißt, dass dein Herz immerzu in dir pocht. Halte einfach einmal inne, werde ruhig und:

Fühl jetzt bitte die Wärme des Blutes in dir. Freu dich an dieser Wärme, die immer mit dir ist. Genieße sie. Und versuche dann mal zu denken: Diese wunderbare Wärme ist ein Teil von Gott. Er ist in dieser Wärme in dir gegenwärtig.

Und fühl jetzt bitte auch das Leben in dir. Freu dich an diesem Leben, das immer in dir pulst: Dein Herz pocht, dein Blut kreist, deine Lunge atmet ein und aus. Genieße auch dieses Leben in dir. Es ist die Basis all deiner Aktivität. Und versuche dann zu denken: Dieses wunderbare Leben in dir ist ein Teil von Gott. Er ist in diesem Leben in dir gegenwärtig.

Fühlst du eine sanfte Grundfreude, wenn du der Wärme und dem Leben in dir nachspürst? Und merkst du, wie sich diese Freude weitet, wenn du beides in dir als einen Teil von Gott wahrnimmst? Dein Leben gewinnt an Größe! Und so kann sich dein Leben auch in anderen Bereichen weiten, wenn du glaubst und manchmal fühlst: Ein guter, ja ein wirklich liebender Gott ist mit mir!

Und dies sind einige der erfreulichen Möglichkeiten des Lebens mit Gott:

> Mit dem liebenden Gott tritt ein gewaltiges überirdisches Element in dein Leben. Die Verbindung mit ihm weitet deine Existenz angenehm – sogar bis ins Unendliche.
>
> Mit dem liebenden Gott kommt ein sinngebender positiver Anker in dein Leben. Hoffnung und Zuversicht treten an die Stelle von Orientierungslosigkeit und Angst.
>
> Mit dem liebenden Gott gehst du eine beglückende Partnerschaft und Lebensgemeinschaft ein. Ein Liebesbündnis. Das ersetzt zwar keine familiäre Bindung, kann aber auch weit darüber hinausgehen.
>
> Mit dem liebenden Gott gewinnst du ein Weltbild, das dich angenehm über das Klein-Klein des Alltags hinaushebt.
>
> In dem liebenden Gott hast du einen zusätzlichen Gesprächspartner. Er kann raten, stützen, trösten und dir so erfreulich helfen.
>
> In dem liebenden Gott hast du einen zusätzlichen Helfer im realen Leben: Er kann dir da freudige Erlebnisse, manchmal begeisternde Abenteuer oder gar Rettungen schenken.

In dem liebenden Gott hast du auch eine Inspirationsquelle: Er reichert dein Innenleben mit erfreulichen oder begeisternden Eingebungen an – durch inneres Erkennen, Fühlen, Sehen oder Hören.

Mit dem liebenden Gott erlebst du göttliche Nähe und Geborgenheit: Das ist ein angenehm tragendes, manchmal beglückendes und hin und wieder sogar glückseliges Lebensgefühl.

Diese Auflistung ist sehr abstrakt, ich weiß. Sie schreit geradezu nach einem wirklich tief beglückenden Beispiel. Also bitte ich Gott um solch ein Beispiel:

Mein Engel holt mich ab und bringt mich vor die Kirche meiner Jugend. Sie ist kein Glanzstück. Ich gehe hinein. Das Dach der Kirche ist offen, und ich sehe über mir ein starkes Licht. Ich gehe vor bis zum Altar und knie mich dort hin. Das Licht über mir wird heller, wärmer und größer. Schließlich erscheint eine mächtige lichte Hand darin. Sie kommt tief zu mir herunter. Mir ist klar, ich soll aufsteigen. Ich mache es, und die Hand hebt mich hoch. Und sie hält mich dann ruhig in das große, warme Licht.

Bis hierher habe ich mir von außen zugesehen. Jetzt aber will ich unbedingt in meinen Körper hinein – dort oben auf der Hand im Licht. Ich will fühlen. Ich komme tatsächlich in mich selbst hinein und erlebe: Ich fühle mich da in mir unglaublich wohl. Ich bin umgeben und gehalten von purem Wohlwollen. Mir liegt ein glückseliges Lächeln auf den Lippen. Eine ganze Weile halte ich einfach nur still in diesem einzigartigen Licht.

> Dann senkt sich die mächtige Hand behutsam wieder zu Boden. Ich trete von ihr herunter. Und plötzlich bin ich wieder außerhalb von mir. Dann sehe ich mich aus der Kirche herauskommen. Und ich leuchte von innen.

Ich bin sehr bewegt. Und möchte das Bild nicht kommentieren.

Verstörendes göttliches Feuer

Ich hatte ein paar Tage Schreibpause. War müde und geschafft. Für meine Verhältnisse hatte ich eifrig geschrieben, aber auch viel wieder entsorgt. Und dann hatten mich noch hinterrücks Zweifel überfallen mit tückischen Fragen wie: Wie gut und interessant ist mein Geschreibe eigentlich? Lassen sich wirklich genug Leser dafür finden?

Ich spürte: Ich brauche neues Feuer, mein Glaubensanschluss beginnt zu wackeln, und meine Gottesbeziehung kühlt ab. Ich habe mir einen Tag Zeit gegeben und mich auf ein neues Feuerbild vorbereitet. Dann habe ich mich hineingestürzt:

> Ein großer Engel mit starken Schwingen kommt zu mir. Er ist so licht, dass seine Gesichtszüge nicht zu erkennen sind. Er nimmt mich freundlich an die Hand und fliegt mit mir los. Es geht auf einen kleinen steilen Berggipfel. Da soll ich mich hinstellen. Dann gießt der Engel eine Flüssigkeit um mich herum aus. Erst denke ich: Das ist Benzin. Der Engel korrigiert aber meinen Gedanken und sagt: Heiliger Geist! Und er drückt mir eine Zündholzschachtel in die Hand – ich soll das Feuer selbst entzünden.

Kurz zögere ich, aber mir kann eigentlich nichts passieren. Ich lasse das brennende Streichholz fallen, und die Flammen steigen um mich herum auf. Nein, es tut nicht weh. Und erst bin ich in mir selbst und sehe das Feuer um mich herum. Dann aber bin ich außerhalb von mir und sehe mich entflammt auf dem Berggipfel stehen. Von da außen denke ich: Der brennt ja wie ein Märtyrer! Dann erlischt das Feuer.

Mit solch einem Feuerbild, nein, damit hatte ich nicht im Entferntesten gerechnet! Ich war mehr als überrascht. Ich war verstört. Dieses Bild war erst einmal ein riesiges Rätsel. Ich brauchte einen weiteren Tag, um mich heranzutasten.

Jetzt sehe ich die Dinge so: Zunächst einmal ist es wunderbar, von einem starken, freundlichen, lichten Engel abgeholt zu werden. Das hebt. Auf dem Berg bekomme ich dann eine kleine Denkpause: Will ich wirklich ins Feuer? Ja oder Nein? Ich muss ausdrücklich meinen Willen bekunden und mein Einverständnis erklären – mit Hilfe eines Streichholzes. Nun erst schlagen die Flammen hoch.

Mein Ziel war, Schreibmüdigkeit und Schreibzweifel zu verbrennen. Sie behinderten mich. Sie warfen einen langen Schatten auf mein Vorhaben. Deshalb wünschte ich mir: Her mit göttlichem Feuer! Als Reinigungsritual. Oder besser gesagt als Befreiungsmittel. Und weg mit allen hinderlichen Haltungen und Gefühlen! Und tatsächlich: Wenn ich in mir nachspüre, dann wirkte das Feuer befreiend. Alle Fetzen von Müdigkeit und Zweifeln, die zuvor an mir herumhingen, sind nun weg.

Doch das ist nicht alles. Noch eine andere Sicht ist auf das Feuer möglich, und die weist weit über Schreibmüdigkeit und Schreibzweifel hinaus. Ich sehe mich da ja als Märtyrer brennen. Das kann ein Sinnbild sein für: Ich widme mich mühevoll einer größeren Sache. Ich opfere mich dafür auf.

Das ist ein zwiespältiger Gedanke: Denn damit taucht das erste Mal hier im Buch das Thema Schmerz und Leid auf. Im inneren Bild tut das Feuer zwar nicht weh. Aber der Märtyrergedanke reicht aus, um unübersehbar dieses Thema anklingen zu lassen. Zugleich ist das Märtyrertum aber auch von Glorifizierung nicht weit entfernt. Worauf also will das Bild hinaus?

Manchmal muss man auch etwas opfern, um ein größeres Geschenk von Gott zu erhalten. Man muss eine Vorleistung erbringen. Das ist uraltes Menschheitswissen. Allerdings ist das leicht gesagt und ebenso leicht hingeschrieben. Doch ein Opfer kann schmerzen. Sogar sehr. Und wenn es über längere Zeit zu erbringen ist, kann das ein erhebliches Leiden bedeuten. Opferzeit ist dann Leidenszeit.

Eins allerdings ist tröstlich: Ich werde im inneren Bild vorher gefragt, ob ich bereit bin, mich zu opfern. Mein Opfer ist freiwillig. Oder allgemeiner gesagt: Bei Gott kann sich ein Mensch entscheiden, ob er sich von göttlichem Geist erfassen und entflammen lassen will oder nicht. Immerhin.

Doch im Bild fehlt: Was ist eigentlich das göttliche Geschenk, das dann dem Opfer folgt? Welche Dimension hat es? Da schweigt sich das Bild aus. Das bleibt Geheimnis und unabsehbare Überraschung. Solche Geheimniskrämerei jedoch heißt, für ein freiwilliges Opfer ist ein relativ großes Gottesvertrauen Voraussetzung. Nur wer bereits eine engere Gottesbeziehung hat, kann sich aus freien Stücken auf ein größeres Opfer einlassen. Ich auch?

Der große Engel bittet mich offenbar tatsächlich um ein bedeutsames Opfer. Schreibmüdigkeit und Schreibzweifel sind ja erst einmal abgeräumt. Und da könnte es nun um das Weiterschreiben gehen. Läuft das innere Bild wirklich darauf hinaus, heißt das: Ich soll doch bitte diese Mühe auf mich nehmen und gegen alle inneren Widerstände durchhalten. Oder ist das noch zu kurz gegriffen? Geht es um weit mehr? Aber das wäre außerhalb meiner gedanklichen Reichweite.

Jedenfalls: Ist das Weiterschreiben das erbetene Opfer, dann findet das werdende Buch offenbar göttliche Aufmerksamkeit. Und das Feuererlebnis ist ein aufmunternder Rippenstoß: Mach weiter! Lass dich nicht beirren. Schiebe in Zukunft deine Zweifel beiseite. Und das Erlebnis verheißt dann auch noch recht geheimnisvoll: Es lohnt sich, dieses Opfer zu bringen.

Frust und Krisen – wundervoll?

Heute ist ein herrlicher Tag. Und ich kann auch noch über herrliche Wunder schreiben!

Dazu scheint das Thema zwar überhaupt nicht zu passen. Doch Frust und Krisen können der Anfang einer wunderbaren Freundschaft mit Gott sein. Das Wunder einer göttlichen Rettung kann zu einer besonders beglückenden Beziehung führen. Grundsätzlich lässt sich sogar sagen: Je mehr glückliche Errettung aus Beklemmung und Not, desto mehr Verbindung und Liebe zu Gott.

Dazu bitte ich um ein einführendes inneres Bild:

> Mein Engel kommt und geht mit mir in einen dichten Nebel hinein. Rechts und links taucht nur schemenhaft etwas von der Welt auf. Schließlich aber sind wir durch die Nebelwand hindurch, und nun stehen wir plötzlich in wärmendem Sonnenschein. Es ist wie ein Wunder.

Charakteristisch für Frust ist: Mehrere Anläufe zu einem Ziel gelingen nicht. Und es ist auch weiterhin kein gangbarer Weg in Sicht. Da machen sich dann Ärger und Ratlosigkeit über einen her. Und man kann nur noch auf einen erlösenden Einfall und Ausweg hoffen. Sicherlich kennst du das, liebe Leserin oder lieber Leser. Davon bleibt ja keiner verschont.

Gerade Weihnachten ging es mir so. Da war der Besuch der Schafsherde zu meinem Geburtstag vier Wochen her. Und ich dachte: Die Herde war so umwerfend, da erbitte ich mir von Gott ein ähnlich frappierendes Geschenk zu Weihnachten.

Und was passierte Heiligabend? Bis 21 Uhr nichts. Also fuhr ich in die Innenstadt. Aus den Straßen war das Leben gewichen. Die Stadt lag in Agonie. Ich stiefelte zum Münster. Dort zwängte ich mich durch einen Vorhang ins Innere. Und nun: Köpfe, Köpfe, Köpfe. Von der letzten Reihe bis nach ganz vorn. Ein Chor sang, und die Menschen hofften offenbar auf Feststimmung. Aber bei mir kam keine an.

Vielleicht bringt es dann ein Fernsehgottesdienst zu Haus? dachte ich. Und da erwischte ich tatsächlich eine rhetorisch brillante Predigt. Aber berührte jemanden diese Predigt eigentlich wirklich? Ich hatte da meine Zweifel. Und bis zum Ende des Tages hatte sich noch immer kein überwältigendes Weihnachtsgeschenk eingestellt.

Am ersten Weihnachtstag hoffte ich wenigstens auf ein hinreißendes visionäres inneres Bild. Als sagenhaftes Geschenk von Gott. Aber die Bilder kippten, schlugen immer wieder um von verheißungsvollen Anfängen in frustrierende Fortschritte und vom Lichtvollen ins allzu Schwarze.

Und dazu immer noch der Schmerz, der mich genau Heiligabend erwischte, als ich mich verhob. Was sollte das alles?

Mir kamen terroristische Gedanken und ich radikalisierte mich mal eben: Das ganze Weihnachten in die Luft sprengen! Samt Gottesdiensten und Geschenkseuche.

Das war nun wirklich kein Weihnachtsfrieden! Aber dann meldete sich ein Gedanke: Ist das Nichtgeschenk vielleicht gerade mein Geschenk? Ist mein Festfrust womöglich Gottes Liebesgabe? Dann soll ich mich nicht ins Wohlfühlkörbchen legen, sondern eher Unruhe und Unfrieden pflegen. Damit sie mich vorantreiben. Und wie war das doch mit dem Opfergedanken? War ich wirklich bereit, einen Tick mehr zu leiden?

Bis Jahresende gärte es in mir. Bis schließlich am Neujahrsmorgen der Knoten platzte: Plötzlich war ein neuer Buchtitel da, der mich mitriss. Genau der jetzige Buchtitel war es, und eine neue Einleitung brachte er gleich mit. Dieser neue Titel war ein wunderbar rettender Einfall und das Ende meines Weihnachtsfrustes.

Frust ist allerdings meistens noch ziemlich erträglich – besonders wenn er bald ein gutes Ende nimmt. Eine Krise dagegen geht tiefer. Es steht mehr auf dem Spiel. Elementares funktioniert nicht mehr wie bisher. Oder es bricht ganz weg. Eine Krise geht oft mit lang anhaltender Orientierungslosigkeit und belastender Blindheit einher. Sie kann richtig peinigen.

Da gibt es etwa Festlegungen auf Beruf, Partner, Wohnort. Und plötzlich bricht das alles zusammen. Oder aber inständig gehegte und gepflegte Wünsche haben sich zu festen Erwartungen und Ansprüchen verdichtet. Und dann lösen sich die bisherigen Aussichten in Luft auf.

Oder es mangelt an Willen oder Mut. Eigentlich ist klar, wo es entlanggeht – aber das Risiko! Oder sich von Liebgewordenem verabschieden – nein, geht nicht. Und mancher bleibt auch seinem gewohnten Unglück treu – es könnte ja noch schlimmer kommen.

Und dann tritt plötzlich eine unerwartete Wendung der Dinge ein. Meist in Gestalt einer durchschlagenden Hilfe. Und hat man sich vorher bittend oder gar flehend an Gott gewandt, bleibt dann nur noch das große Staunen: Oh, ein göttliches Wunder! Und Gefühle der Erlösung breiten sich aus.

❄ ❄ ❄

Ich wünsche mir nun noch einen Kommentar zum Thema Krise durch ein inneres Bild. Und es kommt dies:

> Mein Engel kommt und führt mich zu einer dunklen Gestalt, die am Boden liegt. Er versucht mehrfach, der Gestalt aufzuhelfen. Aber es geht nicht, sie hat keine Kraft. Dann kommt ein etwas älterer Mann hinzu. Mit dem zusammen hebt der Engel die Gestalt hoch und legt sie auf eine Couch. Nun kommt so weit Kraft in die Gestalt, dass sie sich erst einmal aufsetzen kann.

Dies ist offensichtlich eine Rettungsgeschichte. Und sofort denke ich, die Gestalt am Boden bin ich – damals vor Jahrzehnten. Bislang war ich unsicher: Soll ich davon berichten oder nicht? Aber gut, dieses Bild will mich dazu anstoßen.

Also denn: Damals steckte ich in abgrundtiefer Verzweiflung. In einer schier unendlichen Krise. Mich selbst konnte ich nicht mehr aushalten. All meine Versuche, mich aus tiefer Gefühllosigkeit und Wertlosigkeit zu retten, hatten nichts gebracht. Über die Jahre hatte ich immer wieder bei Therapeuten und Seelsorgern angeklopft. Auch eine Klinik hatte ich mir vergeblich angetan. Jetzt reichte es. Ich konnte nicht mehr.

Damals habe ich ein erstes Mal Gott ein Ultimatum gestellt. Ich wagte es. Und ich sagte ihm: Ich nehme jetzt mein Auto, kaufe mir etliche Packungen Tabletten und fahre damit ins Irgendwo. Und wenn sich nicht innerhalb von vierzehn Tagen eine Erlösung zu mir auf den Weg macht, wird es eine Fahrt ins Nirgendwo. Dann komme ich nicht lebend zurück.

Ich steuerte einige Stationen an, wo sich vielleicht Hilfe auftun könnte. Aber es tat sich nichts. Mit der Zeit verrauchte dann meine untergründige Wut, die mich zum Ultimatum getrieben hatte. Und auch die Vierzehn-Tage-Frist verstrich.

Schließlich kehrte ich lebend – aber nicht lebendig – zu meinem Ausgangspunkt zurück. Es arbeitete in mir. Ich suchte weiter nach einem Ausweg. Und geriet an einen Mathematikprofessor. Er war zugleich Seelsorger. Er hörte mich liebevoll an und hatte schnell eine Diagnose: Es gäbe bei mir eine spirituelle Belastung. Aber dafür auch – darauf kam es ja an! – eine erfolgreiche Behandlung.

Ich ließ mich auf diesen Mann und auf seine kleine verbale Prozedur ein. Dabei spielte der Jesus eine tragende Rolle. Danach spürte ich schlagartig: Es hat sich etwas verändert. Ich fühle mich leichter. Und mehr noch: Vorher war so etwas wie ein Trichter in mir. Wollte ich meinen Selbstwert erhöhen und tat dafür oben etwas hinein, fiel das sofort unten wieder hinaus. Jetzt aber hatte sich der Trichter geschlossen! Jetzt konnte ich Selbstwert aufbauen. Und außerdem: Die Gedanken, nicht mehr leben zu wollen, waren wie weggeblasen. Seit Jahren hatten sie mich verfolgt. Nun aber hatten sie sich auf Nimmerwiedersehen verabschiedet.

Welch ein Erfolg, welch ein Ergebnis, welch eine Befreiung! Ein markantes Erlösungswunder! Sechs Wochen nach meinem

Ultimatum. Keine Frage: Dieses Ultimatum war die Ursache für meine glückliche Befreiung. Nur meine Fristsetzung von vierzehn Tagen wurde etwas großzügig überschritten.

Und es gab auch noch eine Langzeitwirkung: Beschlichen mich später Zweifel an Gottes Existenz, bestrahlte ich diese Zweifel mit meiner speziellen Wundererfahrung. Und sie verdampften oft ziemlich schnell.

Natürlich gibt es auch wunderbare Geschenke ohne Frust und Krise: Überraschungen, die aus dem Nichts auftauchen und das Herz jauchzen lassen. Doch sie halten meistens nicht lange vor. Dagegen graben sich wundersame Errettungen aus heftigster Not tief ins Gedächtnis ein. Und sie können zur Wegzehrung für ein ganzes Leben werden.

Nur Mut! Aufgabe und Hingabe

Jeder Mensch möchte aufblühen und über die bisherigen Engen seines Lebens hinauskommen. Das ist ein Grundbedürfnis. Da ist es aber manchmal unausweichlich, sich nach neuen Ufern umzuschauen und dann beherzt aufzubrechen. Auch wenn einem noch keine Krise im Nacken sitzt.

Dabei geht es oft nicht anders, als Dinge aufzugeben und Brücken hinter sich abzubrechen. Egal, wie gut sie bisher funktioniert haben. Allerdings stellen sich dem dann leicht Ängste in den Weg. Etwas loslassen – ja gut, aber wie wird das Neue sein? Wird es sich leicht handhaben lassen? Und wird es wirklich der eigenen Entfaltung dienen? Das können zutiefst verunsichernde Stolperfallen sein. Vielleicht kennst du das, liebe Leserin oder lieber Leser.

Dazu kommt: Der Mensch möchte sein Leben möglichst im Griff haben. Und er wird auch von allen Seiten darauf gedrillt, Herr seines Schicksals zu sein und zu bleiben. Gelingt das nicht, wird er sich mit Gefühlen der Unzulänglichkeit oder gar des Versagens herumschlagen müssen. Auch solche Aussicht macht Loslassen und Aufgeben nicht leichter.

Was tun? Dazu ein inneres Bild:

> Mein Engel lotst mich zu einem wunderschönen Baum in der Landschaft. Seine Krone ist herrlich entfaltet. Unten um den Baum herum sind Menschen zu sehen, die versuchen, diesen Baum zu ersteigen. Aber der Stamm ist bis zu den untersten Ästen zu glatt und zu hoch. Die Menschen rutschen immer wieder ab und fallen hin. Da wird eine Leiter gebracht und weiter außen an den Baum gestellt. Wenn nun die Menschen zu dieser Leiter hingehen, können sie damit in die Baumkrone gelangen.

Der Baum steht für voll entfaltetes Leben. Und das innere Bild geht davon aus: Viele Menschen versuchen, sich an diese Fülle heranzumachen. Doch ihre Versuche scheitern kläglich. Sie können die erstrebte Lebensentfaltung nicht im Ansatz erreichen.

Die Menschen brauchen also Hilfe. Und dafür steht nun die Leiter. Wie aber die Leiter nutzen? Die Menschen müssen erst einmal ein gutes Stück zurücktreten. Und ihr eigenes Konzept aufgeben. Denn damit ist der glatte Stamm nicht zu bezwingen. Dann aber hilft ihnen die Leiter, die Distanz zwischen Boden und Ästen zu überbrücken. Und das auch noch relativ bequem.

Für welche Art von Hilfe steht die Leiter? Andere Menschen können – im übertragenen Sinne – für einen Menschen eine Leiter sein. Das ist oft so. Aber hier geht es anscheinend um anderes. Wenn mich ein Engel zu diesem Baum führt, steht die Leiter offenbar für göttliche Hilfe. Und für das Betreten und Besteigen dieser Leiter braucht es dann Gottesvertrauen. Denn sie könnte ja brechen, abrutschen oder sonst etwas.

Gottesvertrauen heißt: Bei Schwierigkeiten, die meinen Verstand und meine Kräfte übersteigen, gebe ich die Versuche auf, mir selbst zu helfen. Ich lasse los, ich lasse mich fallen. Ich gehe ins Risiko. Ich lasse mich auf etwas Neues ein, dessen Tragfähigkeit ungewiss ist.

Solch ein Schritt braucht bewussten Willen. Und da kommt noch einmal die Leiter ins Spiel. Denn ich benötige nicht nur das Vertrauen, dass mich ihre Sprossen tragen. Und dass die Leiter nicht abrutscht und umschlägt. Ich muss mich auch noch Sprosse für Sprosse hocharbeiten. Ich muss einen Einsatz leisten, von dem nicht sicher ist, ob er zum Ziel führt.

Wenn ich das so schreibe, bin ich mir selbst ein Beispiel: Denn ich weiß nicht, ob dieses Buch wirklich Leser finden wird. Da ist es schon manchmal mühsam, gegen diese Ungewissheit anzuschreiben und sich Seite für Seite vorwärtszuhangeln. Häufiger halte ich mir selbst vor, dass Gott doch hinter diesem Vorhaben steht. Es gibt ja Anzeichen dafür. Doch eine Garantie habe ich nicht.

Gottesvertrauen hat nur dann eine größere Tragkraft, wenn man schon eindrucksvolle göttliche Rettung erlebt hat. Solche Erfahrung ist eine gute Stütze. Und trotzdem ist jedes höhere Risiko immer noch ein Sprung ins Ungewisse und manchmal direkt ins kalte Wasser.

Ich habe ein weiteres inneres Bild dazu erbeten. Und das fällt drastisch aus:

> Mit meinem Engel stehe ich an einer Bergkante. Unter uns ist Nebel. Wir halten uns an der Hand und springen in diesen Nebel hinein. Es geht tief hinunter. Und immer tiefer und tiefer. Unterwegs gibt es keinerlei Anhaltspunkte, was auf uns zukommt. Aber dann landen wir im Nebel sanft auf so etwas wie einem Bretterboden. Zunächst ist nicht auszumachen, wo wir sind. Erst nach einiger Zeit lichtet sich der Nebel. Und siehe da, ich bin auf einem Schiff gelandet. Es bewegt sich leise mit mir in eine helle, wärmende Sonne hinein. Und der Himmel wird immer blauer.

Ein solch blinder Sprung ins Ungewisse ist mehr als nur Loslassen. Das ist Auslieferung in äußerster Form: Es ist Hingabe. Und diese Hingabe hier im Bild lässt mich nicht etwa in kaltes Wasser platschen: Nein, sie lässt mich sanft auf Brettern aufsetzen. Erst später merke ich, dass ich auf Schiffsplanken gelandet bin. Und die haben solide Tragkraft in einem Element, das Menschen sonst leicht verschlingt. Ich fühle mich jedenfalls sofort sicher.

Schließlich stellt sich sogar heraus: Ich bin auf einem ganzen Schiff gelandet. Und das schwankt nicht. Es fährt sicher. Und es fährt immer weiter ins Licht. Das Schiff steht damit symbolisch – da bin ich mir sicher – für das menschliche Leben. Das innere Bild verspricht also: Bei äußerster Hingabe wird ein Umstieg in eine neue Lebensform möglich. Hier im Bild geht es dabei hinein in ein wunderbar lichtvolles Dasein unter einem immer heiterer werdenden Himmel.

Was für ein gewaltiges Versprechen! Bei mir kommt sofort der Verdacht auf, das innere Bild könnte die allerletzte Hingabe beschreiben – nämlich Sterben und Tod. Da geht es auch blind in den Nebel hinein. Doch: Wo landet man dann? Und auf was für Planken setzt man da auf? Aber da ich will nicht spekulieren. Auch wegen der totalen Blindheit an diesem Punkt sind Sterben und Tod tatsächlich die größte Umwälzung im Leben eines Menschen.

Allerdings ist Hingabe auch schon davor möglich. Etwa wenn man sich radikal einem Menschen zuwendet und anvertraut – meistens in Liebe. Oder wenn man sich voller Inbrunst einer Sache verschreibt und sich dafür aufopfert. Solche Möglichkeiten schließt das Bild sicherlich mit ein.

Eins ist allerdings nicht zu übersehen: Im Bild ist speziell die Hingabe an Gott das Thema. Der begleitende Engel ist der unübersehbare Hinweis darauf. Und damit kommt wieder das Gottesvertrauen auf den Tisch. Bei einer Hingabe, wie sie das Bild thematisiert, braucht es mehr als ein normales Gottesvertrauen. Es ist sogar äußerstes Gottesvertrauen gefragt.

Ein solches Gottesvertrauen ist nicht aus dem Stand heraus verfügbar. Und bloße Willenskraft reicht auch nicht aus. Die menschliche Psyche ist da überfordert. Was aber dann? Gottesvertrauen braucht erst einmal Wachstum. Zunächst sind größere Abenteuer und Krisenzeiten mit Gott erfolgreich durchzustehen. Dabei wächst Vertrauen. Und mit der Zeit wird daraus immer größeres und größeres Vertrauen.

Das ist dann die Basis für Hingabe. Und aus gelegentlicher Hingabe kann sogar ständige Hingabe werden. Und daraus wiederum tiefe lebenslange Hingabe an Gott.

Solche Hingabe wird immer wieder einmal mit irdischer Freude belohnt. Und zuletzt dann auch – dem Bild nach – mit dauerhafter himmlischer Freude. Zugleich mündet das Leben ein in eine tief wärmende göttliche Geborgenheit.

Gespräch mit Gott – gefährlich?

Viele Menschen möchten nicht einfach in den Tag hineinstolpern. Sie möchten innerlich geordnet und gestrafft ihr Tagwerk angehen. Sie suchen sich dafür einen Sinnspruch, einen Bibelvers oder eine Betrachtung. Zum Meditieren. Oder sie beten.

Das Gebet ist dann ein Monolog. Die Menschen tragen Gott Bitten und Dank vor – vor allem. Erleben aber keine Reaktion oder Antwort. Immerhin öffnen sie sich damit für Gott. Und meist auch ein wenig für sich selbst: Sie nehmen ihr eigenes Befinden wahr. Und ihre persönlichen Wünsche.

Bei mir dagegen ist es ein Morgenritual, mit Gott mindestens ein paar Worte zu wechseln. Mit realer Rede von mir und innerlich gehörter Gegenrede von Gott. Ich bin zwar meistens nicht sehr gesprächig. Und Gott überschüttet mich auch nicht mit Wortkaskaden. Aber für mich reicht das, um sofort zu wissen: Gott ist für mich da, und er reagiert freundlich auf mich. Damit kann ich erhobenen Hauptes den Tag angehen – mit Blick voraus und Gott im Rücken.

Aber ist nicht selbstverständlich, mit Gott zu reden. Wenn ich zurückschaue, habe ich mich langsam herangetastet. Mit wachsender Kühnheit. Denn mir passierte dabei nichts. Zudem kam die Erfahrung und wuchs die Gewissheit, dass Gott antwortet. Ja, ich bin ihm immer wieder eine gütige, aufmunternde oder tröstende Antwort wert!

Nun ist es wieder Zeit für ein inneres Bild. Ich bitte darum:

Ein stattlicher Engel holt mich ab und bringt mich an das sandige Ufer eines Flusses. Und oh Schreck: Erst einmal flüchtet da ein großes Krokodil in den Fluss. Und es gibt noch mehr Krokodile darin! Auf der anderen Seite sehe ich eine riesige flache Sandwüste. Aber wie hinkommen? Der Engel nimmt mich einfach auf seine Schultern und watet mit mir durch den Fluss. Er wird nicht angegriffen und setzt mich heil im Sand auf der anderen Seite ab. Kaum berührt mein Fuß den Boden, wird der Sand rings um mich herum zu Gold.

Was sagt dieses Bild? Der goldene Boden ist offensichtlich heiliger Boden. Und erst auf heiligem Boden werden direkte Gespräche mit Gott möglich. Doch noch besser gefällt mir die Umkehrung: Wo auch immer ein Gespräch mit Gott stattfindet, da ist heiliger Boden. Der Gedanke hat Substanz!

Doch bis zum Gespräch mit Gott kommt das Bild gar nicht. Die Krokodile stehen im Mittelpunkt! Sie ziehen erst einmal alle Aufmerksamkeit auf sich. Und das heißt: Es geht um tödliche Gefahren, die vor dem Gespräch lauern. Um Gefahren, die ein Gespräch von vornherein abwürgen können. Und das Bild meint: Man braucht tragfähige Hilfe, um diese Gefahren unbeschadet zu überstehen.

Was sind das für Gefahren, die ein Gespräch mit Gott im Vorhinein abwürgen können? Angst und Zweifel spielen da eine große Rolle. Die Krokodile stehen offenbar dafür. Denn denkt man an ein Gespräch mit Gott, melden sich leicht Bedenken. Etwa: Bin ich berechtigt, mit Gott direkt zu sprechen? Antwortet mir Gott wirklich? Macht mir Gott dann vielleicht Vorhaltungen und Vorwürfe? Und bin ich überhaupt eines solchen Gespräches würdig?

Und wagt man dann das Gespräch und erlebt eine freundliche Antwort, können mitten in die aufkeimende Freude Fragen hineingrätschen wie: Mache ich mir nicht etwas vor? Kann Gott wirklich so freundlich zu mir sein?

Dabei ist eine unmittelbare Reaktion von Gott immens wichtig, wenn ich ihn anspreche. Sie gibt eine gewisse Sicherheit, dass Gott mir tatsächlich antwortet.

Um das am Thema Wunder zu demonstrieren: Erlebt man in der realen Welt ein Wunder, kann man sich fragen: Ist das Ereignis Zufall, oder hat es mit Gott zu tun? Hat man dagegen kurz zuvor göttliche Rettung erbeten und kommt gleich danach entscheidende Hilfe, ist göttliches Eingreifen höchst wahrscheinlich. Die enge zeitliche Verzahnung spricht dafür. Sie ist ein Hauptargument. Und das gilt auch für das Gespräch mit Gott.

Trotzdem können sich noch leicht – wie beschrieben – Angst und Zweifel einmischen. Das innere Bild sagt daher: Wir brauchen einen Engel, der uns durch die gefährlichen Zonen beim Gespräch mit Gott trägt.

❄ ❄ ❄

Um den Einstieg zu erleichtern, biete dir nun hier eine mehrstufige Einführung an, liebe Leserin oder lieber Leser: Bei dieser Art der langsamen Annäherung kannst du dich sicherer fühlen. Zudem kannst du dein erstes Gespräch auch mit einem Engel führen. Das ist vermutlich nicht so heikel für dich. Genauso leicht ist auch das Gespräch mit dem Jesus möglich.

Und selbst wenn du, liebe Leserin oder lieber Leser, schon längst das direkte Gespräch mit Gott praktizierst, kann meine

Einführung – besonders bis zum Punkt 6 – trotzdem für dich noch interessant sein:

1. Du suchst oder schaffst dir zwei Sitzplätze einander gegenüber. Auf den einen setzt du dich selbst. Und dann stellst du dir vor: Auf dem anderen Platz dir gegenüber sitzt ein Engel oder Jesus.

2. Du fühlst, was von dem Engel oder Jesus dir gegenüber ausgeht: Es sollte Wohlwollen, Güte, Wärme, Liebe sein. – Akzeptiere dabei bitte keine Gestalt, die dubios oder dunkel auf dich wirkt!

3. Du stellst nun dem Engel oder Jesus eine Frage, die dir wichtig ist. Oder du äußerst eine Bitte. Am besten laut.

4. Danach wechselst du sofort auf den leeren Platz dir gegenüber. Du übernimmst damit die Rolle von Engel oder Jesus – du wirst also vorübergehend zum Engel oder Jesus. Das geht. Das geht wirklich! Und es ist ein überraschend angenehmes Gefühl, Engel oder Jesus zu sein.

5. Dein bisheriger Platz ist jetzt zwar leer. Aber in deiner Vorstellung sollst du da noch weiterhin sitzen. Und als Engel oder Jesus siehst du dann auf dich selbst – dort auf dem leeren Platz.

6. Jetzt wird es spannend: Was fühlst du als Engel oder als Jesus, wenn du dich nun selbst betrachtest? Wie geht es dir jetzt mit dem Menschen, der dir gegenüber sitzt und der du selbst bist? Auch dieses Gefühl kann dich sehr überraschen.

7. Erst danach geht es um die Antwort auf deine Frage. Oder um deine Bitte. Du achtest nun darauf, welche Antwort dir als Engel oder Jesus in den Sinn kommt. Und du sprichst sie am besten laut aus.

8. Danach setzt du dich wieder auf deinen ursprünglichen Platz zurück. Und genießt das Erlebte. Du lässt es in dir nachklingen und versuchst überhaupt zu begreifen, was dir da passiert ist.

9. Wenn du nun noch mehr wissen willst, stellst du erneut eine Frage. Oder du äußerst eine weitere Bitte. Mit neuen Platzwechseln kann sich jetzt auch ein längeres Gespräch entwickeln.

Vielleicht genügen dir schon die ersten sechs Punkte. Und wenn du da als Engel oder Jesus auf dich selbst schaust, kann Verblüffendes geschehen: Ich erinnere mich an einen Mann, der zunächst sehr abwertend über sich selbst sprach. Doch als er dann als Jesus auf die eigene Person sah, fiel er aus allen Wolken. Denn als Jesus hatte er ein ausgesprochen wohlwollendes und liebevolles Gefühl zu sich selbst. Er nahm sich ausgesprochen positiv wahr. So hatte er sich noch nie gesehen.

Danach geht es um die Frage oder Bitte, die du geäußert hast. Und da kannst du ebenfalls überrascht werden. Denn wenn du als Engel oder Jesus darauf antworten willst, kann sich bei dir eine sehr ungewöhnliche Antwort einstellen. Sie kann dein Blickfeld erweitern. Sie kann dir eine verblüffende Hilfe anbieten. Sie kann sogar ein so überwältigendes Kompliment sein, dass du geradezu errötest.

Möchtest du das Gespräch nicht mit Engel oder Jesus, sondern direkt mit Gott führen, machst du dieselben Schritte.

Allerdings: Kannst du dir Gott etwa auf einem Stuhl oder in einem Sessel vorstellen? Das kann schwierig werden. Doch Gott kommt dir gern weit entgegen. Er sitzt dir dann vielleicht als ein warmer Lichtnebel gegenüber. Oder er ist völlig unsichtbar, aber du spürst ihn als geballte Kraft, Zuwendung, Liebe oder Ähnliches.

Ist dann Gott in dieser Weise anwesend, kannst du ihm ebenfalls eine Frage stellen. Oder du trägst ihm eine Bitte vor. Eine für dich hochinteressante Frage könnte zum Beispiel sein: Wer bin ich eigentlich für dich, Gott? Du wirst darauf eine aufbauende Antwort erhalten. Oder umgekehrt kannst du fragen: Wer bist du, Gott, eigentlich für mich? Und du wirst ebenfalls etwas Freundliches zu hören bekommen.

Die zweite Frage habe ich mal für mich gestellt. Also: Wer bist du, Gott, eigentlich für mich? Ich wollte ein frisches Antwortbeispiel hier für das Buch haben. Und Gott sagte zu mir: „Ich bin dein großer Gönner." Oh, welch ein Zuspruch! Und was für eine Verheißung!

Allerdings ist Kritik durch Gott nicht ganz ausgeschlossen, wenn du ihn fragst. Doch keine Angst: Gott ist ein Meister konstruktiver Kritik. Er wird dir eine kritische Anmerkung so verpacken, dass du immer noch genug Liebe spürst und sie als aufbauend annehmen kannst.

Im schlimmsten Fall schweigt Gott. Und er kann dir damit zum Beispiel signalisieren: Du weißt doch selbst die Antwort. Du hast eine unpassende Frage gestellt. Du fragst zur falschen Zeit. Oder auch: In der Verfassung, in der du gerade bist, möchte ich nicht mit dir reden. Das ist dann frustrierend. Ich weiß. Aber du wirst merken: Du bekommst genug Kraft, um damit angemessen umgehen zu können.

An dieser Stelle noch einmal zum Bild mit den Krokodilen. Es sagt: Möchtest du ernsthaft mit Gott reden, schickt er dir einen Engel. Der soll dich über alle Ängste und Zweifel hinweg zum goldenen Ufer tragen. Also dahin, wo du Gott sprechen kannst. Und das heißt: Du stehst auf dem Hinweg unter göttlichem Schutz – vielleicht spürst du es – und ebenso auf dem Rückweg. Lass dich also nicht vom Gespräch mit Gott abhalten wegen irgendwelcher Befürchtungen. Und lass dir das Gespräch auch nicht hinterher vermiesen durch irgendwelche Ängste.

Im Übrigen: Auf keinen Fall akzeptiere bitte auf Gottes Platz ein dunkles, kaltes oder dubioses Etwas. Das ist dann nicht Gott! Akzeptiere ebenso keine dunklen, kalten oder dubiosen Antworten. Auch Abwertungen deiner Person sind nicht göttlich. Und Beschimpfungen sind es schon gar nicht.

Zudem schadet es nicht, im Gespräch mit Gott eine gewisse Wachsamkeit an den Tag zu legen. Das gilt besonders dann, wenn Gott dich bittet, etwas Bestimmtes zu tun. Gerade für eine solche Bitte lege ich dir ans Herz: Prüfe diese Bitte! Vorsichtshalber.

Für eine Prüfung gibt es drei Kriterien:

1. Kriterium Originalität: Ist die Bitte originell? Hat sie etwas Besonderes? Oder entspricht sie vielleicht nur einem Wunsch von dir?

2. Kriterium Schadensfreiheit: Will die Bitte etwas Gutes bewirken? Und stiftet sie – bei Befolgung – wesentlich mehr Nutzen als Schaden?

3. Kriterium Bestimmtheit: Klingt die Bitte ungewöhnlich bestimmt und nachdrücklich? So, als wenn es wirk-

lich wichtig ist, dass du sie wahrnimmst und befolgst? Und hat sie dabei eher einen warmen als einen kalten Klang?

Erfüllt eine Bitte diese Kriterien, ist sie höchstwahrscheinlich von Gott. Und du kannst damit Gutes bewirken.

Klingt das nun alles etwas kompliziert? Am besten ist, du fängst einfach einmal an! Und du beginnst, eigene Erfahrungen zu sammeln. Wie schon gesagt: Du stehst dabei unter göttlichem Schutz. Und du hast wirklich gute Aussichten, Gott in Rede und Gegenrede zu erleben.

Schneller an Gott heran

Gibt es einen geheimen Hintereingang zu Gott? Können Eingeweihte besonders schnell an ihn herankommen? Nein. Die Überschrift ist da vielleicht missverständlich. Gott ist auch nicht mit Tricks schneller zu erreichen. Doch es gibt einige Türen, wo er leicht erreichbar sein kann. Und die solltest du vielleicht kennen, liebe Leserin oder lieber Leser.

Die oben beschriebenen Schritte zum Gespräch mit Gott führen zu einer dieser Türen. Natürlich ist es keine Selbstverständlichkeit, dass Gott dann auch öffnet. Das gilt ebenso für alle anderen Türen. Es ist immer seine Entscheidung, dem Menschen entgegenzukommen. Aber Gott öffnet überraschend oft. Tatsächlich. Vor allem, wenn man mit ganzem Herzen den Zugang zu ihm sucht.

Für das Gespräch mit Gott habe ich oben den Platzwechsel beschrieben. Der ist aber nicht unbedingt nötig. Es geht auch schneller:

1. Du suchst oder schaffst dir zwei Sitzplätze einander gegenüber. Auf den einen setzt du dich immer selbst. Und dann stellst du dir vor: Auf dem anderen Platz dir gegenüber sitzt Gott. Jedes Mal, wenn du mit ihm redest.

2. Du stellst nun Gott eine Frage, die dir wichtig ist. Oder du äußerst eine Bitte. Am besten laut.

3. Dann achtest du darauf, was für Worte dir innerlich kommen. Das sind dann höchstwahrscheinlich Gottes Worte. Du darfst dir dabei auch eine spezielle Antwort wünschen – zum Beispiel etwas Spannendes oder Begeisterndes. Oder etwas zum Nachdenken.

Wenn Gott immer auf demselben Platz sitzt, hat das den Vorteil: Sein Platz gewinnt so an Energie und Atmosphäre. Kaum setzt du dich dann auf deinen eigenen Platz, spürst du schon dir gegenüber Wohlwollen, Güte, Wärme, Liebe.

Und geht es noch schneller? Ja! Viele Menschen brauchen für ein Gespräch mit Gott gar keinen festen Platz. Und wenn du, liebe Leserin oder lieber Leser, schon etwas Gesprächserfahrung hast, geht das für dich vielleicht auch. Du führst dann ein Gespräch mit Gott überall und bei jeder Gelegenheit. Und zwar so:

Du stellst eine Frage in den Raum. Laut oder leise. Oder du beginnst das Gespräch auf andere Weise. Dabei sollte klar sein, dass du jetzt Gott ansprichst und dass du eine Antwort wünschst. Dann achtest du darauf, was für Worte dir innerlich kommen.

Die erwünschte Antwort kannst du dann vielleicht in gesprochenen Worten hören. Oder sie ist innerlich einfach da. Oder sie legt sich dir in dem Moment auf die Zunge, in dem du sie laut aussprechen möchtest.

Die Worte, die dir so kommen, sind wahrscheinlich wirklich Gottes Antwort. Hast du aber Zweifel, können dir die drei Prüfkriterien weiterhelfen: Originalität, Schadensfreiheit und Bestimmtheit der Antwort. Ich habe sie schon im vorhergehenden Kapitel erläutert.

Es kann aber auch wortkarger zugehen:

> *Du stellst Gott eine Frage. Und er antwortet mit einem Gefühl, das er dir eingibt.*

Zwei Beispiele. Du bist in Not und brauchst Gottes Nähe als Sicherheit. Du fragst: „Gott, bist du da?" Und als Antwort spürst du deutlich seine wohlwollenden Gegenwart. Oder du fragst in einer Entscheidungssituation: „Gott, jetzt nach rechts oder links?" Und du spürst ein starkes Ziehen in eine Richtung und folgst ihm.

Eine weiterer schneller Zugang zu Gott nutzt den Zufall. Du schlägst willkürlich eine Spruchsammlung auf. Oder etwas Ähnliches. Fällt dein Blick sofort auf Worte, die ziemlich genau auf deine Situation passen – obwohl eigentlich die Chance dafür extrem gering ist –, kannst du sie als göttliche Antwort betrachten. Und weil es Gott ist, von dem du dir eine Antwort wünschst, empfehle ich dir auch noch: Wähle dir für die Suche eine Sammlung von Bibelversen. Oder eventuell gleich die ganze Bibel. Das kann deine eigene Offenheit für Gottes Antwort erhöhen.

Die Worte, auf die du so stößt, sollten Resonanz in dir hervorrufen. Sie sollten besondere Intensität entfalten und von innen heraus zu leuchten beginnen. Dann sind sie höchstwahrscheinlich Gottes Antwort. Beides, die Resonanz und das Leuchten, kannst du als ziemlich sicheren Beleg dafür nehmen.

Und jetzt noch eine Möglichkeit. Das Gespräch mit Gott kannst du auch schriftlich führen. Du gehst dann so vor:

1. Du sagst laut die Frage, die du an Gott hast. Und du schreibst sie gleich nieder.

2. Dann achtest du darauf, was dir als Antwort in den Sinn kommt. Und das hältst du auch schriftlich fest.

Das Schreiben hat einen Vorteil: Die körperliche Tätigkeit des Schreibens lockert deine Wahrnehmung. Du wirst aufnahmebereiter für das, was dir in den Sinn kommt. Du kannst sogar während des Schreibens Fragen stellen und Antworten hören. So kannst du – bei einem längeren Gespräch – praktisch immerzu im Schreiben bleiben.

Danach hast du auch noch eine Dokumentation deines Gesprächs in der Hand. Falls du später einmal den Wortlaut nachlesen möchtest.

Grundsätzlich gilt beim Zugang zu Gott: Je mehr ein Mensch wirklich Gott hören und sich ihm anvertrauen will, desto befriedigender kann die Begegnung verlaufen. Und je größer die Hingabe ist, mit der sich der Mensch Gott anvertraut, desto hilfreicher kann dessen Antwort sein.

Allerdings: In größter Not kann Gott zu jedem Menschen unmittelbar sprechen – und auch recht verständlich. Mal übermittelt er dann über inneres Hören oder Sehen einen hilfreichen Impuls. Mal gibt er einen heftigen inneren Drang ein. Oder er lässt die Umstände eine unüberhörbare Sprache sprechen.

Mir fällt da eine gute Bekannte ein: Sie war mit ihrem Freund am Bahnhof verabredet. Er kam mit dem Auto angefahren, warf ihr an den Kopf, dass er sich von ihr trenne, und war sofort wieder weg. In einer ersten spontanen Aufwallung rannte die Bekannte in Richtung Gleise, um sich vor einen Zug zu werfen. Nach ein paar Schritten hörte sie laut und deutlich den Befehl im Ohr: „Du kehrst sofort wieder um!" Sie tat es.

Oder eine andere Bekannte war mit dem Auto unterwegs. Vor einer unübersichtlichen Kurve sah sie innerlich: Auf der Gegenseite kommt ein anderes Auto herangerast. Sie stoppte ihren Wagen. Und als das fremde Auto sichtbar wurde, kam es ihr – aus der Kurve getragen – auf ihrer eigenen Straßenseite entgegen. Hätte die Bekannte nicht gestoppt, hätte es einen lebensgefährlichen Crash gegeben. So ist sie heil und glücklich davongekommen.

Visionäre Bilder – Schritte dahin

In diesem Buch gibt es viele visionäre innere Bilder. Sehr oft sind es „Lehrbilder". Solche Bilder veranschaulichen einen Sachverhalt und bringen ihn auf den Punkt. Sie können tiefere Einsicht vermitteln. Und sie können auch gut als Bilder in Erinnerung bleiben.

Doch zunächst einmal grundsätzlich: Was sind eigentlich innere Bilder? Wozu sind sie gut?

Innere Bilder unterstützen uns in unendlich vielen Situationen des Lebens. Sie geben uns wesentliche Orientierung. Allerdings ist uns das fast nie bewusst. Wir merken gar nicht, wenn wir von ihnen gelenkt werden. Sie sind gewissermaßen unser Autopilot.

Ein riesiger Bilderspeicher in uns ist die Grundlage dafür. Er ist gewaltig. Gehen wir durch die Welt, nehmen wir unentwegt Bilder in uns auf und speichern sie. Zudem gleichen wir sie mit früher gespeicherten Bildern ab. So erkennen wir etwa Orte und Personen wieder, deren Bild wir schon in uns tragen. Und so finden wir zu Plätzen zurück, an denen wir schon einmal waren.

Innere Bilder nehmen wir auch als Film in uns auf. Wir speichern so ganze Ereignisse und Geschichten in uns. Zugleich können wir aus unserem Bildspeicher heraus völlig neue Geschichten erfinden. Gerade in Nachtträumen laufen sie in uns als Film ab. Unbewusst sind wir da große Bilderfinder und Drehbuchautoren. Unsere ungezügelte Kreativität kann uns dann die abenteuerlichsten Geschichten vor Augen malen.

Ähnliches geschieht in Tagträumen. Sie sind innere Bilder, die ebenfalls unser Unterbewusstsein entwirft und als Film abspielt. Allerdings können wir diese Bilder bei vollem Bewusstsein erleben. Und anders als bei Nachtträumen können wir in diese Filme steuernd eingreifen. Und zwar ganz nach Wunsch und Bedürfnis.

Hochinteressant und hilfreich ist nun: In unseren inneren Bildwelten können überirdische Wesen und Kräfte auftauchen. Manchmal spontan und unerkannt. Und manchmal auf unseren ausdrücklichen Wunsch hin. Das ist eine gewaltige, ja eine unglaubliche Chance! Mich macht sie noch immer wieder sprachlos. Und von Herzen dankbar.

Die inneren Bilder, in denen Überirdisches erscheint, nenne ich hier „visionäre" innere Bilder. Und damit diese Bilder möglichst hilfreich sind, bitte ich liebevolle und kraftvolle spirituelle Gestalten in diese Bilder hinein. Also vor allem Engel, den

Jesus oder Gott in verschiedenster Erscheinung. Die inneren Bilder gewinnen damit eine ganz besondere Qualität. Eine himmlische Qualität. Das gilt natürlich auch für die Lehrbilder.

An dieser Stelle wünsche ich mir jetzt ein neues Bild. Es soll möglichst etwas zum Sinn visionärer innerer Bilder beitragen. Und es soll ebenfalls ein „Lehrbild" sein. Ich sehe nun:

> Mein Engel nimmt mich mit zu einem modernen Gebäude. Unten drin sind Lehrräume. Mich zieht es dort in einen Raum voller Menschen und ich erwarte: Hier wird jetzt ein inneres Bild als Lehrbild ausgestellt sein. Aber ich sehe keins. Mein Engel nimmt mich nun am Arm und zieht mich wieder aus dem Raum. Er bringt mich in eine obere Etage. Sie ist menschenleer. Aber da hängen nun Lehrbilder wie in einer Galerie oder in einem Museum an der Wand.

Was soll das? Bilder in einem Museum sind vor allem Genussobjekte. Sie sind nur in geringem Maße Nutzobjekte. Gute Museumsbilder haben zudem immer eine besondere Aura und etwas Geheimnisvolles. Also verstehe ich mein inneres Bild erst einmal so: Visionäre Lehrbilder können die Bedeutung von Museumsbildern haben. Mit entsprechend viel innerem Gehalt.

Doch worin besteht dann der Gehalt? Ich muss da tiefer bohren. Visionäre innere Bilder bieten häufiger ein bewegendes Erlebnis. Für mich jedenfalls. Viele solche Bilder hier im Buch überraschen, erfreuen, beleben mich. Sie lassen mich staunen. In ihnen haucht mich göttlicher Atem an.

Außerdem haben sie etwas Geheimnisvolles. Zwar sind sie oft ganz gut zu deuten. Aber man kann ja auch fragen: Wo kommen sie eigentlich her? Wieso tauchen sie in dieser Form auf?

Und plötzlich merke ich: In visionären Bildern steckt oft auch göttliche Weisheit. Ein tiefes Wissen um größere Zusammenhänge.

Auffällig bei meinem inneren Bild hier ist: Die Lehrbilder sind in einem modernen Gebäude untergebracht. Haben visionäre Lehrbilder also etwas Modernes? Sind sie gar am Puls der Zeit? Anscheinend. Und das lässt sich dann vielleicht so interpretieren: Die Lehrbilder in diesem Buch sind gut auf heutige Leserinnen und Leser abgestimmt.

Und warum ist die Etage mit den Lehrbildern menschenleer? Das verleitet mich nun zum Spekulieren: Mein Buch hier ist vielleicht die Galerie, in der meine visionären Bilder gesammelt und ausgestellt sind. Und jedes Mal, wenn dieses Buch gelesen wird, besucht damit ein Mensch diese Bildergalerie ...

Aber nun zum praktischen Umgang mit visionären inneren Bildern. Und zu dir, liebe Leserin oder lieber Leser. Wenn du noch nicht solche inneren Bilder hattest, aber sie haben möchtest, was kannst du dann tun? Hier sind hilfreiche Schritte dafür:

1. Du klärst, zu welchem Thema du ein visionäres inneres Bild haben möchtest.

2. Du suchst dir einen ruhigen Platz, schließt dort die Augen und lässt möglichst alle bisherigen Gedanken los.

3. Du stellst dir am Anfang eine grüne Wiese vor. Wenn du mehr Übung und Erfahrung hast, kannst du auch ein passendes anderes Anfangsbild nehmen.

4. Du bittest die spirituelle Gestalt herbei, von der du im inneren Bild begleitet werden möchtest. Das kann ein Engel, der Jesus oder Gott sein. Gott bittest du, in für dich passender Weise als Licht zu erscheinen. Welche Erscheinung du dann auch hast: Sie sollte unbedingt vertrauenswürdig und angenehm sein. Ist sie jedoch unangenehm oder dubios, sag ihr, sie soll verschwinden. Oder stoppe das ganze innere Bild.

5. Dann stellst du dir vor: Ein großes Transparent hängt vom Himmel herunter. Darauf steht das Thema, das du dir ausgesucht hast.

6. Nun gehst du mit deiner spirituellen Begleitung unter dem Transparent hindurch. Und du schaust, was du in der Landschaft dahinter zu deinem Thema erblickst und findest.

7. Wenn dir rätselhaft erscheint, was sich da zeigt, kannst du deine Begleitung fragen. Sie erklärt dir dann vielleicht, was du siehst.

Was du dann findest, ist vielleicht sofort verständlich. Es kann aber auch sein, dass du es erst interpretieren musst. Und wenn dir deine Begleitung nicht dabei hilft, nimmst du dir vielleicht mal einen ganzen Tag Zeit dafür. Gerade ein zunächst rätselhaftes inneres Bild kann am Ende manchmal sehr verblüffen. Also: Dranbleiben lohnt sich!

Oder hast du vielleicht, liebe Leserin oder lieber Leser, noch gar kein Thema für ein inneres Bild? Dann gibt es eine relativ einfache Frage, mit der du immer gut beginnen kannst: Was ist eigentlich das, was mich innerlich im Moment bewegt und umtreibt?

Interessiert dich diese Frage, solltest du beim obigen Punkt 5 wieder ein Transparent vom Himmel herunterhängen sehen.

Dieses Transparent ist dann aber leer. Es steht kein Thema darauf. Und nun wartest du, bis auf dem leeren Transparent von ganz allein ein Wort oder ein Satz erscheint. Das ist dann deine ganz aktuelle Thematik, um die es gerade geht. Vielleicht taucht auch ein Gegenstand darauf auf. Der steht dann ebenfalls dafür.

Funktioniert dieses innere Bild bei dir, wird dir damit gezeigt, was bei dir gerade innerlich los ist. Oder was dich im Moment besonders bewegen sollte. Und das wird dann durch das erläutert, was du in der Landschaft hinter dem Transparent findest.

Damit du ein Beispiel hast, gehe ich jetzt in solch ein Bild:

> Ich sehe das Transparent. Darunter steht mein Engel. Ich schaue auf das Transparent, und darauf erscheint in grünen Leuchtbuchstaben das Wort „Suppe". Meine Verblüffung ist groß – ich habe mit Suppen nicht viel am Hut. Aber gut, ich gehe mit meinem Engel unter dem Plakat hindurch in die Gegend dahinter. Ich ahne von ferne einen kleinen Teich, und mein Engel geleitet mich dahin. Schon unterwegs taucht in meinem Kopf das Wort Linsensuppe auf, und ich weiß im Voraus, was mich erwartet: Auf dem Teich sehe ich dann tatsächlich Wasserlinsen. Wasserlinsen, das sind viele kleine runde grüne Blättchen, die eine Wasserfläche bedecken.
>
> Dieser Teich ist ausgesprochen seltsam! Was soll er mir bloß sagen? Ich komme auf die Idee, eine Menge Wasserlinsen beiseite zu schieben. Ich sehe erst einmal nur schwarzes Wasser darunter. Dann aber taucht langsam ein junges Pärchen aus dem Wasser auf. Es geht an Land, stellt sich vor mich hin und bittet mich, zu seiner Hochzeit zu kommen.

Welch ein Bild! Denn genau heute morgen bekam ich eine Einladung von diesem Paar. Es lädt mich ein zu seiner Hochzeit. Einerseits wusste ich sofort: Aus familiären Gründen muss ich teilnehmen. Andererseits fehlte mir Vorfreude. Jetzt aber fühle ich mich sogar von Gott eingeladen. Ich muss einfach hin!

Als es dann so weit war – das ist jetzt ein Nachtrag –, war die Hochzeit für mich von wahrhaft glücklichen Umständen begleitet. Unvergesslich! Und himmlisch.

Bitteres Schweigen von Gott

Das eben gefundene Wasserlinsen-Bild war sofort da. Doch das ist nicht selbstverständlich. Manchmal verweigern sich mir innere Bilder völlig. Oder ihr Inhalt ist nur gehobener Blödsinn. Und auch andere Türen zu Gott, die ich versuche, können sich sperren. Da hilft dann kein Rütteln.

Damit bin ich beim Schweigen Gottes. Und ich vermute mal, liebe Leserin oder lieber Leser: Das könnte ein elementares Thema für dich sein. Vielleicht hast du auch schon an verschlossenen Türen Gottes gerüttelt.

Es gibt das kurzzeitige Schweigen Gottes. Man bekommt etwa den erhofften göttlichen Wink nicht. Oder er ist unverständlich oder wirkt wirr. Nun fragt man Gott irritiert: Hast du Einwände gegen mein Anliegen? Ist dieses Anliegen nicht sinnvoll oder berechtigt? Und man beginnt, die eigene Haltung und Erwartung zu überprüfen. Genau das kann das Ziel von solchem göttlichem Schweigen sein: Hilfreiche Verunsicherung.

Aber Gott kann auch für Tage nicht erreichbar sein. Er zeigt lange keine Reaktion. Da wird man leicht mit dem Stand des eigenen Gottesvertrauens konfrontiert. Vielleicht trägt es ja weiterhin in solcher Situation. Aber es kann auch einbrechen. Und vielleicht denkt man sogar fragend: Ist Gottes Schweigen die Strafe für irgendein Vergehen von mir?

Doch endlich ist wieder ein göttlicher Impuls da! Und der hat dann besonderes Gewicht. Gerade ein wackeliges Gottesvertrauen – bereits in erste Gefühle von Gottverlassenheit abgestürzt – atmet nun auf. Die neue Gotteserfahrung stabilisiert es und verstärkt oft das wiedergewonnene Gottesvertrauen.

Schließlich gibt es noch das lange Schweigen Gottes. Und viele Menschen kennen Gott überhaupt nur als schweigenden Gott. Sie erleben nie, dass er unmittelbar zu ihnen spricht.

Denn manche Menschen sträuben sich gegen unmittelbare Gotteserfahrung. Bewusst oder unbewusst. Einige von ihnen haben negative Erfahrungen etwa mit ihren Eltern gemacht. Andere wollen auf keinen Fall die Kontrolle über ihr Leben verlieren: Ein beängstigend große göttliche Gestalt darf ihnen keinesfalls irgendwo dazwischenfunken. Und überhaupt steckt in so manchen Menschen eine diffuse archaische Angst vor einem ungreifbaren gewaltigen Wesen.

Manche Menschen sind aber auch nur ausgesprochen rational. Sie können sich Gott allein verstandesmäßig erschließen – aus welchem Grund auch immer. Direkte Kommunikation mit Gott ist ihnen undenkbar. Sie haben auch keinerlei emotionale Bedürfnisse, die darauf drängen. Deshalb halten sie sich an bewährte Glaubenssätze und Gebote. Und wenn es mal eng wird, wägen sie intellektuell ab, welches Verhalten wohl aus göttlicher Sicht angemessenen ist. Wenn dann solche Menschen ohne spürbare göttliche Nähe auf einem guten Kurs bleiben, finde ich das bewundernswert.

Ganz anders sind Menschen mit gefühlsbetonter Gottesbeziehung. Sie leben davon, dass sie immer wieder göttliche Zuwendung erfahren. Und da kann es bitter für sie werden, wenn sich Gott ihnen gegenüber ausschweigt. Vor allem, wenn dieses Schweigen sehr lange anhält.

Besonders bitter wird es, wenn diese Menschen auf Hilfe warten. Oder zumindest auf eine gute Wendung der Dinge. Sie beten und bitten, aber es passiert nichts. Sie leben dann wie unter einen großen schweren Decke, die sich einfach nicht heben will. Sie leiden still vor sich hin. Sie können nur immer neu hoffen. Und das kann sogar Jahre so gehen!

Zum Glück erhalten solche Menschen dann doch meistens kleine Zeichen göttlicher Zuwendung. Diese Zeichen ändern zwar nur wenig an den Realitäten. Aber sie können immerhin trösten und am Leben halten. Man braucht nur bereit sein, sie zu sehen, sie zu würdigen und sich von ihnen aufbauen zu lassen.

Ich selbst habe lang anhaltende Phasen erlebt, wo Gott zu schweigen schien. Aber da gab es schon gelegentlich eine Aufmunterung. Manchmal, wenn ich absolut kein Land sah, sagte eine deutliche Stimme in mir: Gib nicht auf! Und ich bekam gleichzeitig einen kleinen Zuschlag an Kraft. Dann wusste ich: Gott sieht mich. Und er weiß, wie es um mich steht.

Ich wünsche mir nun ein inneres Bild zu langem göttlichem Schweigen. Und das Bild kommt in dieser Weise:

> Mein Engel führt mich auf eine blühende Wiese. Da werde ich zum Kind. Ich sitze in der Sonne auf dem Boden und freue mich an den Blumen und Blättern um mich herum. Ich zupfe dies und jenes ab. Ich probiere,

was man damit machen kann. Aber als ich aufblicke, sehe ich rund um die Wiese herum Nebel. Und am Rand der Wiese taucht auch noch ein Wolf auf. Im Nebel beginnt er, in weitem Bogen um mich herumzuschleichen.

Ich bin alarmiert. Und ich beginne nach Vater und Mutter zu schreien. Aber nichts passiert, niemand kommt mir zu Hilfe. Ich habe jetzt richtig Stress. Da springe ich auf, greife nach einem Stock, der neben mir liegt, und richte mich auf. Ich mache mich groß und merke, wie ich angesichts der Gefahr immer größer und erwachsener werde. Bis der Wolf aufgibt und sich trollt.

Ja, so kann es gehen: Man spielt selbstvergessen im Leben vor sich hin. Aber unerwartet fühlt man sich allein. Das Alleinsein beginnt zu ängstigen. Es wird zur Bedrohung. Und im inneren Bild nimmt diese Bedrohung dann auch noch die Gestalt eines Wolfes an.

Langes göttliches Schweigen kann tatsächlich bedrohlich wirken. Es ist, als wenn man in einer gottverlassenen Gegend festsitzt, und es ist keine Hilfe in Sicht. Hier im inneren Bild bringt die Bedrohung allerdings den betroffenen Menschen auf die Beine. Das ist ein bemerkenswertes Ergebnis. Die Bedrohung wird zur Entwicklungshilfe. Und mit seinem Aufstehen übernimmt der Mensch Verantwortung für sich selbst. Er wird erwachsen.

Im realen Leben ist das oft ein Thema: Die Ablösung der Kinder von den Eltern. Es gibt die Nesthocker. Sie möchten sich nicht den rauen Wind des Lebens um die Nase wehen lassen. Auch Gott ist häufiger mit diesem Thema konfrontiert. Mit seinem Schweigen schubst er dann manchmal Realitätsverweigerer aus ihrem Nest.

Es ist tatsächlich so: Eine gute Beziehung zu Gott kann manche Menschen abhängig machen. Und unmündig. Man schreit dann zu Gott, wie man früher als Kind nach Vater oder Mutter schrie. Dabei könnte man eigentlich gut selbst zurechtkommen. Gott wehrt dann mit seinem Schweigen allzu kindliche Ansprüche ab. Der Mensch soll sich abnabeln. Er soll die eigenen Kräfte und Möglichkeiten ausschöpfen. Er soll mal eine schwierige Zeit aus eigener Kraft durchstehen und daran wachsen.

Aber das ist noch nicht alles. Es gibt auch noch ein anderes Ziel göttlichen Schweigens. Dazu dieses Bild:

> Mein Engel geht mit mir in ein Haus. Da steigen wir die Treppen hoch und kommen auf den Dachboden. Von da aus klettere ich sogar noch auf das Dach. Da habe ich eine tolle Aussicht. Nun bitte ich mit einem großen Schrei den Himmel, mir bitte Flügel zu geben. Ich möchte mich vom Dach aus noch weiter aufschwingen und noch höher kommen. Aber nichts passiert. Absolut nichts. Die Wolken am Himmel werden nur etwas dunkler.

Manchmal will der Mensch weit über sich hinaus. Entweder wurde er von anderen Menschen mit falschen Vorstellungen, Erwartungen und Ansprüchen gefüttert. Oder er selbst hat diese in sich genährt. In fataler Selbstüberschätzung. Da geht es nicht anders: Er muss zurück auf den Boden der Tatsachen!

Der Mensch muss erkennen, dass seine Lebensfreude nicht in einem Wolkenkuckucksheim auf ihn wartet, sondern vor allem im realen Erdgeschoss des Lebens. Dort muss es sich nur entsprechend einrichten. Dann sind auch da überraschende Freuden zu entdecken.

Gott will manchmal durch langes Schweigen den Menschen auf sich selbst zurückzuwerfen. Er soll nicht über seine Verhältnisse planen und leben, sondern seine Grenzen kennenlernen. Deshalb wird er zurechtgestutzt. Manchmal heftig.

Es braucht zwar oft eine Weile, bis der Mensch akzeptiert. Tut er es dann, kann er damit aber spirituelle Größe erlangen. Und schließlich in eine überwältigende und zugleich demütige Reife hineinwachsen.

Solche Reife ergibt einen ungemein fruchtbaren Boden. Und darauf kann – in enger Verbindung mit Gott – wahrhaft Herausragendes entstehen und erblühen.

Die Freiheit zum Bösen

Das Gute ist kein Aufreger. Nur ganz selten fasziniert es. Es ist praktisch die allseits erwartete und eingeforderte Norm.

Dagegen aber das Böse! Gewiss schlägt ihm breite Ablehnung entgegen. Aber heimlich hat es dann doch viel Faszinierendes. All die Krimis beziehen ihren Reiz gerade daraus. Und es gibt viele Menschen, die – zumindest heimlich – diejenigen bewundern, die kaltschnäuzig gegen alle Regeln des Guten verstoßen. Ohne Rücksicht auf Verluste.

Weil es nun einmal so ist, schiebe ich das scheinbar langweilige Gute hier erst einmal ins Abseits. Und wende mich sofort dem Bösen zu.

Warum gibt es eigentlich das Böse? Und ist es mit einem liebenden Gott vereinbar? Für viele Menschen ist es ein gewaltiger Stein des Anstoßes. Und für manche ist dieser Stein so groß, dass sie einen weiten Bogen um Gott machen.

Ja, das Böse. Aber was ist eigentlich böse? Das Böse hat viel mit Destruktivität zu tun, das ist klar. Es ist störend, verstörend und zerstörend. Es kann schlimme und nicht wieder gut zu machende Schäden anrichten. Und es bringt immer wieder Unheil über die Menschen. Manchmal auch über ganze Völker.

Die Natur ist allerdings ist nicht böse. Oder sind etwa Katzen, Wölfe, Löwen böse? Oder sind es Vulkanausbrüche, Überschwemmungen, Erdbeben? Nein, das Böse hat allein mit dem Menschen zu tun.

Zum Bösen möchte ich mehr in einem inneren Bild erfahren. Und so stellt es sich mir dar:

> Der Engel mit den großen Schwingen ist wieder da, zieht mich hoch und sagt: Auf geht's! Er bringt mich in einen dunklen Höhlengang. Da wo der Gang im Berg endet, lauert ein großes, schwarzes, böses Tier. Solange ich es im Blick habe, regt es sich nicht. Dann wird es hell, und der Berg löst sich um mich herum auf. Nun ich stehe im Freien dem mannshohen bösartigen Tier gegenüber. Etwa mit sieben Meter Abstand. Ich weiß, ich muss dieses Tier fest im Blick behalten, sonst kommt es Stück für Stück auf mich zu.

> Da bietet mir der Engel ein Schwert an. Er steht hinter mir. Ich nehme sein Angebot an und rücke mit dem Schwert Schritt für Schritt gegen das Tier vor. Es weicht fauchend zurück. Und wird dabei immer kleiner und kleiner. Schließlich ist es verschwunden. Der Engel gratuliert mir. Er gibt mir mit dem Schwert eine Art Ritterschlag. Ich bin beglückt und werde zu einer lichten Gestalt.

Das Böse ist hier der Widerpart des Menschen. Und aus dem Bild lässt sich schließen: Sollte der Mensch das Böse nicht im Auge behalten, würde es sich immer mehr an ihn heranpirschen. Und am Ende überwältigt es ihn womöglich. Doch zum Glück kann der Mensch das Böse durchaus in Schach halten. Und nimmt er auch noch göttliche Hilfe an, kann er das Böse sogar ganz vertreiben. Er steht dann beglückt als Sieger und Lichtgestalt da. Das ist doch erstrebenswert – oder?

Mir gefällt dieses Bild erst einmal. Doch dann kommt die Frage auf: Was passiert eigentlich, wenn sich ein Mensch dem Bösen nicht stellt? Ich gehe noch einmal in das innere Bild:

> Ich sehe mich wieder dem Bösen gegenüberstehen. Und der Engel will mir das Schwert reichen, aber ich nehme es nicht an. Stattdessen gehe ich einfach nach einer Seite davon. Das Tier lacht höhnisch hinter mir her. Doch der Engel hält es immerhin davon ab, mir zu folgen. Dann sehe ich mich immer weiter davongehen. Ich werde Schritt für Schritt kleiner. Und schließlich löse mich in der Ferne ganz auf.

Das ist eine überraschende Wendung. Diese Variante des inneren Bildes behauptet: Der Mensch hat die Freiheit, sich dem Bösen zu entziehen. Er kann aus der Konfrontation ausscheren, davonspazieren und sich in die Büsche schlagen. Er überlässt dann das Böse ganz dem Engel.

Allerdings: Solch ein Verhalten bekommt dem Menschen nicht gerade gut. Zwar erhält er keine ausdrückliche Bestrafung. Aber ihm entgeht zunächst einmal eine äußerst erfreuliche Belohnung. Und dann schrumpft er auch noch sang- und klanglos zu einem bedeutungslosen Nichts.

Mich irritiert allerdings dieses Nichts. Da bleibt mir zu viel offen. Ich will mehr wissen. Und ich bitte den Engel, mit mir dem Menschen nachzueilen, der ins Nichts entschwunden ist:

> Wir eilen und stoßen in der Ferne auf eine menschliche Gestalt. Sie ist sehr klein geworden und schleppt sich nur noch dahin. Sie bewegt sich geradeswegs auf eine Abbruchkante zu. Dahinter liegt ein schwarzer Abgrund. Der Engel hält den Menschen an. Er legt ihm nahe umzukehren. Er sagt ihm: Noch hätte er die Freiheit zur Umkehr. Und der Mensch lässt sich tatsächlich darauf ein.

Der erste Teil des inneren Bildes enthält eindeutig die Bitte, den Kampf mit dem bösen Tier aufzunehmen. Es ist die Bitte, sich für das Gute und für die Seite Gottes zu entscheiden. Aber diese Bitte wird nicht mit brachialem Nachdruck vorgetragen. Die Entscheidung wird in keiner Weise erwartet oder erzwungen. Es gibt im Bild keine Anzeichen von Pflicht, Befehl und Gehorsam.

Nein, der Mensch hat im inneren Bild volle Freiheit. In heutigen Kategorien ist er ein Selbständiger. Und kein weisungsgebundener Angestellter. Er ist ganz sein eigener Herr. Und damit für Erfolg oder Misserfolg selbst verantwortlich.

Eine falsche Entscheidung ist dabei aber nicht gleich das letzte Wort. Umkehr ist möglich. Und der Mensch erhält im weiteren Verlauf des inneren Bildes eine neue Chance. Allerdings: Wohl unter erschwerten Bedingungen.

Kehrt der Mensch jedoch nicht um, erwartet ihn ein schwarzer Abgrund. Und der ist sicher nicht erfreulich. Mehr weiß ich nicht. Ich will auch nicht spekulieren, was da an Unsäglichem warten könnte.

Die große Frage ist jetzt aber langsam: Was ist denn eigentlich das Böse? Und wenn sich der Mensch für den Kampf dagegen entscheidet – egal ob gleich oder später: Wo ist das Böse zu finden?

❄ ❄ ❄

Zunächst denkt man beim Bösen unwillkürlich an mächtige Bösewichter draußen in der Welt. Bösewichter, die viele Menschen ins Unglück stürzen. Hier im inneren Bild ist jedoch auffällig: Das Böse zeigt sich nicht etwa als riesige, übermächtige schwarze Gestalt. Oder gleich als ein Heer von solchen Gestalten. Nein, hier im inneren Bild tritt es einzeln auf. Und es hat da nur Menschengröße. Das lässt aufmerken!

Hier im Bild geht es offenbar nicht um etwas Böses irgendwo weit draußen. Sondern um Böses, das in jedem Menschen steckt. Und das ihn von innen bedroht. Es ist dabei so nahe, dass es gar nicht näher geht. Und es stellt eine höchst reale Gefahr dar. Für jeden.

Und wie zeigt sich dann das Böse im Menschen? Eigentlich fast immer so: Es animiert ihn dazu, mehr zu beanspruchen, als ihm zusteht. Also mehr, als nach den Umständen angemessen und gerecht ist. Der Mensch will dann etwa übermäßig viel Platz, Geld, Macht.

Eigentlich ist sein Streben zunächst überhaupt nicht tragisch und auch nicht böse. Jeder Mensch übertritt Grenzen. Wir sind rein biologisch darauf angelegt, unseren persönlichen Raum ständig zu erweitern. So wie auch ein Baum unentwegt an Größe zunehmen will. Und da kommen wir zwangsläufig hin und wieder anderen ins Gehege.

Böse aber wird es, wenn uns bewusst ist, dass wir mit allzu egoistischem Handeln andere an die Wand drücken. Wir hören sie dann etwa schon Aua! brüllen. Und trotzdem lassen wir nicht ab. Oder böse ist es, wenn wir wissentlich anderen immer weiter Licht und Luft abdrücken, so dass sie nur noch stöhnen können.

Das Fatale ist: Das Böse fängt oft klein an. Wir überhören die ersten Aua-Schreie anderer, weil uns ein kleiner Vorteil lockt. Und schmeckt uns dieser Vorteil, wollen wir noch mehr. Wir verstopfen uns dann die Ohren, damit wir das Geschrei der Betroffenen nicht hören. Oder wir halten uns die Augen zu, damit wir ihr ohnmächtiges Zucken nicht sehen.

Erleben wir so immer weiter Befriedigung und Lust, stoßen wir vielleicht die Tür zum Bösen noch weiter auf. Immer weiter. So dass sie schließlich zu einem riesigen Tor wird. Jetzt folgen etwa Lug und Trug. Die Wahrheit wird nun großzügig umgedeutet oder ganz auf den Kopf gestellt. Und irgendwann wird vielleicht auch noch – mit fadenscheinigen Begründungen – zu Hinterlist und Gewalt gegriffen.

Eine spezielle Variante des Bösen ist der Hass. Er entsteht im Prinzip, wenn uns etwas weggenommen wird. Etwas, auf das wir einen festen Anspruch haben – wie wir meinen. Das kann besonders der Anspruch auf Unversehrtheit, Geld oder Gut sein. Wird uns da Wichtiges entzogen und erhalten wir keinen Ausgleich dafür, entsteht eine schmerzhafte Lücke. Und diese Lücke kann zunächst Wut, dann Rachegedanken und schließlich Hass hervorbringen und schüren.

Wut ist eine in uns biogisch angelegte Möglichkeit. Damit können wir reagieren, wenn uns Elementares abgenommen oder vorenthalten wird. Wut jagt uns dann zum Beispiel unerhörte Ideen in den Kopf. Oder sie treibt uns unerwartete Kräfte in die Fäuste. Damit können wir dann manchmal zurückholen, was uns – unserer Meinung nach – zusteht.

Allerdings: Wut kann nur hilfreich sein, wenn wir sie unter Kontrolle haben. Dann lässt sie sich mit Augenmaß nutzen. Dann kann sie zum Erfolg führen. Unkontrollierte Wut dagegen schießt leicht über das Ziel hinaus. Sie verletzt leicht andere – körperlich oder seelisch. Und ab da wird es böse. Besonders dann, wenn aus der Wut auch noch Dauerwut wird. Dann sind handfeste Rachegedanken nicht mehr fern. Oder ausgeprägter Hass.

Bei Rachegedanken und Hass sind wir darauf fixiert, denjenigen zu schädigen, der uns zuvor geschädigt hat. Wir wollen Vergeltung. Dabei merken wir nicht: Wir schädigen uns selbst damit. Rachegedanken und Hass haben böse Folgen auch für uns. Und zwar sofort. Ganz unabhängig davon, ob wir tatsächlich Vergeltung üben und andere schädigen können oder ob wir nicht dazu kommen.

Rachegedanken und Hass sind zwar nach außen gegen andere Menschen gerichtet. Aber sie wirken sofort nach innen: Da verdrängen Rachegedanken und Hass gute andere Gedanken und trüben die Weltsicht. Das wiederum ruft Ängste hervor und bringt leicht Aggressionsgefühle mit sich. Nun steigt der Stresspegel. Damit leidet leicht die Gesundheit. Und dann rutscht auch noch die persönliche Ausstrahlung immer mehr ins Negative. Man wird für viele Menschen unausstehlich.

Der kleine Bruder des Hasses ist der Groll. Auch er ist mit Selbstschädigung verbunden. Er kreist immer wieder um die Verletzungen und Schäden, die man durch andere erlitten hat. Die so gebundenen Energien stehen nicht mehr für positive

Zuwendung zu Menschen und Dingen zur Verfügung. Man verarmt und verhärtet. Und das Wohlbefinden leidet.

Und krasser Egoismus, der eigene Interessen ohne jede Rücksicht durchsetzt, ist erst recht nicht ohne. Äußerlich bringt eine solche Haltung vielleicht Gewinn. Und sie kann vorläufig erfolgreich und siegreich sein. Aber das Gespür für andere wird taub. Die Beziehungen werden oberflächlich. Man schafft und schürt energiefressende Konflikte. Und zudem werden leicht aus vielen, die man geschädigt hat, hartnäckige Feinde. Die warten dann nur noch auf eine Chance, heftig zurückzuschlagen.

Krasser Egoismus – und auch Groll und Hass – sind allerdings nicht auf einzelne Menschen beschränkt. Ganze Menschengruppen können davon gekapert werden. Oder sogar Nationen. Im Endeffekt müssen sie dann für ihren Ego-Rausch meistens irgendwann bitter bezahlen.

Das innere Bild malt zwar solche schlimmen Folgen des Bösen nicht aus. Aber es legt schon dringend nahe, gegen das Böse aktiv vorzugehen. Und sich nicht etwa aus dem Staub zu machen. Nur das Angehen gegen das Böse – so behauptet das innere Bild – macht auf Dauer glücklich. Und nur das sorgt dafür, letztlich als Sieger ganz obenauf zu sein.

❄ ❄ ❄

Wie können wir nun gegen das Böse angehen? Oder damit umgehen? Die inneren Bilder bieten drei Möglichkeiten an, das Böse zu handhaben:

Erstens: Wir arbeiten kontinuierlich und einigermaßen diszipliniert daran, das Böse in uns in Schach zu halten. Oder besser noch: Wir bemühen uns ständig, es weiter zurückzudrängen. Dabei ist göttliche Hilfe ausgesprochen nützlich – und die wird uns angeboten, ja, geradezu ans Herz gelegt. Am Ende winken uns grandioser Erfolg und riesige Freude.

Zweitens: Wir können die Dinge auch schleifen lassen. Und das eigentlich Notwendige oder Hilfreiche auf später verschieben. Wir kümmern uns also überhaupt nicht um Gut oder Böse. Allerdings dürfen wir uns dann nicht beschweren, wenn wir unter unseren Möglichkeiten bleiben. Oder wenn wir uns sogar selbst verlieren und immer kleiner werden. Immerhin ist aber Umkehr von diesem wenig erfolgreichen Weg möglich.

Und eine dritte Möglichkeit ist: Wir fördern das Böse. Vielleicht unbewusst, indem wir immer wieder unseren eigenen Vorteil suchen. Oder indem wir Groll und Hass in uns wachsen lassen. Manchmal aber auch sehr bewusst, wenn wir uns rabiat und rücksichtslos durchsetzen. Egal, was das andere Menschen kostet. Damit werfen wir uns dem Bösen geradewegs in die Arme.

Da fällt mir auf: Diese dritte Möglichkeit habe ich ja noch gar nicht selbst ausprobiert! Das sollte ich aber sofort nachholen. Und da zeigt sich nun im inneren Bild:

> Ich trete nahe an das böse Tier heran. Und wupps! schluckt mich das schwarze bösartige Tier gleich ganz. Auweia! Jetzt spüre ich: Es ist ganz eng in ihm. Ich fühle mich sehr zusammengedrückt. Ich habe fast jede Bewegungsfreiheit verloren. Und ich sehe auch so schnell keinen Ausweg.

Verblüffend! Das Bild meint also: Mit einer Entscheidung für das Böse verspielen wir unsere Freiheit. Womöglich für längere Zeit. Auf jeden Fall sind wir erst einmal Gefangene des Bösen.

Wenn ich so überlege, trifft ein solcher Freiheitsverlust die Realität ziemlich gut. Denn eigensüchtige Patzer in der Familie vermiesen die Stimmung. Und danach vergeht einem die Freiheit zur Freude. Oder egoistische Fehltritte bei Bekannten zwingen anschließend zum vorsichtigen Taktieren. Damit sind aber viele von den vorherigen Verhaltensmöglichkeiten dahin.

Oder: Wer Groll oder gar Hass pflegt, baut sich selbst einen Käfig. Er beginnt etwa, wahnhaft überall Menschen und Kräfte zu sehen, die ihm Übles wollen. Er zieht sich entsprechend von vielem zurück. Und verliert auch noch sein Lachen.

Und sollte sich das Böse gar in Form von Kriminalität äußern: Dann kleben einem Menschen größere Vergehen oft wie Pech an den Füßen. Der schlechte Ruf schränkt ihn beruflich und wirtschaftlich ein. Oder schwerere kriminelle Vergehen nehmen ihm sogar die gesamte reale Bewegungsfreiheit, wenn er im Gefängnis landet.

❊ ❊ ❊

Vor solchem Hintergrund beginnt die Freiheit richtig zu glänzen – vorausgesetzt, ich nutze sie relativ konsequent für Gutes. Dann gewinne ich Spielräume für Freude. Oder ich erwerbe mir einen guten Ruf und finde so Menschen, die mir gewogen sind. Und vor allem: Gott stellt sich ganz auf meine Seite. Und das ist nun wirklich nicht zu verachten.

So gesehen ist die Freiheit sogar ein strahlendes Licht. Und dieses Licht legt sich, wenn ich will, über meine ganze Existenz!

Was aber wäre, wenn es Gut und Böse nicht gäbe? Wenn ich mich nicht in aller Freiheit für das Gute entscheiden könnte?

Ich spiele das einmal durch: Wir Menschen wären dann wohl ziemlich unbewusste Existenzen – ein bisschen so wie Tiere. Wir würden von eingebauten Programmen gesteuert und könnten kaum davon abweichen. Gut und Böse als große Leitsterne wären schlicht überflüssig.

Oder eine andere Möglichkeit: Wir wären engste Zuarbeiter Gottes. Dann käme es uns nicht im Entferntesten in den Sinn, aus diesem Dienst auszuscheiden und zu kündigen. Der Gedanke könnte überhaupt nicht in uns auftauchen. Als solche Zuarbeiter wären wir zwar keine hackenknallenden Befehlsempfänger. Aber immerhin Arbeitsameisen, die in aller Selbstverständlichkeit emsig und unentwegt ihren guten Dienst tun.

Wie fühlen sich diese Möglichkeiten an? Für mich sind sie beklemmend! Ich habe das Gefühl: Hätte ich nur diese Möglichkeiten, würde ein weiter Horizont einstürzen, der bisher um mich ist. Mein Leben, das bisher vielfältige Dimensionen hat, würde im Wesentlichen auf eine einzige Dimension zusammenschnurren.

So gesehen, müsste wirklich das Böse erfunden werden! Wenn es denn nicht schon existierte. Und das bringt mich zu der kühnen Behauptung: Gott selbst hat das Böse gewollt! Er selbst ist letztlich – wie auch immer – der Urheber. Und zwar aus dem einen Grund: Er will uns eine gewaltige Bandbreite an Möglichkeiten eröffnen. Einen riesigen Spielraum an Freiheit.

Wenn es so ist, dann wird Gott auch das Böse nie entfernen – zumindest nicht aus unserer irdischen Existenz. Erst Gut und Böse zusammen sind die Pole, zwischen denen sich unsere ganze irdische Freiheit aufspannt. Und erst diese Freiheit verleiht unserem Leben seine besondere Tiefe und Würde.

Bei solch dramatischer Schlussfolgerung will ich mich rückversichern. Also gehe ich in ein neues visionäres Bild:

> Ich bitte in diesem inneren Bild den Jesus herbei. Und er begleitet mich dann gewissermaßen als Zeuge zu Gott. Bald sehe ich Gott als ein gewaltiges lichtes Etwas vor mir. Ich frage ihn: Wolltest du das Böse in der Schöpfung? Ich höre: „Ja – glaub's mir!" Und dann soll ich beide Hände öffnen. Ich halte sie ihm hin. Und Gott füllt sie mir mit glitzernden Diamanten.

Diamanten? Das Böse in der Schöpfung vergleicht Gott mit Diamanten? Ok, zunächst einmal sind Diamanten mit das Härteste, was es gibt. Und das Böse im Menschen – ja, das kann man so sehen – ist auch das Härteste, was die Schöpfung zu bieten hat. Gut, dieser Vergleich ist akzeptabel.

Dann: Ohne helles Licht, das von oben auf sie fällt und sich in ihnen bricht, wären Diamanten nur schwarz, rabenschwarz – so wie das Böse. Insoweit kann man sie tatsächlich mit dem Bösen gleichsetzen.

Und schließlich: Fällt jedoch Licht auf die Diamanten, beginnen sie in himmlischer Weise zu funkeln. So wie der Himmel – auf dem Umweg über das Böse – dem Menschen eine glitzernde Freiheit schenkt. Oh, diese Diamanten: Was für eine hintersinnige Gabe!

Im Übrigen fallen mir die Wölfe ein. Für manche sind sie ein Sinnbild des Bösen. In der Natur sorgen diese „bösen" Tiere dafür, dass sich schwaches Wild nicht ausbreitet und fortpflanzt. Und die Überlebenden sind dann stark und gesund. Wie ist es da mit dem Gedanken: Das Böse sorgt erst dafür, dass besondere Menschen heranwachsen? Und zwar Menschen, die sich – in aller Freiheit – immer wieder für das Gute entscheiden. Solche Menschen können dann im Laufe ihres Lebens gewissermaßen zur Güte persönlich reifen.

Bis es so weit ist, müssen wir Menschen uns allerdings erst einmal oft und bewusst auf die Seite des Guten schlagen. Und uns ebenso häufig gegen die Anmache des Bösen wehren. Längst nicht immer haben wir die Freiheit dafür. Doch hin und wieder gibt es kleinere und größere Sternstunden der Freiheit. Da können wir uns dann grundlegend orientieren und entscheiden. So werden wir langsam zu Menschen, die mit immer größerer Konsequenz und Freude für das Gute einstehen.

Die dunkle Größe Gottes

Gottes ungeheurer Größe kann man nie ganz ausweichen. Sie drängt sich immer wieder auf. Doch das Dunkle an Gott lässt sich meistens ausblenden. Da gelingen Ausweichmanöver ganz gut. Auch ich selbst schiebe das Thema nun schon länger vor mir her.

Aber damit soll jetzt Schluss sein! Ich will mich nun der dunklen Seite Gottes stellen.

Vielleicht hilft mir dabei ein visionäres inneres Bild auf die Sprünge. Also gehe ich – nach zweitägiger innerer Vorbereitung – in solch ein Bild hinein. Ich verspreche mir einiges davon:

> Ein Engel mit großen Schwingen holt mich ab. Er bringt mich ans Meer. Da ist erst einmal nur eine leere Wasserfläche zu sehen. Und nun? frage ich den Engel. Warte! sagt er. Und tatsächlich kommt bald eine große Fähre und holt uns ab. Sie bringt uns auf eine Insel. Da

frage ich wieder: Und nun? Da nimmt mich der Engel und fliegt mit mir eine Insel weiter – zu einer lichten Insel. Ich wieder: Und nun? Da kommen breite lichtvolle Schienen vom Himmel zur Erde herunter und bilden eine Rampe. Darüber können wir nun in den Himmel aufsteigen.

Als Erstes sehen wir da: Der ganze Himmel ist angefüllt von schwarzdunklen Wolken. Und hin und wieder kommt ein greller Blitzschlag aus diesen Wolken. Es ist ein gewaltiges Schauspiel. Ich bin ratlos: Was soll das bedeuten? Ich komme auf die Idee, dahin zu gehen, wo der nächste Blitz einschlagen wird. Als er kommt, tut er mir nichts, sondern bleibt vor mir auf dem Boden stehen. Ich trete in ihn hinein – er ist hohl. Ich klettere in ihm hoch. Es geht relativ leicht. Und oben komme ich in ein großes, warmes, unendliches Licht, das mich noch ein Stück höher zieht. Nun sehe ich die schwarzdunklen Gewitterwolken tief unter mir und sehr klein.

In diesem inneren Bild geht es nur Stück für Stück voran: Erst vom Festland auf eine Fähre, dann mit der Fähre auf eine Insel, von da im Flug auf die nächste Insel, schließlich auf einer Rampe in den Himmel. Ich lasse dabei Schritt für Schritt den irdischen Alltag hinter mir. Und ebenso normale Gedankengebäude oder mögliche Wunschvorstellungen. Es ist eine langsame Annäherung an etwas ganz Besonderes und erst einmal Unheimliches.

Das Packende an dem Bild sind die schwarzdunklen Wolken. Und ebenso die grellen Blitze. Es ist klar, das ist kein irdisches Gewitter, sondern etwas Gewaltigeres. Irgendetwas dieser Art hatte ich ja schon geahnt und deshalb das Thema vor mir hergeschoben. Gott ist doch sonst Licht! Hier aber ist es anders. Hier taucht erst einmal etwas Schwarzdunkles, Bedrohliches, Gefährliches auf dem Weg zu Gott auf.

Was hat es damit auf sich? Nach längerer Annäherung ist Gott offenbar bereit, hier eine andere Seite von sich preiszugeben. Eine Seite, die sonst nicht so sichtbar ist. Und er zeigt sie offenbar auch nur dem, der sie unbedingt kennenlernen will.

Unter solchen Umständen wird klar, dass die schwarzdunklen Wolken und die Blitze keine Nebensache sind. Sie sind kein beiläufiges göttliches Requisit. Sie sind Gott nicht nur vorgelagert, sondern elementarer Teil von ihm. Sie stehen für seine dunkle Größe. Und man kann es sogar so sehen: Im visionären inneren Bild macht Gott eine Art Geständnis.

Was hat es nun mit den schwarzdunklen Wolken und Blitzen auf sich? Sie erinnern schon an ein Gewitter. Und Blitze können tödlich sein. Von da aus ist es nicht mehr weit bis zur Deutung: Es geht bei der dunklen Seite Gottes um den Tod. Und der hängt wie eine schwarzdunkle Wolke über der ganzen Schöpfung.

In der Schöpfung geht es ja nicht nur um das Leben, sondern unentwegt auch um das Sterben. Also um den Tod von Pflanzen, Tieren, Menschen und sogar von Sonnen und Sternen. Alles irdische und kosmische Leben ist dem Tod geweiht. Oder noch schärfer formuliert: Die Schöpfung ist von vornherein auch auf Tod programmiert.

Das kann man nun als einen Unfall der Schöpfung ansehen. Aber wo bleibt dann die Allmacht und Allwissenheit des göttlichen Schöpfers: Arbeitet er etwa nicht fehlerfrei? Oder ist er außerstande, mögliche Fehler zu korrigieren? Wenn man das aber verneint, ist die bittere Konsequenz: Gott hat den Tod von vornherein gewollt. Auch meinen Tod. Oder deinen Tod, liebe Leserin oder lieber Leser.

Und es geht noch weiter: Der Tod ist zwar immer wieder ein schmerzhafter Schnitt ins Leben, ja. Aber das ist er nicht allein. Was vor dem Tod kommt, ist oft noch schlimmer. Wenn es um schwarzdunkle Wolken und Blitze geht, müssen wir auch über Schmerz und Leid reden. Das hängt ebenso drohend und dunkel über allem Leben wie der Tod.

Das ist nun wahrhaft kein Thema, das man stoisch erörtern kann. Jeder Mensch kennt Schmerz. Und jeder versucht, sich davor zu drücken, wenn es irgendwie möglich ist.

Aber letztlich kommt keiner drumherum. Und es gibt ja sogar Beispiele für grausamstes Leiden.

Auch das Böse kommt hier ins Spiel: Es verursacht zum Teil unglaubliches Leid. Es ist für millionenfache Folter und vorzeitigen Tod verantwortlich. Es hängt ebenfalls als dunkle Wolke über dem Leben.

Wenn nun aber Gott den Tod in der Schöpfung gewollt hat, dann hat er auch Schmerz und Leid gewollt. Da ist eins nicht vom anderen zu trennen. Doch wenn das alles nicht Schöpfungspanne ist – was ist es dann?

Vielleicht können die Blitze im inneren Bild weiterhelfen. Für mich sind sie zunächst Situationen, in denen Schmerz, Leid und Tod zuschlagen. Die Blitze sind schmerzhafte Treffer, unter denen der Mensch zusammenzuckt. Doch immerhin – und das ist hier sehr zu beachten – bestehen sie aus Licht. Und Licht ist meistens mit positiven Seiten von Gott verknüpft.

Und dann benehmen sich die Blitze auch noch eigenartig: Als ich im inneren Bild nicht vor einem Blitz zurückschrecke, sondern in ihn eintrete, bietet er mir den Aufstieg in ein großes, warmes, unendliches Licht an. Dieses steht offenbar für die lichte Seite von Gott. Die Blitze sind danach eine Aufstiegshilfe zu dieser Seite von Gott. Nach außen sind sie Schmerz, Leid und Tod. Aber unsichtbar im Inneren helfen sie dem Menschen, in göttliche Gefilde der Freude aufzusteigen.

Und es ist ja wirklich so: Schmerz, Leid und Tod treiben Menschen dazu, den Kontakt mit Gott zu suchen. Ohne schmerzhaften Bedarf gäbe es nicht den häufigen Drang, sich ihm zuzuwenden. Dieses Phänomen zieht sich durch die gesamte Menschheitsgeschichte: Missgeschicke und Unglücke der verschiedensten Art lassen schon immer Hilfe und Rettung von Geistern und Göttern erhoffen.

❄ ❄ ❄

Die Frage ist nur: Warum dieser Weg durch Schmerz, Leid und Tod zu Gott? Warum solch mühseliger Aufstieg? Geht es nicht einfacher und direkter?

Der Mensch muss sich schon mit dem Bösen herumschlagen. Und zwar unausweichlich, wenn er wachsen will. Das war bereits Thema. Doch er kann auch der Auseinandersetzung ausweichen: Er kann sich um Entscheidungen zwischen Gut und Böse herumdrücken. Er kann sie vor sich herschieben. Und sich selbst damit um Entwicklung und Wachstum bringen.

Da setzen nun Krisen, Schmerzen, Leid und Tod an. Sie erhöhen erheblich den Druck auf den Menschen. Zwar zwingt der absehbare Tod eigentlich jeden, sich mit dem Danach auseinanderzusetzen. Aber dieser Druck ist noch mäßig. Doch dafür packen dann Krisen, Schmerzen und Leid oft umso härter zu. Und unausweichlich!

Sie zwingen etwa zur Entscheidung: Jammere ich anderen die Ohren voll. Mache ich ihnen Vorwürfe. Erwarte ich übermäßige Zuwendung von ihnen. Trage ich mein Leid rücksichtslos auf ihrem Rücken aus. Und lasse ich sie – wie auch immer – für meinen Schmerz bezahlen und büßen. Oder bleibe ich trotz Schmerz rücksichtsvoll. Trage ich mein Leid mit Fassung mit Würde. Und behellige ich andere möglichst wenig damit.

Auf Dauer prägen uns gerade die schmerzhaften Entscheidungen zwischen Gut und Böse. Sie zwingen uns in die Tiefe. Wesentliche Züge unserer Charakterstruktur werden aufgerufen und auf ihre Festigkeit abgeklopft. Und halten sie das aus und zerbröseln nicht, wird unsere Persönlichkeit in diesen Bereichen gestärkt. Aus der Prüfung durch Schmerz und Leid gehen wir dann gefestigt hervor.

❄ ❄ ❄

Aber das ist noch nicht alles. Krisen, Schmerzen, Leid und Tod sollen uns nicht nur dem Guten und Gott näher bringen – wenn wir uns denn dafür entscheiden. Sie haben noch eine zweite Aufgabe: Eine Lernaufgabe.

Ich denke: Gott macht uns mit Krisen, Schmerzen, Leid und Tod ein Lernangebot. Er bietet mir und jedem anderen Menschen an, besondere Fertigkeiten zu erwerben. Fertigkeiten, die mich zu einem wertvollen Mitarbeiter Gottes machen können. Ich kann damit sogar zu einem Teilhaber Gottes aufrücken. Ich werde dann Teilhaber an Gottes Projekt Schöpfung. Ja ich!

Teilhaber am Projekt Schöpfung: Das ist eine herausragende Position! Das ist ein ganz besonderer Adel des Menschen. Ich darf – wenn ich will – mit Gott die Aufgabe teilen, seine Schöpfung weiterzuentwickeln!

Dafür muss ich allerdings ausreichend Liebe und Verantwortung lernen. Und das ist ein lebenslanger Prozess. Jede Krise, jede Krankheit, jeder Unfall, jedes Leid ist eine Herausforderung für mich. Und auch jede Bösartigkeit in meiner Nähe. Das alles wirft mich aus meiner Komfortzone. Das Leben läuft dann nicht mehr rund, sondern es stottert und stockt. Und wenn ich nicht in dieser Situation verharren oder gar untergehen will, muss ich nun lernen, in Liebe und Verantwortung Entscheidungen treffen. Erst einmal für mich selbst. Und dann auch noch für andere.

Bei Entscheidungen für mich selbst lerne ich immer gleich mit, wie ich liebevoll und verantwortlich mit anderen umgehen kann – mit dem Partner, mit den Kindern oder mit sonstigen Menschen. Denn das Ziel des göttlichen Lernangebots ist auch: Ich soll anderen Menschen angemessen helfen können. Insbesondere bei ihrer Entwicklung und Weiterentwicklung. Und bei ihren Entscheidungen zwischen Gut und Böse.

Schmerz, Leid und Tod bieten Situationen, in denen ich am besten und nachhaltigsten lernen kann. Lernen unter solchen Umständen ist zwar nicht wirklich lustvoll. Wahrlich nicht. Doch es kann sehr effektiv sein. Und im Übrigen kann ich dabei auch Gott um Beistand bitten. Er hilft mir dann, zu lernen und das schmerzhafte Lernprogramm durchzustehen. Vor allem immer dann, wenn ich wirklich lernen will.

Denn man kann sich auch weigern zu lernen. Die Freiheit dazu ist da. Man klagt dann etwa über das Leid, das einem widerfährt. Oder man bemitleidet sich selbst als Opfer bösartiger Umstände. Am Ende ist man dann zwar leidgeprüft – aber durch die Prüfung gefallen.

Allgemeiner gesagt: Bei Gott gibt es offenbar eine Art Schulpflicht. Und die sieht gerade Lernen unter schmerzhaften Umständen vor.

Das allerdings ist eine gewaltige Zumutung. So sehe ich es. Die Schulpflicht wird mir einfach von Gott auferlegt. Ohne mein Einverständnis vorher einzuholen! Ich habe dann vielleicht noch die kleine Freiheit, beim Unterricht desinteressiert aus dem Fenster zu schauen. Aber schon die Schule zu schwänzen ist unmöglich.

Was mir dann bleibt, das ist eigentlich nur: Widerstand abbauen. Mein Einverständnis nachträglich einreichen. Und Gott diese Zumutung vergeben. Immerhin fällt von da ab das Lernen etwas leichter.

❊ ❊ ❊

Doch eigentlich ist es eine allzu nette, harmlose Deutung: Leid mit Schulpflicht in Verbindung zu bringen. Das passt nur, wenn die Pein noch irgendwie erträglich ist. Doch wie Leid manchmal wirklich aussieht – von grausamsten Schmerzen bis zu bösartigster Folter –, das geht weit über menschliches Verstehen hinaus. Solch schweres Leid sprengt auch mein Deutungs- und Fassungsvermögen.

Solche Dimensionen des Leids sind – nach menschlichen Vorstellungsmöglichkeiten – einfach nicht mit einem liebenden Gott vereinbar. Da kann ich nur zustimmen: Diese Seite Gottes wirkt mehr als anstößig. Sie erscheint eigentlich schon als obszön. Auch mir ist sie nur sehr schwer zugänglich.

Da zeigt sich eine dunkle Unermesslichkeit Gottes – als Gegenpol zu seiner lichten Unendlichkeit. Und diese Unfassbarkeit steht jedem vordergründigen Verständnis im Weg. Gerade so, wie im inneren Bild die schwarzdunklen Wolken zunächst den Blick auf den lichten Gott völlig versperren.

Gibt es trotzdem eine Möglichkeit der Annäherung? Ich versuche es noch einmal mit einem inneren Bild. Ich möchte wissen: Wie gehen grausamste Grausamkeiten mit einem liebenden Gott zusammen? Und ich werde wieder einmal überrascht:

> Der Engel mit den großen Schwingen fliegt mit mir weit über das Meer. Wir gehen dann auf einer kleinen Insel nieder. Sie besteht aus purem Sand. In der Mitte steht ein übermannshohes rohes Holzkreuz. Ganz allein in der Weite des Ozeans. Zu Füßen des Kreuzes blühen ein paar winzige Blumen im Sand.

Ein schlichtes Holzkreuz in der Weite des Meeres! Das ist ein zunächst dezentes, aber letztlich äußerst provokantes Argument.

Es kann nicht anders sein: Dieses scheinbar harmlose Kreuz soll offenbar auf die Folter und das Sterben des Menschen Jesus hinweisen. Dieser Jesus stand Gott extrem nahe. So nahe, dass ihm unmittelbare Verwandtschaft mit Gott zugeschrieben wurde. Er wurde sogar als Sohn Gottes bezeichnet. Trotzdem hat ihn Gott nicht vor einem bitteren Schicksal bewahrt: Der Jesus wurde damals als Gesetzesbrecher angeklagt. Und dann unter Folter als Verbrecher hingerichtet.

Gott hat dem Jesus damals dieses Leiden zugemutet. Und in gleicher Weise mutet Gott jedem Menschen Schmerz, Leid und Tod zu.

Das Unfassbare daran ist: Gott tut sich selbst dieses Leiden an. Denn Liebe verbindet ja, lässt mitfühlen, lässt mitleiden. Und wenn Gott den Menschen Jesus besonders innig geliebt hat – vielleicht noch inniger als jeden anderen Menschen –, dann war er auch besonders eng mit ihm verbunden. Und dann hat er auch entsprechend heftig mit ihm mitgelitten.

Zugleich geht die Botschaft des inneren Bild noch darüber hinaus: Weil Gott auch jeden anderen Menschen liebt – und nicht nur den Jesus! –, leidet Gott ebenso mit jedem anderen mit. Er spürt also auch meinen Schmerz. Und er fühlt deinen Schmerz, liebe Leserin oder lieber Leser. Er drückt sich nicht davor. Ja, er fühlt den Schmerz jedes Menschen auf der Welt.

Und da wird es unheimlich: Wenn es so ist, wie kann ein Wesen – und sei es auch Gott – so viel Schmerz aushalten? Überall gibt es ja unfassbar viel Schmerz und Leid! Die Welt quillt davon über. Da wird einem doch mehr als schwindelig!

Lässt nun aber Gott tatsächlich so viel Schmerz, Leid und Tod zu und trägt er das alles auch noch selbst mit: Dann ist das für mich eine erschreckende schwarzdunkle Seite Gottes. Mehr noch: Es ist eine urgewaltige unfassbare Gottesdimension.

Doch das ist zum Glück nicht alles. Es gibt einen elementaren Lichtblick. Die göttliche Zumutung von Schmerz, Leid und Tod ist nicht das allerletzte Wort. Denn im Kreuz steckt noch ein Hinweis: Der Jesus, der damals daran hing und starb, ist nicht im Tod geblieben. Er ist auferstanden in ein neues Leben. Er ist in eine neue Realität eingetreten. So erlebten es seine Jünger damals. Und so glaube ich es auch heute.

Warum ich das glaube? Wenn ich dem Jesus heute in inneren Bildern begegne, ist oft etwas von einer anderen Realität um ihn – etwas von einer lichten, herrlichen, überirdischen Realität. Zudem verblüfft er mich häufig durch eine erhebende und heilende göttliche Kraft. Das sind für mich entscheidende Hinweise für seine grandiose und mächtige Position in einer anderen Realität.

Deshalb denke ich: Das Kreuz hier im inneren Bild weist nicht nur auf die Auferstehung des Jesus hin. Es verspricht ebenso jedem Leidenden und Sterbenden Auferstehung. Und damit zugleich eine göttliche Herrlichkeit nach dem Tod – wie immer die auch aussehen wird. Der erlittene Schmerz wird einmal mit immenser göttlicher Großzügigkeit mehr als ausgeglichen. Und das bedeutet Freude. Sehr, sehr viel Freude.

Heilsames

Heilen und heil werden

Heile Welt und gute Laune

In bester Laune kam ich heute zum Zahnarzt. Vorher hatte ich eine kleine Sache glücklich geregelt. Nun stand die Überprüfung meiner Zähne an. Ich war zu witzig-fröhlichen Bemerkungen aufgelegt, und zudem gab es keinerlei Befund. Ich zog vergnügt von dannen.

Mir kam der Gedanke: In einer heilen Welt hätten alle gute Laune. Es würde fröhlich hin und her gegrüßt. Überall würde gelächelt. Man würde bei der Arbeit pfeifen und singen. Zumindest würden die Aufgaben mit Freude erledigt. Und wenn nötig, würde man sich auch locker gegenseitig zu Hilfe springen. Das wäre doch was!

Solch eine heile Welt gibt es bekanntlich nicht. Fast an allen Ecken lauert Unangenehmes oder gar Böses. Und erwischt es uns, reagieren wir mit Unlust, Ärger oder gar Aggression. Dabei sind nicht immer die anderen schuld. Nein, wir stolpern auch über eigene ängstliche Gedanken oder belastende Gefühle. Wie soll da gute Laune aufkommen! Das ist einfach nüchtern zu registrieren. Ganz ohne Selbstanklage.

Was tun? Ich versuche es mal wieder mit einem inneren Bild:

> Mein Engel nimmt mich mit und setzt mich auf einem kleinen Floß ab – mitten in einer großen Wasserfläche. Das Floß ist so klein, dass es mich kaum tragen kann. Bewege ich mich darauf nach einer Seite, geht dort sofort die Floßkante unter Wasser. Das ist eine unmög-

liche Situation! Ich sage das dem Engel, und der deutet nach oben. Ich soll mir da Hilfe holen.

Gut, ich strecke die Hände Hilfe heischend nach oben aus. Und da kommt nun geballte himmlische Energie zu mir herunter. Sie verändert das Floß. Sie zieht lange lichte Balken in das Floß ein. Seine Fläche verdreifacht sich. Und es liegt jetzt absolut sicher im Wasser.

Ja, so ist oft unsere Lebenssituation: Wir leben kippelig. Das innere Bild übertreibt zwar dramatisch. Aber unsere Stimmung kann tatsächlich von einem Moment zum anderen umschlagen. Und unser Lebensgefühl kann von einem Tag zum anderen depressiv geflutet werden. Sicher hast du, liebe Leserin oder lieber Leser, das auch schon erlebt.

Das innere Bild behauptet nun: Mit göttlicher Hilfe können wir unsere Lebenslage sicherer machen. Und unser Lebensgefühl stabilisieren. Vor allem kann sich unsere Stimmung aufhellen und lichten.

Wie aber kann das konkret gehen? Wie so oft funktioniert es am besten, wenn eigenes Bemühen und göttlicher Beistand zusammenkommen. Mein Vorschlag für einen Wechsel zu guter Laune verbindet beides miteinander. Das gibt ihm Durchschlagskraft! Und ich biete ihn dir auch gleich in drei Varianten an:

1. Du befindest dich in deinem Zimmer. Da stellst du dir vor: Du selbst stehst noch in einer zweiten Ausführung vor dir. Und du siehst dieses zweite Ich von hinten. Dieses Ich vor dir ist entspannt, lächelnd, locker und guter Laune. Nun bittest du noch kurz Gott, diese gute Stimmung mit seiner Energie zu unterstützen.

> Dann machst du ein, zwei Schritte vorwärts – und trittst in dein zweites Ich hinein. Und du spürst, wie du jetzt aufatmest und schlagartig gute Laune bekommst. Um diese Stimmung zu festigen, gehst du vielleicht ein paar Schritte. Dann merkst du noch deutlicher, wie sich jetzt dein Leben anders und besser anfühlt.

Das ist dir zu umständlich? Tatsächlich lässt es die Situation nicht immer zu, dass du den Stimmungswechsel so ausführlich zelebrierst. Und es geht ja auch schlichter:

> 2. Du bittest zuerst Gott, den angestrebten Stimmungswechsel mit seiner Energie zu unterstützen. Dann stellst du dir vor, wie du dich im Moment fühlen würdest, wenn du guter Laune wärst. Zugleich richtest du deinen Körper bewusst auf. Und du zauberst dir auch noch ein Lächeln auf die Lippen. Du spürst jetzt ebenfalls, wie sich deine Stimmung sofort bessert.

Wenn du damit Erfolg hast, möchtest du vielleicht noch mehr: Also nicht nur einen kurzen Stimmungsumschwung, sondern ein dauerhaft höheres Stimmungsniveau. Das kann sogar funktionieren. Und dafür schlage ich dir Folgendes vor:

> 3. Du stellst dir schon abends möglichst lebhaft vor, wie du am nächsten Morgen den Tag mit guter Laune beginnen wirst. Und wie du dann den ganzen Tag über in dieser Stimmung bleibst. Du bittest auch noch Gott darum, dir dafür einen Energiezuschuss zu gewähren.
>
> Die Prozedur kannst du am nächsten Morgen noch einmal machen. Und wenn du sie dann Tag für Tag wiederholst, kann sich deine Stimmung sogar auf Dauer heben.

Allerdings ist dieses Vorgehen kein Allheilmittel. Anhaltende dunkle Stimmungen sind damit allenfalls kurz zu beheben. Das musst du wissen.

Wichtig ist: Oft geht es allein um deine Innenwelt. Sobald du dich da leichter und aufgeräumter fühlst, wirkt auch die Welt um dich herum anders: Du erlebst sie dann als offener, heiterer und entgegenkommender. Obwohl sich real gar nichts verändert hat. Nur du hast dich gewandelt.

Zusätzlich kannst du aber auch noch deine Umwelt verändern. Du kannst sie wirklich heiterer machen: Du gehst einfach fröhlich auf sie zu und bringst die Menschen so zum Lächeln.

Übrigens: Zwischen guter Laune und persönlichem Glauben gibt es einen Zusammenhang. Menschen mit gestandenem Gottesvertrauen leben oft mit einem Geborgenheitsgefühl. Und das schlägt auf ihre Wahrnehmung durch. Sie sehen die Welt dann abgeklärter und freundlicher. Sie sehen eher ihre lichten Seiten und können ihre dunklen Seiten leichter mit Humor nehmen.

Auch dazu ein inneres Bild. Es ist noch einmal das vorherige Bild – allerdings in einer vielsagenden Variante:

> Ich befinde mich wieder auf dem kleinen kippeligen Floß, das mich kaum tragen kann. Aber ich hänge nun gut angeschirrt an einem dicken lichten Seil, das vom Himmel herunter kommt. Selbst wenn jetzt das Floß sinken würde, würde ich nicht tief abtauchen und untergehen können.

Zwar ist gestandenes Gottesvertrauen nie unerschütterlich. Und das ist auch gut so. Denn sonst würde sich der Mensch leicht unverwundbar und unanfechtbar fühlen. Es macht ihn ja gerade menschlich, dass seine Existenz zerbrechlich ist. Dementsprechend kann der Mensch – in der Sprache des inneren Bildes – durchaus noch bis zum Hals ins Wasser sinken. Aber sein Gottesvertrauen, das lichte Seil im Bild, hält ihn immerhin so gut, dass er letztlich nie völlig untergehen kann.

Allerdings kann ein zusätzlicher Rettungsring nicht schaden. Ein Rettungsring, der sich in der Stunde der Not schnell aufblasen lässt. Und der könnte dir, liebe Leserin oder lieber Leser, manchmal willkommen sein. Mein Vorschlag dafür lehnt sich eng an meinen obigen Vorschlag für gute Laune an:

> *Du siehst dich in zweiter Ausführung vor dir stehen: Als Mensch voller Gottesvertrauen und Geborgenheitsgefühl. Dein zweites Ich wirkt da entspannt, lächelnd und locker. Dann trittst du in dieses zweite Ich hinein. Du spürst sofort, wie du aufatmest, dich innerlich weitest und nun zuversichtlich in die Welt schaust. Du fühlst dich deutlich sicherer als vorher. Du hast ein Gefühl von Geborgenheit. Und du bittest auch noch Gott, diese Veränderung in dir zu stützen und zu festigen.*

Allerdings sage ich gleich dazu: Dieser Rettungsring ist ein Notbehelf. Man tappt ja auch sonst nicht mit einem Rettungsring um den Bauch durchs Leben. Nein, gefestigtes Gottesvertrauen erwirbt man vor allem auf einem längeren Weg durch Höhen und Tiefen. Oder eben auf einem kippeligen Floß: Von dem fällt man schon mal hinunter, und man muss schwimmen. Und dabei erlebt man, dass tatsächlich immer wieder ein freundliches Rettungsseil vom Himmel herunterhängt. Und den Untergang verhindert. So wächst dann Vertrauen.

Heilsames göttliches Feuer

Mein Gefühl ist: Ich bin wieder fällig für ein göttliches Feuer – gute Laune hin oder her. Mir geht die Kraft aus. Meine Kreativität sinkt. Ich merke, das Buch droht langweilig zu werden. Erst einmal für mich. Aber damit auch für dich, liebe Leserin oder Leser. Der göttliche Windhauch, den ich sonst manchmal im Nacken spüre, hat sich irgendwie gelegt.

Gut denn, mal wieder ins Feuer!

> Ich bitte um himmlische Begleitung. Und als Gestalt mit vagen Umrissen erscheint der Jesus neben mir. Er geht mit mir an einen Strand. Da brennt ein Feuer in fortgeschrittenem Stadium. Es hat fast nur noch Glut. Wir nehmen daneben Platz im Sand und blicken in die wenigen noch züngelnden Flammen. So schaut man einem Lagerfeuer beim Herunterbrennen zu. Nach einiger Zeit frage ich: Wo ist denn das Feuer für mich? Und ich denke an ein hell loderndes Feuer. Der Jesus meint: Das hier sei mein Feuer. Ich solle in die Glut treten. Ach, denke ich etwas enttäuscht. Aber auch: Na gut, wenn das so ist, dann los!

> Ich trete in die Glut. Und ich merke, wie ich von unten herauf selbst zu Glut werde. Ich fühle mich intensiv warm und ganz bei mir. Nach einiger Zeit frage ich den Jesus: Ist es das jetzt? Der zeigt ins Feuer: Da liegt zu meinen Füßen so etwas wie eine alte Haut, die von mir abgefallen ist. Sie zerläuft und verglüht langsam. Was war das für eine Haut? möchte ich wissen. Der Jesus sagt: Das war ein Stück altes Ich! Ich spüre in meinen Körper hinein. Ja, da ist jetzt etwas anders: Alles an mir

ist irgendwie roh, und ich fühle mich wie gehäutet. Aber wenn das Erneuerung ist, dann ist das gut!

Danach kann ich erst einmal nicht ausmachen, was sich denn nun wirklich erneuert hat. Später fällt mir auf: Ich gebe mich in einer Begegnung klarer und direkter. Ich übe mich nicht in unendlicher Geduld, in der ich manchmal verschwimme. Mein Wunsch und Wille sind jetzt zupackender. Ich nehme mich selbst ernster und werde deutlicher.

Dabei fühle ich mich größer. Als Kind bin ich immer wieder klein gemacht und klein gehalten worden. So etwas prägt. Und das wird man nicht so leicht los. Jedenfalls rutsche ich manchmal in eine Haltung hinein, in der ich mich weit zurücknehme – zu weit. Aber nun treibt mich das Feuer offenbar aus solcher Zurücknahme heraus. Jetzt soll es weiter vorangehen!

Auch mein Wille gegenüber Gott ist jetzt zupackender. Ich werde nicht ungeduldig, nein. Aber meine Bitten sind jetzt drängender, ja auch fordernder. Ich gestatte mir das und denke: Gott will meinen ganzen Willen und nicht nur einen halben. Also bekommt er den auch!

Natürlich frage ich mich immer zunächst, was Gottes mutmaßlicher Wille ist – etwa hinsichtlich dieses Buches. Wenn das dann einigermaßen klar scheint, richte ich meine ganze Bittkraft auf das, was Gott offenbar selbst wünscht. Etwa so: Bitte, Gott, jetzt mach schon! Lass endlich geschehen, was du doch selbst willst!

Und was passiert? Ich fühle mich jetzt von Gott stark animiert, über besondere Heilungserlebnisse zu schreiben. Die heilsame Häutung im Feuer bringt mich darauf. Früher habe ich schon selbst anderen Menschen zu Heilungen zu verholfen.

Mit inneren Bildern. Und genau das ist jetzt offenbar dran. Damit soll es jetzt weitergehen!

Ich gehe innerlich frühere Heilungserlebnisse durch. Sie liegen weit zurück und sind schon halb vergessen. Nein, über die möchte ich nicht schreiben! Die sind ja schon fast verstaubt. Für dieses Buch brauche ich Aktuelles! Und ich drängele Gott, mich ganz frisch Heilung erleben zu lassen.

Klar, ich suche auch neue Bestätigung meiner Schreibaufgabe. Das weiß ich. Die letzten Bestätigungen wirken auf mich wie aufgebraucht. Ich möchte neuen göttlichen Atem im Nacken spüren.

Das allerdings heißt nun: Ich muss raus aus meiner Schreibklausur! Ich muss aufbrechen und auf Menschen zugehen. Und ich beschließe, eine Anzeige aufzugeben. Darin will ich Information über christliche Heilung anbieten.

Und dann: Ja, es gibt Resonanz! Sie reicht dafür, dass ich nicht nur über Heilung reden, sondern auch zur Tat schreiten kann. Zweimal bekomme ich Gelegenheit, mein Heilungswissen konkret anzuwenden und umzusetzen. Darauf hatte ich so sehr gehofft! Und als nun tatsächlich zwei Menschen ganz aktuell Heilung erfahren, erhebt sich in mir ein Freudentanz.

Beim einen Menschen kommt es zur Befreiung von chronischem Schmerz. Beim anderen zur Lösung eines chronischen Beziehungsproblems, das schon lange nach Bewältigung und Heilung schrie. Ich berichte später davon in den Kapiteln „Heilung von Schmerz" und „Befreiung von Fesseln und Lasten".

Diese Erfahrungen machen mir erst einmal Mut. Und dann gehe ich noch einen Schritt weiter. Ich lasse mich vom Impuls des Feuers so weit tragen, dass ich mir nun ein paar Menschen suchen möchte für visionäre Erfahrungen in einer Gruppe. Diese Erfahrungen brauche ich – wenn alles klappt wie angedacht – noch für den letzten Teil dieses Buches.

Wieder inseriere ich. Jetzt geht es mir um Interessenten für eine „experimentelle Gruppe". Und auch dieser Schritt gelingt. Beim ersten Treffen sind wir zu dritt. Beim nächsten Treffen zu viert.

Doch dann: Die anderen steigen aus. Und plötzlich ist schon wieder Schluss! Die hochfliegenden Erwartungen legen eine Bauchlandung hin. Als diese Gruppe zu Stande kam, hatte ich noch erneut innerlich einen Freudentanz aufgeführt. Jetzt aber schon wieder Ausstieg. Irritation! Ernüchterung!

Ich merke: Ich muss ganz schnell meinen Standort wechseln. Der göttliche Blick auf die Gruppe war offenbar ein anderer als meiner. Dem gilt es sich unbedingt anzuschließen! Und es gelingt: In göttlichen Licht betrachtet wird nun das Ende der Gruppe zu einem lehrreichen Ende. Zu einem wegweisenden Ende. Und meine Ernüchterung endet in tiefem Einverständnis.

Mehr dazu später im Kapitel „Gruppe für Prophetie".

Größer und heiler werden

Das göttliche Feuer hat mich ein Stück wachsen lassen. Damit kam für mich die Frage auf: Was ist eigentlich meine angemessene Größe?

Viele Menschen fühlen sich klein und unterwertig. Sie nehmen schon innerlich nicht den Raum ein, der für sie angemessen ist. Und damit können sie auch äußerlich nicht ihren Platz ausfüllen. Zugleich sind sie darin gehemmt, größere Aufgaben zu übernehmen und ihre Möglichkeiten auszuschöpfen. Sie kümmern dann ein wenig vor sich hin.

Wenn wir Kinder sind, wissen wir, dass wir klein sind. Da messen wir uns an den Erwachsenen. Aber wie ist es, wenn wir erwachsen sind? Dann messen wir uns an den Menschen unserer Umgebung: etwa hinsichtlich Aussehen, Alter, Ausbildung, Beruf, Einkommen, Besitz. Das gibt uns ein Stück Orientierung, wie groß und bedeutsam wir uns fühlen dürfen. Aber ist das wirklich ein verlässlicher Maßstab?

Oder die persönlichen Lebenserfahrungen: Das Gefühl für die eigene Größe hängt auch davon ab. Es reagiert darauf, wie viele Demütigungen schon über uns hinweggerollt sind. Oder wie viele Erfolge den Sockel unseres Selbstbewusstseins erhöht haben. Doch auch hier ist die Frage: Wie sinnvoll ist es, sich daran zu messen?

Ich versuche, die Frage mit Hilfe eines inneren Bildes zu klären:

> Mein Engel kommt und nimmt mich mit auf die nächste Wiese. Da grasen Schafe. Er stellt mich neben sie. Und wenn ich mich da so sehe, überrage ich die Schafe gewaltig. Zudem bin ich Zweibeiner, und die Schafe sind vierbeinig. Dann geht der Engel mit mir zurück in mein Arbeitszimmer. Und da verdoppele ich mich plötzlich. Eine zweite Ausgabe von mir steht direkt neben mir. Und diese zweite Ausgabe ist nun einen Kopf größer als ich.

Zunächst einmal bittet dieses innere Bild: Bitte nicht Äpfel mit Birnen vergleichen! Also nicht Menschen mit Schafen. Und dann verlangt das Bild weiter: Aber auch nicht die eigene Person an anderen Menschen messen. Sondern vor allem an sich selbst. Das ist für das Bild der entscheidende Maßstab.

Und was ist damit gemeint? Das Bild will offenbar darauf hinaus: Der Mensch soll sich an seine eigenen Möglichkeiten halten. Er soll das zum Vergleich heranziehen, was er bei Ausschöpfen seines Potenzials aus sich selbst machen kann.

Auf mich bezogen nenne ich mal das, was aus mir noch werden kann, mein Wachstums-Ich. Im inneren Bild steht dieses Ich direkt neben mir. Und es zeigt mir an, wie viel noch für mich realisierbar ist: Eine Kopfgröße Wachstum ist noch drin. Ok, das hat was!

Es gibt also noch Weiterentwicklung für mich. Doch gleich ist auch die Frage da: Aber in welche Richtung kann ich noch wachsen? Und das will ich nun wissen:

Ich trete also noch einmal in mein Wachstums-Ich neben mir hinein. Und – Überraschung! – ich spüre da eine verblüffende Klarheit und Stärke in mir.

Das also ist mein Wachstumsziel für die nächste Zeit? Ja, ich bin damit sehr einverstanden.

Vielleicht bist du nun neugierig geworden, liebe Leserin oder lieber Leser. Und du möchtest auch dein Wachstums-Ich kennenlernen. Dann schlage ich dir dieses vor:

Du gehst zunächst draußen vor dein Zimmer und schließt die Tür hinter dir. Dann lässt du die Vorstellung in dir kommen: Du stehst drinnen im Zimmer als dein Wachstums-Ich. Du siehst dich da mit deinem möglichen Potenzial. Das ist der erste Schritt.

> *Der zweite Schritt ist: Du stellst dir zusätzlich vor, dein Wachstums-Ich wird mit warmer, lichter, göttlicher Kraft überschüttet. Und du siehst, wie es sich dadurch weiter verändert.*
>
> *Dein dritter Schritt: Du öffnest nun die Tür, gehst ins Zimmer und begrüßt dein Wachstums-Ich. Du siehst es wieder innerlich vor dir. Dann trittst du in dein Wachstums-Ich hinein und erlebst, was in Zukunft noch aus dir werden kann.*

Klappt das? Und wenn ja, wie fühlt es sich an, in deinem Wachstums-Ich drin zu sein und damit etwas von deiner Zukunft zu erleben? Kommt da Sehnsucht auf?

In der Realität ist es ein längerer Entwicklungsprozess, dem Wachstums-Ich näher zu kommen. Zunächst müssen Hemmnisse fallen, an denen sich das Leben verhakt oder verkeilt hat. Oder heftige Verletzungen müssen heilen. Oder schwere Demütigungen oder Misserfolge müssen erst einmal ausgebügelt werden. Aber dieser Entwicklungsprozess lässt sich vielleicht etwas beschleunigen. Die Dinge können eventuell schneller in Fluss kommen.

Eine Möglichkeit dafür ist: Du gehst in ein göttliches Feuer. So wie ich es dir hier schon dreimal vorgemacht habe. Solch ein Feuer kann dann vielleicht Hemmnisse in dir wegbrennen.

Allerdings verstehe ich gut, wenn dir das etwas zu heiß ist. Ich biete dir deshalb eine Alternative dazu. Du gehst in warmes Wasser. Und mein Vorschlag dafür ist:

> *Du stellst dir ein großes Becken vor. Es ist mit Heilwasser gefüllt. Und das ist so flach oder so tief, wie es gut für dich ist. Am Einstieg bittest du erst einmal eine spi-*

rituelle Gestalt herbei – also einen Engel oder Jesus. Oder auch Gott in Gestalt von Licht. Und wenn du möchtest, gießt dir diese Gestalt zusätzlich noch so viel Heilkonzentrat ins Becken, wie dir gut tut. Dann steigst du hinein. Du gehst ruhig durchs Becken. Oder du schwimmst hindurch. Oder du tauchst hindurch. Und du versuchst dabei ganz intensiv zu fühlen, was das Heilwasser mit dir macht. Dann steigst du am anderen Ende wieder heraus.

Wie fühlst du dich jetzt? Hat sich etwas geändert? Und falls ja, was? Wenn du willst, kannst du nun deinen neuen Zustand auch mit deinem Wachstums-Ich vergleichen. Die Frage ist dann: Bist du nun deinen Wachstumsmöglichkeiten schon ein kleines Stück näher gekommen?

Wenn du jetzt eine gute Veränderung erlebt hast, soll dir das die Zuversicht geben: Ja, du kannst wirklich größer und heiler werden. Dein Potenzial wartet nur darauf!

Heilung von Schmerz

Körperliche Heilungen können beeindruckend sein. Besonders dann, wenn sich peinigender Schmerz plötzlich davonmacht. Dann ist großes Aufatmen angesagt. Bei allen direkt Betroffenen. Und auch bei denen, die mit gelitten haben.

Solche Heilungen werden hinterher manchmal klein geredet: Die Schmerzen seien doch nur psychisch bedingt gewesen. Ja, wahrscheinlich waren sie es oft – aber waren sie deshalb weniger schmerzhaft? Die Betroffenen sind jetzt von einem Leiden erlöst, dem vorher nicht beizukommen war! Da ist eine Ursache doch drittrangig.

Ein Beispiel: Gerade vor ein paar Tagen konnte ich einer Frau helfen, die chronisch Migräne hatte. Ich habe sie in innere Bilder begleitet. Und so gingen wir gemeinsam gegen die Migräne vor:

> Ich bitte zunächst die Frau, die Augen zu schließen. Dann lasse ich mir berichten, wie die Migräne aussieht. Die Frau beschreibt sie so: Die Migräne sitzt als zehn Zentimeter dicke Kugel über dem rechten Auge. Sie ist zudem braun und hart. Daraufhin bitte ich die Frau, sich nach dem Jesus umzuschauen. Der ist sofort da. Die Frau soll ihn nun fragen, welches Vorgehen er vorschlägt. Der Jesus erklärt erst einmal der Frau: Er habe schon lange darauf gewartet, dass sie ihn um Befreiung von der Migräne bittet. Und dann geht es ganz schnell: Der Jesus nimmt einfach die Kugel heraus. Und er füllt die leere Stelle mit Licht und Wärme auf.

Die Migräne war sofort verschwunden! Die Frau konnte es kaum fassen. Auch ich selbst hatte eine so schnelle Heilung nicht erwartet und war perplex. Der Schmerz blieb danach weitgehend weg. Er tauchte später immer nur noch kurz auf und ging wieder.

Hast du vielleicht selber Schmerzen, liebe Leserin oder lieber Leser? Und würdest du sie gern loswerden? Ich habe dir nun schon ein Beispiel gegeben, wie das gehen kann. Allerdings brauchst du für das beschriebene Vorgehen jemanden, der sich mit inneren Bildern ein wenig auskennt.

Doch ein zweiter Mensch ist für fachkundige Begleitung meist nicht so leicht zu finden. Und überhaupt behelligt man andere oft ungern mit dem eigenen Schmerz. Wenn es dir so geht, kannst du es auch ganz allein versuchen:

Erster Vorschlag: Du lässt dir in einem inneren Bild ein göttliches Pflaster reichen. Etwa von einem Engel. Das Pflaster sollte von gutem göttlichem Licht getränkt sein. Du schaust es dir an und versuchst abzuschätzen, wie viel Heilkraft in ihm stecken könnte. Wenn du meinst, dass es nicht stark genug ist, versuchst du, es zurückzugeben und ein heilkräftigeres Pflaster zu bekommen. Oder wenn das Pflaster zu klein ist, bittest du um ein größeres. Danach klebst du das Pflaster in deiner Vorstellung auf die schmerzende Stelle. Vielleicht lässt dann der Schmerz gleich nach. Vielleicht braucht das aber auch ein paar Tage.

Zweiter Vorschlag: Du kannst auch den Jesus herbei bitten. Er sollte sehr liebevoll auf dich wirken. Frag ihn zunächst, ob er deine Schmerzen verringern will. Wenn ja, dann legt er seine Hand auf die schmerzende Stelle. Und vielleicht lässt der Schmerz sofort nach.

Es kann schon schwierig sein, allein gegen den Schmerz anzukommen. Und wenn dir diese Vorschläge nichts bringen, brauchst du vielleicht tatsächlich die Gegenwart einer zweiten Person. Ein Vorgehen zu zweit hat mehr Intensität. Die göttliche Kraft in beiden Beteiligten addiert sich dann. Vielleicht multipliziert sie sich sogar. Ein gemeinsames Vorgehen, wie ich es oben im Beispiel schon beschrieben habe, sieht dann so aus:

Du lässt dich von einem etwas fachkundigen Menschen anleiten und intensiv begleiten. Und diesem Menschen beschreibst du wiederholt, was gerade in deinem inneren Bild geschieht. Die Person, die dich begleitet, verfolgt dabei genau das Geschehen in dir. Und wenn nötig macht sie dir Vorschläge, wie du weiter im Bild vorgehen kann. Bis dann – hoffentlich – irgendwann der Schmerz bei dir nachlässt oder ganz verschwunden ist.

Etwas weniger intensiv ist ein gemeinsames Vorgehen in der folgenden Weise. Dafür brauchst du keinen fachkundigen Menschen, der dich begleitet. Dafür sollte aber ein Mensch bei dir sein, der gern die Aufgabe übernimmt, dich mit Gebet zu begleiten:

> *Du gehst allein in ein hilfreiches inneres Bild. Dabei beschreibst du dem anderen Menschen immer wieder, was du gerade innerlich sieht. Und der andere betet dabei um gutes Gelingen, ohne selbst irgendwie einzugreifen.*

Das sind nun vier Anleitungen! Und vielleicht brauchst du die alle nicht. Aber manchmal ist es ja gut, wenn man überhaupt Möglichkeiten kennt, auf die man bei Bedarf zurückgreifen kann.

Oder hast du generell Zweifel an den Möglichkeiten Gottes, gesundheitliche Probleme des Menschen anzugehen und zu beheben? Dann habe ich noch ein sehr eindrückliches praktisches Beispiel für dich:

Vor einiger Zeit hatte ich Kontakt zu einer Frau, die bereits lange krankgeschrieben und berufsunfähig war. Sie hatte Schmerzen in allen Gliedern und Gelenken. Vermutlich hatten diese Schmerzen mit ihrer Lebenssituation zu tun. Ihr Mann war gestorben, und als Migrantin war sie jetzt in ihrer Umgebung sehr einsam. Ich begleitete die Frau in einem inneren Bild so:

> Zuerst frage ich die Frau, wo sie die stärksten Schmerzen hat. Sie sagt: In den Füßen. In ihrem inneren Bild

sieht die Frau dort einen Draht. Er ist straff über ihre Füße gespannt. Ich frage sie, ob sie den Draht zerschneiden und beseitigen kann. Nein, sagt die Frau, er sei einfach zu fest. Nun schlage ich ihr vor, den Jesus herbeizubitten. Und da passiert völlig Unerwartetes: Schlagartig öffnet sich jetzt der Himmel für die Frau. Und im himmlischem Licht sieht sie Jesus, Engel und irgendwie auch Gott. Sie ist überwältigt. Sie sagt mir, ihre größte Sehnsucht sei immer gewesen, so etwas in ihrem Leben zu erleben. Und nun sei es da. Ihr laufen die Tränen herunter.

Irgendwann frage ich sie, ob der Jesus nun etwas gegen den Draht über ihren Füßen machen kann. Und damit gegen die Schmerzen. Da sieht sie: Der Jesus legt seine Hände auf den Draht, und der löst sich einfach auf. Ich frage sie jetzt nach ihren Schmerzen. Sie spürt erst in ihre Füße und dann in alle Glieder und Gelenke hinein. Aber nirgendwo ist noch Schmerz. Alles fühlt sich wie frisch betäubt an. In völlig schmerzfreiem Zustand geht die Frau nach Hause.

Der über die Füße gespannte Draht zeigt eine heftige Lebenshemmung an. Die Frau kann – bildlich gesehen – keinen einzigen Schritt mehr tun. Seit dem Tod ihres Mannes ist ihr Leben seelisch zum Stillstand gekommen. Die körperlichen Schmerzen sind ein heftiger Aufschrei ihrer Seele.

Im inneren Bild fällt dann teilweise die Grenze zum Jenseits. Das Erleben der Frau ist so intensiv, dass sie das Geschehen vielleicht schon als Wirklichkeit erlebt. Und damit verändert sich schlagartig ihr Lebensgefühl. Sie fühlt sich von göttlicher Seite durch und durch akzeptiert. Das ist für sie ein gewaltiger

Durchbruch. Und der Grund für ihre Schmerzen entfällt damit offenbar völlig. So ist es dann für den Jesus fast ein Kinderspiel, ihre Schmerzen ganz zu beseitigen.

Als ich die Frau ein Jahr später noch einmal traf, arbeitete sie schmerzfrei und ganz normal wieder in ihrem Beruf.

Befreiung von seelischen Lasten

Generell sind wir sehr begrenzte Wesen. Wir leben immer mit Einengungen. Doch die meisten spüren wir nicht. Zum Glück.

Manchmal allerdings ecken wir unangenehm an. Ein Hindernis stellt sich uns in den Weg. Und dann ist die Frage: Können wir mit diesem Hindernis leben, oder wollen wir es loswerden? Und falls es dauerhaft stark stört und der Aufwand akzeptabel ist, räumen wir es weg. Und genießen unsere Befreiung.

Nun allerdings gibt es Hindernisse, die sind unverrückbar. Und sie lassen sich auch nicht locker umgehen. Etwa in Familie, Beruf oder sonstiger Umwelt. Wir werden immer wieder damit konfrontiert. Und oft nicht nur das: Sie belasten auch noch dauerhaft unsere Seele!

Was tun? Immerhin gibt es die Möglichkeit: Wenn wir eine Last schon nicht wegheben können, dann können wir immerhin unsere Ansicht dazu ändern! So kann die Last leichter werden. Und vielleicht spüren wir sie sogar schließlich nicht mehr. Und das geht so:

> *Wir fragen uns: Welche Vorteile hat die Last? Und dann suchen wir alles zusammen, was daran vorteilhaft ist für uns. Und das führen wir uns dann möglichst mehrfach vor Augen.*

So verändern wir unseren Blick auf die Last. Sie wird erfreulicher und damit leichter.

Das Fatale ist allerdings: Manche Last kommt uns gar nicht zu Bewusstsein. Wir leiden zwar darunter. Aber wir spüren sie nicht. Und wir haben uns so an die Last gewöhnt, dass sie praktisch unsichtbar geworden sind. Da ist der erste Schritt: Solche Last enttarnen.

Ich versuche selbst einmal, etwas Belastendes in meinem Leben zu entdecken, was sich unterhalb meiner Bewusstseinsschwelle versteckt hält. Ich verwende dazu ein inneres Bild: Ich stelle mir vor, ich säße in einem Käfig. Dieser Käfig steht für das, was mich in meinem Leben belastet und einengt:

> Ich sehe mich also in einem Käfig. Jetzt versuche ich herauszufinden, was das für ein Käfig ist. Beim Umherschauen entdecke ich einen Zettel am Käfig. Darauf steht einfach nur: „Buch".

Ach, mein Buch, an dem ich hier schreibe, also ein Käfig? Oh! Aber wenn man so will – ja doch, das stimmt tatsächlich: Das Schreiben an diesem Buch ist eine kleine Gefangenschaft! Fast täglich treibt mich ein „Ich muss!" an, wenn ich mich zu drücken versuche. Und es lässt nicht locker, bis ich schließlich – manchmal mit heimlichem Seufzer – wieder meiner Pflicht zum Schreiben nachkomme.

Dieser Schreibkäfig ist allerdings selbst gewählt. Ich will ihn beileibe nicht aufgeben. Immerhin kann ich mir diese Gefangenschaft – zumindest für den Moment – etwas leichter machen lassen:

> Ich sehe mich noch einmal im Käfig. Und nun bitte ich göttliches Licht herbei, damit sich etwas ändert. Dieses

Licht ist nun so freundlich, meiner Bitte zu folgen: Es macht mir den Käfig leichter und lichter. Ich fühle mich nun weniger eingeengt. Und es geschieht noch mehr: Ich erlebe die Gefangenschaft sogar als verheißungsvoll. Als etwas, für das mir am Ende eine Belohnung winkt ...

Vielleicht sitzt du ja auch in einem Käfig, liebe Leserin oder lieber Leser. Magst du Überraschungen? Und magst du entdecken, in was für einem Käfig eventuell du selbst sitzt? Dann gebe ich dir eine Anleitung für die Enttarnung:

Käfig: *Du stellst dir vor: Du bist in einem Käfig gefangen. Du siehst ihn um dich herum. Nun betrachtest du die Stäbe und Stangen, die dich gefangen halten. Sie können einen Hinweis darauf geben, wofür der Käfig steht und was dich gefangen hält. Vielleicht hängt auch ein Schild am Käfig, das darauf verweist. Oder der Käfig hat irgendwie das Gesicht eines Menschen, der dich einengt. Möglicherweise gibt dir auch eine Stimme dazu eine Erklärung.*

Weißt du nun noch nicht, wofür der Käfig steht, bittest du warmes göttliches Licht herbei. Fällt es auf deinen Käfig und auf dich darin, wird die Sache hoffentlich klarer. Und dann kannst du entscheiden, ob du freiwillig im Käfig bleibst. In diesem Fall bittest du das göttliche Licht, dir den Aufenthalt im Käfig möglichst angenehm und erfolgreich zu machen.

Oder willst du unbedingt aus dem Käfig raus? Dann bittest du das Licht, dir einen Ausweg zu zeigen. Vielleicht taucht nun eine Tür auf. Und daran ist ein Schild oder Bild befestigt, das dich auf einen möglichen Ausweg in der Realität hinweist. Oder das Licht beseitigt einfach den Käfig. Dann ist zumindest die Seele erleichtert.

Kann dir das Bild mit dem Käfig weiterhelfen? Ein Käfig ist eine spezielle Art von Einengung und Belastung. Eine andere Art von Last ist die Fesselung. Und es kann sein, dass du, liebe Leserin oder lieber Leser, damit mehr anfangen kannst. Vielleicht entspricht sie mehr deinem Empfinden.

Die Fesselung kommt einem körperlich sehr nahe. Hände oder Füße sind gefesselt. Oder ein Seil, eine Kette oder etwas Ähnliches ist ganz eng um den Leib geschlungen. Man erlebt starke körperliche Einengung.

Zusätzlich kann man auch noch an etwas gefesselt sein: Etwa an eine Wand, an einen Baum oder an einen Menschen. Dann ist der Bewegungsspielraum noch weiter eingeengt.

Hast du intuitiv das Gefühl, dass ein solches Bild hilfreich für dich sein könnte, kannst du diese Anleitung ausprobieren:

Fesselung: *Du stellst dir vor: Du bist gefesselt. Und du siehst auch das Seil, die Kette oder anderes, was dich fesselt. Vielleicht erkennst du dann ein Schild daran, das darauf hinweist, wofür das Seil oder die Kette stehen. Oder du hörst eine Stimme, die dir das erklärt.*

Wenn du mit einem Seil oder einer Kette an etwas gefesselt bist, versuchst du zu sehen, was am anderen Ende von Seil oder Kette ist: Etwa ein größerer Gegenstand oder ein Mensch – etwas also, was dich belastet. Und wird das nicht sichtbar, bittest du warmes göttliches Licht herbei. Vielleicht siehst du damit mehr.

Dann geht es darum, die Fesselung loszuwerden. Zumindest sollte sie sich lockern. Probier erst einmal, sie selbst zu lösen. Wenn das nicht gelingt, bitte das göttliche Licht darum. Es soll die Fesselung lockern und möglichst ganz auflösen. Oder aber bitte den Jesus herbei, damit er das für dich tut.

Manchmal ist schnell klar, um welche Fesseln oder Lasten es geht. Oft sind es Lasten aus der Kindheit. Aber auch in der Gegenwart kann es Belastendes geben. Ist man davon eingeengt – wie auch immer –, kann es helfen, die Fesselung zu lockern und zu lösen. Damit gewinnt man schon deutlich an Freiheit.

Zusätzlich kann ein weiterer Schritt hilfreich sein. Und zwar dann, wenn die bereits abgekoppelte Last seelisch immer noch als Bedrohung wahrgenommen wird. Dann lässt sie sich auf folgende Weise endgültig entschärfen:

Bedrohung: *Du stellst dir noch einmal die Last vor, die dich bisher eingeengt hat. Mit all ihrer Bedrohlichkeit. Wenn es sich dabei um einen Menschen handelt, lässt du ihn dir vor Augen treten. Und dann bittest du das göttliche Licht, die Last oder diesen Menschen für dich ungefährlich zu machen. Einer Last werden etwa ihre scharfen Kanten abgeschliffen. Oder einem Menschen werden seine bedrohlichen Mittel genommen. Das göttliche Licht kann auch die Last oder den Menschen schrumpfen lassen und klein machen. Oder sogar ganz beseitigen. Auch den Jesus kannst du herbeibitten, damit er das für dich tut.*

Dein Unbewusstes braucht manchmal drastische Schritte. Nur so kann es durch ein inneres Bild davon überzeugt werden: Ja, die bisherige Gefahr und Bedrohung ist beseitigt und völlig verschwunden. Dafür bringe ich gleich noch ein eindrucksvolles praktisches Beispiel.

Zunächst aber noch: Auch hier kann es gut tun, nicht allein mit einem inneren Bild zu arbeiten. Ich habe schon einmal darauf hingewiesen. Ist man zu zweit, kann sich die göttliche Kraft addieren. Zudem beeindruckt es das Unbewusste, wenn ein anderer Mensch dem Geschehen als Zeuge beiwohnt. Die angestrebte innere Befreiung geschieht leichter. Und sie wirkt überzeugender.

❊ ❊ ❊

Aber funktioniert die Entfesselung und Befreiung wirklich? Das fragst du dich vielleicht, liebe Leserin oder lieber Leser. Gut, dann ist jetzt das angekündigte praktische Beispiel dran.

Das Folgende habe ich erst kürzlich miterlebt. Ich begleitete eine 50jährige Frau in ein inneres Bild, das sie von ihrer Last befreien sollte. In diesem Fall war von vornherein klar: Die Last war ihre Mutter, die inzwischen weit entfernt wohnte. Diese Last musste also nicht erst enttarnt werden.

Die Mutter hatte die Frau als Kind immer wieder drangsaliert und klein gemacht. Und als die Frau erwachsen war, ging das noch lange so weiter. Sie lebte nun mit beträchtlichem Groll gegen ihre Mutter. Das Ziel war zunächst die Abkoppelung:

> Die Frau sieht sich auf einer Wiese. Auf ihren Wunsch kommt ein Engel herbei. Er hält seine großen Flügel schützend über sie. Dann taucht die Mutter auf – zunächst ganz klein in der Ferne. Sie darf bis auf acht Meter an die Frau herankommen. Dann muss sie sich

setzen, so dass sie kleiner wirkt. Nun frage ich, ob es eine Verbindung zwischen Mutter und Tochter im inneren Bild gibt. Die Frau sieht sofort ein elastisches dickes Gummiband. Es setzt bei beiden Frauen am Nabel an. Und es sieht wie eine Nabelschnur aus. Das Band ist zwischen beiden Frauen straff gespannt.

Es ist klar: Das Band muss weg! Die Frau kann es aber selbst nicht lösen. Sie bittet den Engel, das zu tun. Der rührt sich nicht. Da schlage ich der Frau vor, den Jesus herbeizubitten. Und der kommt tatsächlich. Er zerreißt einfach das Band. Nur noch ein Rest davon hängt vom Nabel der Frau herab. Und auch dieser Rest soll noch weg. Die Frau bittet den Jesus darum – doch wider Erwarten rührt der sich jetzt nicht!

Nun schlage ich der Frau vor, erst einmal ihrer Mutter zu vergeben. Sie soll sich bemühen, endlich ihren Groll loszuwerden. Die Frau ziert sich zunächst. Dann aber entschließt sie sich dazu. Und sie vergibt sehr bewusst ihrer Mutter. Jetzt kommt der Jesus zu ihr, zieht den Rest des Bandes aus dem Nabel und klebt noch ein Pflaster auf die kleine Wunde.

Die Frau fühlt sich jetzt freier. Und auch erheblich größer als ihre Mutter. Sie legt ganz besonderen Wert auf diese Größe: Die Mutter hatte sie ja immer klein gemacht. Doch noch ist nicht alles geschafft. Die Frau sollte möglichst auch noch das Mutterbild zerstören, das weiterhin in ihr gespeichert ist und bedrohlich wirkt.

Ich bitte die Frau nun, sich ein Tier zu suchen, das gefühlsmäßig ihrer Mutter entspricht. Die Frau entscheidet sich spontan für einen Löwen. Dieser Löwe ist jederzeit sprungbereit und könnte mit seinen Krallen auf sie losgehen. Genau so war immer ihre Mutter. Diese innere Bedrohung darf die Frau nun löschen:

> Den Löwen sieht die Frau ebenfalls auf der Wiese – so nah wie zuletzt ihre Mutter. Der Engel schützt sie aber zunächst vor dem Löwen. Die Frau wünscht sich nun ein Gewehr, um den Löwen zu beseitigen und zu töten. Sie erhält es vom Engel. Ohne einen Moment zu zögern schießt die Frau. Der Löwe sinkt blutend in sich zusammen. Die Frau geht zu ihm hin und überzeugt sich, dass er wirklich tot ist. Nun möchte sie den toten Löwen noch ganz verschwinden lassen. Sie schleppt ihn zusammen mit dem Engel zu einem großen Gewässer hinter der Wiese. Und dort lässt sie ihn dann – voller Genugtuung – im Wasser versinken.

Das ist nun eine wahrhaft drastische Tat! Aber diese Art der Befreiung hat sich schon vielfach bewährt. Gerade bei innerfamiliären Verstrickungen und Lasten. Die Verwandlung eines engen Verwandten in ein Tier trickst dabei Tötungshemmungen aus. Und das Unbewusste registriert den Tod des Tieres als endgültige Befreiung – in diesem Fall von der Mutter.

Die Befreiung wird innerlich sofort spürbar. Und sie verändert auch gleich das Verhalten von beiden Betroffenen zueinander. Ihre Beziehung verbessert sich oft recht deutlich.

Doch nicht immer muss man so radikal vorzugehen. Für so manche Entlastung reichen sanftere Lösungen. Das Ziel ist immer dann erreicht, wenn sich deutliches Aufatmen einstellt. Und wenn erlösende Freiheit spürbar wird.

Übrigens: Auch mich selbst habe ich getestet. Ich wollte wissen: Gibt es bei mir eine Fesselung? Erst tat sich nichts. Dann sah ich plötzlich ein lichtes Seil um meinen Bauch. Und schließlich zeigte sich auch noch – daran befestigt – ein lichtes Seil zum Himmel.

Ich an den Himmel gefesselt? Das hatte ich nun nicht erwartet! Und das hat mich ziemlich amüsiert. Na gut, dachte ich da: Der Himmel lässt mich nicht los – ich ihn aber auch nicht!

Befreiung von negativen Gefühlen

Gewöhnlich ist das Leben nicht nur Zuckerschlecken. Und ziemlich lästige Gefühle und Gedanken lassen sich nicht davon abhalten, uns immer wieder zu besuchen. Damit können und müssen wir leben.

Schwierig oder gar brisant wird es aber, wenn sich solche negativen Gefühle und Gedanken in uns festsetzen. Wenn sie uns dauerhaft kapern. Und wenn sie uns dann fast ständig belästigen. Dann werden sie schädlich.

Was für Gefühle sind das? Ich denke besonders an innerlich festsitzende Wut, an permanenten Hass oder überdauernden Groll. Dafür ist häufiger nicht ein einzelner Mensch als Auslöser dingfest zu machen – wie es beim gerade beschriebenen Befreiungsbeispiel war. Sondern es können etwa auch soziale Zustände sein, die belasten und erbittern.

Auch tiefere Unsicherheit oder überzogene Angst können erheblich schaden. Solche Gefühle ziehen uns runter. Sie rauben uns Energie und Lebensfreude. Und sie hindern uns, unser Potenzial auszuschöpfen.

Ich wünsche mir erst einmal ein visionäres inneres Bild dazu:

> Mein Engel kommt und fliegt mit mir auf eine Insel. Ich sehe sofort, dass da Raubtiere herumstreifen. Es gibt nur einen Ort auf der Insel, wo man vor ihnen sicher ist: Eine Bergkuppe mit rundherum steilen Flanken. Der Engel setzt mich darauf ab. Es ist schön da oben. Aber mein Leben ist dort doch arg eingeschränkt: Nur mit großer Vorsicht kann ich mich in die Niederungen der Insel wagen.

Wo kommen die Raubtiere her? Wenn Wut, Hass oder Groll in uns sind, sind wir verletzt und geschädigt worden. Wahrscheinlich vielfach. Die Folge ist: Wir beginnen, überall Menschen zu wittern, die uns Böses wollen. Das sind die Raubtiere im inneren Bild. Unsere Weltsicht trübt sich damit ein. Und die Lebensbereiche werden kleiner, in denen wir glauben, uns ungehindert und ohne Gefährdung bewegen zu können. Die entrückte Bergkuppe im inneren Bild steht nun für den engen Bereich, in dem wir uns dann noch sicher fühlen.

Ähnliches gilt für tiefe Unsicherheit und überzogene Angst: Da sehen wir ebenfalls überall Gefahren – obwohl sie meistens gar nicht da sind. Oder viel schwächer sind als befürchtet. Und auch diese Sicht engt unsere persönliche Freiheit ein.

Auf die innerlich erlebte Bedrohung reagieren wir zum Teil recht fatal: Wir senden selbst Raubtiere aus! Ich meine damit räuberische Gedanken. Oder räuberische Worte und Taten. Wir meinen, uns damit schützen zu können.

Konkret sehen räuberische Gedanken so aus: Wir werten andere Menschen ab. Wir machen sie klein. Vielleicht sogar mit beißender Ironie. Und wir finden an ihrem Tun und Lassen kein einziges gutes Haar. Damit aber rauben wir ihnen ein Stück ihrer menschlichen Würde.

Noch schlimmer wird es, wenn wir nicht nur so denken, sondern diese Gedanken auch noch laut aussprechen. Und ihnen womöglich demütigende Taten folgen lassen. Mit jeder abfälligen Kritik und verächtlichen Abwertung setzen wir ein Raubtier in die Welt. Und das ist dann kaum wieder einzufangen.

Warum machen wir das? In der Tierwelt können wir beobachten, wie Tiere sich aufplustern und größer machen, wenn sie sich bedroht fühlen. Sie können damit tatsächlich räuberische Angreifer abschrecken. Und wenn wir Menschen andere Menschen runtermachen, ist das auch solch ein Aufplustern: Wir machen uns größer und erhabener. Wir steigen innerlich auf einen Sockel. Da thronen wir dann über den anderen. Im inneren Bild stellt die Bergkuppe solch einen Thron dar.

Auf unserem Thron fühlen wir uns weniger angreifbar. Doch: Die Abwertung anderer Menschen hat Nebenwirkungen. Wir geraten dabei leicht in den Sog einer gefährlichen Unterströmung. Und die kann uns glatt die Beine unterm Leib wegreißen. Denn mit jeder Abwertung bestätigen wir uns selbst, dass die Menschheit um uns herum bedrohlich und schlecht ist. Das aber schlägt dann auf unser gesamtes Weltbild durch: Wir schaffen oder erhalten selbst damit die Kulissen, die uns die Welt als bedrohlichen Ort erscheinen lassen.

Eigentlich wollen wir unsere eigene Unsicherheit und Angst bekämpfen, wenn wir andere runtermachen und demütigen. Oder wir wollen uns für Verletzungen und Schädigungen rächen. Doch dafür bezahlen wir leicht mit heftiger oder anhaltender Eintrübung unserer Weltsicht. Und die Folgen sind womöglich: Noch mehr Angst und Unsicherheit. Oder noch mehr Wut, Hass und Groll. Oder anders gesagt: Die von uns ausgesandten Raubtiere kehren zu uns zurück und nähren sich von unserer eigenen Lebenskraft.

Was also tun, liebe Leserin oder lieber Leser? Ich habe mehrere Vorschläge, wenn du gegen ein schädliches Gefühl vorgehen möchtest:

Erster Vorschlag: Du schaust innerlich, wo in deinem Körper das schädliche Gefühl sitzt. Du nimmst seine Form und Farbe wahr. Dann bittest du den Jesus mit seiner starken Heilkraft herbei. Der legt nun seine lichte Hand auf das schädliche und belastende Gefühl in dir. Und du schaust zu, wie das Gefühl kleiner wird oder womöglich ganz verschwindet.

Zweiter Vorschlag: Du stellst dir ein hell brennendes göttliches Feuer vor. Dann nimmst du das schädliche Gefühl aus dir heraus und wirfst es in die Flammen. Und nun schaust du zu, wie das Feuer auflodert und das schädliche und belastende Gefühl vernichtet. Vielleicht erlebst du dabei sogar sogar ein besonderes Schauspiel aus Licht und Farben.

Solch ein Vorgehen kann schnell Erleichterung bringen. Allerdings wirkt die Entlastung oft nur vorübergehend. Doch die inneren Bilder lassen sich beliebig wiederholen. Sie können so vielleicht auch zu einer dauerhaften Umstimmung führen.

Auch abwertende Gedanken lassen sich ins göttliche Feuer werfen. Allerdings habe ich noch einen ganz speziellen Vorschlag dafür:

Dritter Vorschlag: Du stellst dir immer wieder vor, wie du einen abschätzigen Gedanken mit einem lichten Himmelsgewehr abschießt. Du lässt dir das Gewehr von einem Engel reichen. Oder du gibst dem Engel den Auftrag, seinerseits zu schießen. Der Engel kann sogar, wenn du willst, mit einem starken Geschütz deine schädlichen Gedanken zerballern.

Und dazu stellst du dir noch vor: Jeder Schuss trifft. Und der getroffene Gedanke zerplatzt wie ein Feuerwerkskörper in einem wunderbaren Farb- und Lichtspiel. Vielleicht auch noch mit eindrucksvollem Funkenregen.

Was macht das mit dir? Jeder Treffer ist erst einmal ein Erfolgserlebnis. Denn der abwertende Gedanke wird vom Feuerball überdeckt und verdrängt. Er verliert damit seine schädliche Wirkung.

Zudem ist jeder Treffer auch noch ein Farb- und Lichterlebnis. Du schießt dir damit sozusagen die Welt schön. Statt dein Lebensgefühl mit abwertenden Gedanken weiter abzusenken, hebst du es nun in angenehmer Weise an. Mit jedem Schuss und Treffer mehr.

Vergebung – in alle Richtungen

Vergebung ist ein riesiges Thema. Und ein weites und elementares Feld. Auch schädliche Gefühle und Gedanken lassen sich damit bekämpfen – allerdings auf etwas weniger eindrucksvolle Weise als gerade beschrieben. Dazu später noch mehr.

Zunächst einmal: Jeder Mensch erlebt, dass er von anderen verletzt und geschädigt wird. Und jeder verletzt und schädigt seinerseits andere. Teilweise hat das nur unangenehme, manchmal aber auch verheerende Folgen.

Wenn wir andere verletzen oder schädigen, sind wir aus juristischer Perspektive Täter. Ob wir wollen oder nicht. Wir kommen nur glimpflich davon – vor anderen und vor unserem eigenen Gewissen –, wenn wir einen Bagatellschaden angerichtet haben. Oder wenn es mildernde Umstände für uns gibt.

Gibt es keine mildernden Umstände, fühlen wir uns schuldig. Und wir versuchen, den Schaden wieder gutzumachen. Zumindest dann, wenn wir ein Gewissen haben, das relativ normal reagiert. Ist allerdings Wiedergutmachung nicht möglich, bleibt nur eins übrig: Den verletzten oder geschädigten Menschen um Vergebung zu bitten. So schwer es oft fällt.

Manchmal geht das aber nicht. Oder der Geschädigte akzeptiert unsere Bitte nicht. Dann bleiben wir auf unseren Schuldgefühlen sitzen. Zum Glück gibt es da einen Ausweg: Wir können dann Gott um Vergebung bitten. Hält der es für angemessen und sinnvoll, kann er uns an Stelle des Geschädigten Verzeihung gewähren. Und das kann tatsächlich entlasten.

Dabei ist es ja so: Schädigen wir einen Menschen, dann schädigen wir auch Gott. Denn er ist Schöpfer dieses Menschen. Er hat das Urheberrecht an ihm. Und auch sonst, wenn wir uns an der Schöpfung vergreifen, ist Gott der Geschädigte. Wäre Gott ein Mensch, hätte er immer – dank seiner Urheberschaft – Anspruch auf Wiedergutmachung oder Schadenersatz. Insoweit sind wir bei ihm an einer guten Adresse, wenn es um Vergebung geht.

Und wie ist es, wenn Gott uns gegenüber Wünsche hat, und wir erfüllen sie ihm nicht? Ein Mensch an der Stelle Gottes wäre dann häufiger enttäuscht. Sollten wir uns deshalb auch bei Gott entschuldigen?

Unter Menschen halten wir es ja so: Wenn wir jemanden enttäuscht haben und einigermaßen rücksichtsvoll sind, bitten wir den Enttäuschten um Verzeihung. Etwa mit den Worten: Tut mir leid, aber ich konnte nicht! Und dann kommt ein möglichst einleuchtender Grund als Entschuldigung.

Sollten wir es auch so mit Gott halten, wenn wir ihn enttäuschen? Da hätten wir aber womöglich ganz schön zu tun, uns immer ausreichend zu entschuldigen! Obwohl uns meistens entgeht, was sich Gott wünscht. Aber es gibt tatsächlich Menschen, die fühlen sich dauerschuldig gegenüber Gott. Weil sie immer hinter dem riesigen Wunschkatalog herhinken, den ihnen Gott vorwurfsvoll vor Augen hält – wie sie meinen.

Dazu muss jetzt einfach ein visionäres inneres Bild her! Und dieses Bild fällt so aus:

> Ein Engel holt mich ab und bringt mich zu einem Gerichtsgebäude. Drinnen ist ein großer Saal. Dort ist vorn irgendwie Gott in konzentrierter Weise anwesend, aber nicht sichtbar. Er fragt mich, wofür ich Vergebung brauche. Ich sage, ich wüsste es nicht. Aber mit Sicherheit hätte ich ihm nicht alle Bitten und Wünsche erfüllt. Gott lacht. Und sagt: Er hätte schon immer gewusst, dass es so mit mir kommen würde. Aber das sei von vornherein in meinem Freiheitspaket mit drin gewesen, mit dem er mich auf die Erde entließ. Damit sei das Thema für ihn erledigt.
>
> Aber ich solle bitte noch bleiben. Denn nun wird ein Mann hereingeführt. Und Gott hält ihm vor: Du hast aus Neid absichtlich das Leben eines anderen Menschen zerstört! Was sagst du dazu? Der Mann wirft sich nieder und sagt nur: Ja! Gott fragt weiter: Tut es dir leid? Der Mann antwortet zerknirscht: Ja, es tue ihm richtig weh. Gott sagt: Das ist gut so! Möchtest du, dass ich dir nun

vergebe? Der Mann: Ja bitte! Und Gott: Ich vergebe dir. Ich segne dich. Und ich bitte dich: Lass dir diese Erfahrung unbedingt eine Lehre sein!

Am Ende sagt Gott noch zu mir: Ich habe schon immer gewusst, dass der Mann solch Unheil anrichten würde. Aber nur so lernt er sich selbst kennen.

Dieses innere Bild sagt zunächst einmal: Gott hat kein Interesse daran, uns ständig Versäumnisse und Fehler vorzuhalten. Besonders dann nicht, wenn wir keinen ernsthaften Schaden anrichten. Er will sich nicht unentwegt als der große Vergebende in Szene setzen. Das hat er gar nicht nötig!

Ständige Schuldvorhaltungen würden uns zudem nur belasten. Sie würden uns unentwegt unter Druck setzen. Sie könnten sogar krank machen. Das aber widerspräche massiv Gottes anspruchsvollem Ziel: Uns zur Entfaltung zu verhelfen. Er will uns doch zu Prachtstücken seiner Schöpfung heranreifen lassen! Nein, Gott macht keine sinnlosen Vorwürfe. Da ist er mehr als großzügig.

Allerdings können Schuldgefühle, wenn sie berechtigt sind, ein wichtiger Lehrmeister sein. Sie stoßen uns mit der Nase auf ernsthafte Unzulänglichkeiten und grobe Fehler. Sie zwingen uns nachdrücklich, Konsequenzen zu ziehen – manchmal sehr bittere. Und auf diesen Lerneffekt möchte Gott nicht verzichten. Zumindest ab und an.

Größere Verfehlungen haben zudem noch einen anderen erfreulichen Effekt: Sie machen uns demütig. Besonders wenn wir um Vergebung bitten müssen. Bei anderen Menschen sehen und bemängeln wir leicht deren Fehler. Aber wenn uns selbst grobe Schnitzer unterlaufen, geht es an unser Selbstbild. Und wenn wir richtig schlimme Taten begehen, unterhöhlt das unsere ganze Fassade. Das bietet dann die besondere Chance, dadurch ein bescheidenerer und liebenswerterer Mensch zu werden.

❋ ❋ ❋

Wie aber konkret vorgehen, wenn wir Vergebung von Gott wünschen? Erst einmal ganz ehrlich sein. Zudem sollte uns unser Fehltritt mindestens etwas zwicken und zwacken. Und zwar so, dass wir wirklich bereuen. Dann können wir aus der Tiefe unseres Herzens heraus Gott um Vergebung bitten. Zugleich fördert das bei uns den Lerneffekt.

Wenn es um Vergebung geht, denken wir zuerst an Schuld gegenüber Mitmenschen. Solche Schuld steht auch bei Gott an allererster Stelle. Sie ist ein weiter und wichtiger Bereich.

Allerdings gibt es auch andere Schuld: Wir können ebenso an uns selbst schuldig werden. An uns als Geschöpfen Gottes. Und zwar immer dann, wenn wir uns selbstschädigend verhalten. Etwa indem wir unseren Körper achtlos behandeln oder gar ruinieren. Oder indem wir zum Beispiel dauerhaft Wut, Hass, Groll in uns festhalten und so unsere Seele schädigen. Dazu habe ich schon einiges im vorhergehenden Kapitel gesagt.

Sind wir uns dann darüber im Klaren, womit wir uns ernsthaft schuldig gemacht haben, beantragen wir bei Gott Vergebung. Mit leiser oder lauter Bitte. Oder auch schriftlich.

Läuft es gut, fühlen wir uns danach sofort erleichtert. Oder zumindest recht bald. Das ist dann ein gutes Zeichen. Wir dürfen es als deutlichen Hinweis nehmen, dass Gott uns jetzt vergeben hat. Für ihn ist dann das Thema erledigt, und er ist wieder mit seiner ganzen Zuwendung und Macht für uns da.

Nicht unwichtig ist allerdings auch: Wenn uns Gott vergeben hat, sollten wir es ihm nachtun: Wir sollten dann auch uns selbst vergeben – und nicht etwa an unserer Schuld festhalten. Das ist Pflicht! Denn das erleichtert zusätzlich. Und bringt uns weiter.

Aber was ist, wenn wir einfach keine Erleichterung spüren? Wenn uns womöglich bittere Schuldgefühle immer weiter umtreiben? Wenn sie uns vielleicht sogar krank machen?

Einige Menschen müssen sich ja mit schweren Schuldgefühlen herumschlagen. Weil sie tatsächlich Schlimmes angerichtet haben. Ihnen reicht es dann nicht, Gott um Vergebung zu bitten. Angesichts ihrer schweren Schuld trauen sie Gott nicht zu, dass er ihnen vergibt.

Und manchmal will sich ein schuldbeladener Mensch auch selbst bestrafen. Deshalb hält er an seiner Schuld fest. Er will sie immer weiter tragen. Er will – von ihr niedergedrückt – nur noch als großer Büßer durchs Leben kriechen. Das Fatale daran ist: Lässt er sich seine Schuld nicht vergeben, macht er sich zusätzlich schuldig: Denn Gott will doch, dass er sich und sein Potenzial entfaltet. Doch wenn er an seiner Schuld festhält, torpediert er das!

Was tun? Innere Bilder können erst einmal eigene Schuld sichtbar und ihre Schwere einschätzbar machen. Danach können sie auch noch helfen, diese Schuld zu bereinigen – sofern man das wirklich möchte. Und solltest du, liebe Leserin oder lieber Leser, vielleicht ebenfalls mit großer oder hartnäckiger Schuld leben, ist dies vielleicht ein Weg für dich:

Du bittest erst einmal den Jesus herbei. Denn bei Vergebung ist er besonders hilfreich. Er möchte bitte als liebevolle Gestalt zu dir kommen. Und wenn er da ist, gehst du in dich: Du schaust, wo in deinem Körper dein Schuldgefühl und deine Schuld sitzen. Hast du die Stelle, schaust du, welche Farbe deine Schuld hat. Welche Form sie hat. Welche Schwere sie hat. Und ob du sonst noch etwas siehst.

Nun fragst du den Jesus, was er zu dieser Schuld sagt. Oder was Gott dazu meint. Und ob dir diese Schuld vergeben werden kann. Wenn ja, bittest du darum, dass das nun geschieht. Und dafür möchte der Jesus bitte seine Hand auf deine Schuld legen. Dann schaust du nur noch zu, wie die Schuld unter dieser Hand kleiner wird und ganz verschwindet.

Vielleicht allerdings knüpft der Jesus die Vergebung an eine Bedingung. Das ist nicht ganz ausgeschlossen. Dann ist diese Bedingung noch zu erfüllen. Aber das ist eher die Ausnahme.

Ansonsten: Manchmal gibt es unberechtigte Schuldgefühle. Sie sind von der Situation her einfach nicht angemessen. Aber man wird sie nicht los. Auch für solche nur vermeintliche Schuld kann man Gott um Vergebung bitten. Und er wird vergeben.

Doch noch besser ist: Man denkt schon vorher rechtzeitig um. Und man lässt unangemessene Schuldgefühle gar nicht erst zu. Man verweigert sich ihnen grundsätzlich.

Ein Beispiel dazu von mir selbst: Ein mir nahe stehender Mensch meinte, er hätte Anspruch auf Zuwendung von mir. Und zwar auf sehr viel. Ich fand diesen Anspruch absolut berechtigt. Doch auch bei bestem Willen konnte ich nicht so viel geben. Ich fühlte mich schuldig. Und war deshalb sogar immer wieder krank. Schließlich wurde mir klar: Ich konnte doch überhaupt nicht mehr leisten. Der Anspruch war unberechtigt! Und zudem nützte meine Krankheit niemandem – eher im Gegenteil. Als ich dann endlich umdachte, entschwanden alle Krankheitssymptome. Und sie sind auch nicht wieder aufgetaucht.

❇ ❇ ❇

Ganz anders ist die Situation, wenn wir nicht Täter sind, sondern unschuldig zum Opfer geworden sind. Wenn uns selbst etwas angetan wurde. Dann ist nicht das Thema, Vergebung zu erhalten, sondern Vergebung zu geben. Und das ist manchmal ein ausgesprochen heikles und anspruchsvolles Kapitel!

Im Vaterunser lautet eine Bitte an Gott: Vergib uns unsere Schuld so, wie wir auch unseren Schuldnern vergeben. Der erste Teil davon ist leicht zu beten und zu bitten. Denn Gott ist ja bekannt für freundliche Annahme von Bitten um Vergebung. Dagegen ist aber der zweite Teil brisant.

Werden wir unschuldig verletzt oder geschädigt, werden wir also Opfer, schreit etwas in uns auf. Wir haben ein tief sitzendes Gerechtigkeitsgefühl. Und das schreit nun nach Wiedergutmachung. Manchmal sehr laut. Zudem sind wir so gebaut, dass wir uns gegen elementare Einschränkungen unserer Existenz wehren. Ja, wehren müssen – mit aller Energie. Unser tiefes Bedürfnis nach Entfaltung will das so. Doch eine größere Schädigung wirft uns darin heftig zurück. Und deshalb strampeln wir nun mit aller Macht.

Am besten ist dann, wenn der Schädiger uns tatsächlich Wiedergutmachung leisten kann – in welcher Form auch immer. Doch so manches ist nicht wiedergutzumachen. Dann passiert es jedem von uns: Unser Gerechtigkeitsempfinden will unbedingt sehen, wie der Schädiger selbst einen Schaden erleidet. Zur Kompensation für unser Leiden soll er auch leiden. Das Rachebedürfnis klopft bei uns an.

Das Problem ist nur: Schlägt ein Opfer zurück und schädigt den Schädiger, kann damit eine Abwärtsspirale in Gang kommen: Denn nun leidet auch die andere Seite. Also der Schädiger. Und der schlägt seinerseits wieder zurück. Wird dann solch eine Spirale nicht schnell unterbrochen, geht es allen Beteiligten immer schlechter. Alle werden immer mehr geschädigt. Allerschlimmstenfalls gibt es wie bei der Blutrache Tote auf allen Seiten.

Und ein zweites Problem ist: Ist das Bedürfnis nach Rache nicht schnell zu befriedigen – warum auch immer –, kann sich der Drang danach im Menschen festsetzen. Ja, geradezu festbeißen. In Form von Hass und Groll. Dann ist ein ständiger Trieb da, den oder die Schädiger zu schädigen. Doch dieser Trieb wird unentwegt ausgebremst. Von der Vernunft oder von den Umständen. Er kommt einfach nicht zum Zug. Und das kann sehr unzufrieden, aggressiv und sogar krank machen.

Genau da nun kommt die Vergebung ins Spiel: Sie verzichtet auf Wiedergutmachung. Ebenso auf schädigende Rache. Sie ist eine fantastische Möglichkeit, aus einer ruinösen Schädigungsspirale auszusteigen. Oder sie gleich von vornherein zu verhindern.

Allerdings kostet Vergebung. Sie ist nicht umsonst zu haben. Sie braucht oft sehr viel Überwindung. Man muss sie sich manchmal geradezu abringen. Denn der Kern ist ja: Man akzeptiert einen persönlichen Schaden oder gar größeres Leid. Und man bekommt dafür keinerlei Wiedergutmachung oder andere Kompensation. Man steht erst einmal mit leeren Händen da.

Vergebung ist grundsätzlich ein bewusster willentlicher Akt. Nur so kann dem inneren Schrei nach Schadensausgleich oder Vergeltung Einhalt geboten werden. Und dieser Schrei verstummt auch nicht immer gleich. Selbst wenn der Wille klar die Führung übernimmt, kann es manchmal noch lange dauern, bis die Trauer über Erlittenes und Verlorenes nachlässt. Und bis der innere Schrei endlich verklingt.

Trotzdem lohnt sich Vergebung. Sogar sehr. Sie entlastet den geschädigten Menschen. Er muss sich nicht weiter mit Rache, Hass und Groll herumschlagen. Er kann Ballast abwerfen. Er wird die Unruhe in sich los. Und seine Trauer über den Verlust vergeht schneller. Zwar trägt der Mensch den Schaden weiterhin. Aber dieser Schaden raubt ihm jetzt – wenn es gut läuft – nicht noch weiter Schlaf und Kraft. Er kann also Frieden finden.

Ich möchte gern ein inneres Bild zur Vergebung bekommen. Und ich sehe dann dies:

> Der große Engel holt mich ab und fliegt mit mir auf eine blühende Wiese. Bei genauerem Hinsehen stehen wir auf einer grasbewachsenen Felsnase am Rande eines Abgrunds. Der Engel sagt, ich solle springen. Ich verstehe nicht wozu. Aber nach kurzem Innehalten springe ich. Erst geht es steil abwärts, dann breite ich meine Arme wie Flügel aus, und sie fangen mich ab und tragen mich mit viel Schwung wieder nach oben. Ich lande

auf einer anderen blühenden Wiese. Sie liegt genauso hoch wie die, von der ich abgesprungen bin.

Das Bild ist für mich erst einmal rätselhaft. Aber ich denke dann, es zeigt: Der Lebensweg hat hier einen Menschen an einen Abgrund geführt. Da stürzt er ab, kann sich aber schließlich fangen, wieder hochkommen und am Ende auf einer neuen Wiese seinen Lebensweg normal fortsetzen.

Der Abgrund steht dabei offenbar für einen schweren Schaden, der dem Menschen zugefügt wird. Dieser Schaden wirft ihn zunächst aus der Bahn und lässt ihn abstürzen. Dann aber breitet der Mensch seine Arme aus. Das ist der Moment, indem der Mensch das ihm Widerfahrene mit offenen Armen annimmt. Und in dem er sich zur Vergebung entschließt.

Dieser Entschluss zur Vergebung kann einige Kraft kosten. Oft ist zuerst ein inneres Ich-kann-nicht! zu überwinden. Zumal in diesem Moment gar nicht klar ist, ob die Vergebung wirklich wieder Boden unter die Füße bringt. Doch dann führt sie – dem Bild nach – eben nicht weiter ins Desaster. Sie beginnt zu tragen. Sie hilft den Abgrund des Erlittenen zu überwinden. Es geht wieder aufwärts. Und schließlich kann der Lebensweg auf neuem und gutem Grund fortgesetzt werden. Der Abgrund ist nun zwar nicht vergessen, aber er ist überwunden.

Nagt vielleicht auch etwas an dir, liebe Leserin oder lieber Leser? Gibt es eine bestimmte Schuld, die du eigentlich jemandem vergeben solltest? Doch du weißt einfach nicht, wie du das schaffen kannst?

Dann kannst du Gott bitten, dich innerlich aufzuweichen und dir Vergebung möglich zu machen. Vielleicht reicht das schon. Besonders, wenn du Gott wiederholt darum bittest.

Genügt das aber nicht, kannst du es mit einem inneren Bild versuchen. Es ähnelt dem für die Befreiung von Schuldgefühlen:

> *Du bittest erst einmal den Jesus zu dir zu kommen. Wenn er da ist, gehst du in dich und schaust: Wo in deinem Körper sitzt der Widerstand gegen die Vergebung? Hast du dann den Ort, schaust du, welche Farbe der Widerstand dort hat. Und welche Form er hat. Und siehst du das, bittest du den Jesus: Er möge bitte seine Hand auf den Widerstand legen. Nun schaust du nur noch zu, wie der Widerstand unter dieser Hand kleiner wird und vielleicht ganz verschwindet.*

Danach sollte dir Vergebung möglich sein. Schieb sie aber bitte nicht vor dir her! Sondern bring diesen Schritt gleich mit hinter dich. Sei tapfer!

Wenn du willst, kannst du dann diese Vergebung ebenfalls mit Hilfe eines inneren Bildes vornehmen – am besten im Beisein des Jesus als Zeugen:

> *Du stellst dir erst einmal den Menschen vor, der dich geschädigt hat. Und zwar einigermaßen deutlich. Sag dann innerlich zu ihm: Ich vergebe dir! Noch besser ist, wenn du das richtig laut sagst. Und schau, was dann im inneren Bild mit dem Menschen geschieht. Will er deine Vergebung nicht annehmen, kann dir der Jesus zu Hilfe kommen. Vielleicht bringt er den Menschen doch noch zur Annahme. Und falls nicht: Du jedenfalls hast dich selbst überwunden. Und den Rest darfst du dann einfach dem Jesus und Gott überlassen.*

Vielleicht aber kannst oder willst du den Schädiger innerlich nicht sehen. Das ist auch ok. Dann sagst du nur irgendwie in seine Richtung: Ich vergebe dir! Oder du schreibst ihm eine Art Brief und vergibst ihm schriftlich. (Den Brief schickst du natürlich nicht ab.)

Wie schon gesagt: Dieser willentliche Schritt ist nur der Anfang. Der innere Drang nach Vergeltung braucht danach vielleicht noch einige Zeit, um zu vergehen. Und auch die Trauer wegen des Erlittenen und um das Verlorene lässt oft nur langsam nach.

❋ ❋ ❋

Aber jetzt noch ein ganz spezielles Kapitel zum Thema Vergebung: Es kann auch nötig sein, Gott zu vergeben – ja! Das mag dich überraschen. Denn Gott ist doch sonst der große Vergebende. Und nun gerade ihm Vergebung zusprechen?

Dagegen sträubt sich zunächst einiges. Oder alles. Es kann auf den ersten Blick geradezu absurd erscheinen, Gott zu vergeben. Doch es kann wirklich nötig und hilfreich sein.

Der Grund: Das Leben ist oft kein Zuckerschlecken. Gott mutet uns oft eine mühsame und manchmal leidvolle irdische Existenz zu. Doch hat er uns überhaupt gefragt, bevor er uns in solch ein Leben hineinschickte? Hat er uns um Erlaubnis dafür gebeten? Nein!

Viele Menschen laufen deshalb mit Erwartungen gegen Gott herum. Bewusst oder unbewusst. Sie meinen: Wenn sie schon dieses Leben aushalten müssen, das Gott ihnen zugeteilt hat, dann soll er ihnen auch gefälligst dabei helfen. Sie denken: Gott sei ihnen gegenüber in der Pflicht. Er sei ihnen etwas schuldig. Und sie machen ihm dann vielleicht auch noch Vorwürfe, dass er nicht hilft.

Ich kann diese Menschen verstehen. Besonders wenn das Leben für sie ein großes Jammertal ist. Und ich denke meinerseits auch: Ja, Gott ist ihnen etwas schuldig! Und selbst Gott denkt so. Da bin ich mir ganz sicher!

Zugleich denke ich: Gott wird auch liefern. Er wird die Menschen nicht im Regen stehen lassen. Allerdings krempelt er nicht schlagartig ihre Situation um. Er hat Zeit. Und er gibt ihnen auch gern Gelegenheit, selbst noch etwas zu ändern. Damit sie stolz auf ihre eigene Leistung sein können. Doch auf längere Zeit gesehen hilft Gott ihnen unbedingt!

Es bringt einfach nichts, Gott Vorwürfe zu machen. Denn gut Ding braucht Weile. Und vorzeitige Vorwürfe machen nur verspannt und verkrampft. Man fixiert sich dabei allzu leicht auf das, was tatsächlich fehlt oder wirklich jämmerlich ist. Damit wird aber alles eher noch schlimmer als besser. Und beleidigter Trotz bringt schon gar nichts!

Und Gott? Der ist ausgesprochen verständnisvoll. Und ziemlich pragmatisch. Er ist auch überhaupt nicht rechthaberisch. Wenn Vorwürfe gegen ihn laut werden, dann ist er bereit, seinerseits um Vergebung zu bitten. Für alles, was er einem Menschen bisher zugemutet hat. Oder was er ihm noch in Zukunft zumuten wird.

Ist solch eine Bitte Gottes um Vergebung vielleicht das, was du gerade brauchst, liebe Leserin oder lieber Leser? Es kann ja sein, dass gerade in dir ein leiser Aufstand gegen Gott tobt. Oder dass du ihm bittere Vorwürfe machst. Letztlich bleibt ja kaum ein Mensch von dem einen oder anderen vorwurfsvollen Gedanken gegen Gott verschont.

Wäre dir also im Moment damit zu helfen, dass Gott dich um Vergebung bittet? Falls ja, ist gleich die nächste Frage: Bist du denn tatsächlich bereit, Gott zu vergeben? Und nimmst du dann auch seine Bitte um Vergebung an?

Wenn du das bejahst, kannst du so vorgehen:

> *Du spürst erst einmal in dich hinein und prüfst: Was würde es mit dir machen, wenn Gott dich um Vergebung bitten würde. Würde dich das nur irritieren? Oder könnte dir das richtig gut tun?*
>
> *Wenn es dir gut tun würde: Dann bittet dich Gott jetzt von sich aus um Vergebung! In diesem Moment. Für alles, was er dir auferlegt hat und noch zumutet. Und du solltest diese Bitte Gottes um Vergebung auch irgendwie sofort fühlen, hören oder sehen. Sei gerade ganz weit offen dafür! Und wenn seine Bitte bei dir ankommt, dann sagst du leise oder laut zu Gott: Ich vergebe dir! Oder du gibst ihm das sogar schriftlich.*

Es kann dich wirklich entlasten, Gott zu verzeihen. Ich habe das selbst in einer harten Zeit erlebt. In einem inneren Bild hat mir Gott seine Hand hingehalten und um Vergebung für alles Schwere in meinem Leben gebeten. Ich habe eingeschlagen und ihm meine Vergebung ausgesprochen. Es fühlte sich richtig gut und befreiend an.

Indem du Gott vergibst, nimmst du ganz bewusst dein Leben an – mit allen dir auferlegten Herausforderungen. Das ist dann kein passives Aushalten mehr wie vielleicht bisher. Sondern es ist aktive Zustimmung und Bejahung. Und das ändert das Lebensgefühl. Das kann sich sogar wie ein Stück Erlösung anfühlen.

Beziehungen bessern und heilen

Menschen mit guten Beziehungen sind glücklicher als andere mit schlechten Beziehungen. Das zeigen Untersuchungen. Der Mensch ist eben ein Beziehungswesen. Will er sich nun in seinem Leben besser fühlen, können manchmal gerade Beziehungen ein wichtiger Ansatzpunkt sein.

Allerdings ist das schon ein weites Feld. Denn es gibt die Beziehungen innerhalb der Familie. Es gibt die Beziehungen am Arbeitsplatz. Oder die in der Freizeit. Und müssen die nicht alle unterschiedlich gesehen und behandelt werden? Oder gibt es einen gemeinsamen Ansatz?

Ich gehe gleich in ein inneres Bild:

> Ein großer Engel kommt. Er nimmt mich mitten hinein in eine Menschenmenge. Da sehe ich, wie von einem Mann alle anderen abrücken. Er steht schnell allein da. Und die anderen bilden einen Ring um ihn herum. Sie gaffen ihn an und wirken fast feindselig. Der Engel fragt mich: Wie kann er nun die Situation ändern? Ich weiß es nicht. Der Engel geht zu ihm hin und gibt ihm drei kostbare Goldkugeln in die Hand. Die soll er den Umstehenden zuwerfen. Er tut es. Sofort ändert sich die Situation. Der Mann wird nun für alle interessant. Ihre Mienen hellen sich auf, und sie rücken erwartungsvoll näher.
>
> Alle wollen nun Goldkugeln haben. Aber der Mann in der Mitte hat keine mehr. Der Engel ruft ihm zu: Du bekommst später mehr. Und der Mann gibt das so an die anderen weiter: Er hätte eine Quelle, die ihm später

noch mehr geben würde. Nach einiger Zeit beginnt die Menge sich aufzulösen und abzuziehen. Aber etliche Menschen bleiben in der Nähe des Mannes und hoffen darauf, dass sie auch noch Goldkugeln bekommen.

Es ist offenkundig: Wer anderen etwas Kostbares zu geben hat, steigt in der Achtung. Und auch wenn nicht sofort alle Menschen davon profitieren: Es wirkt anziehend, wenn jemand überhaupt etwas Besonderes zu geben hat. Ob nun gleich oder später.

Das gilt hier im inneren Bild offenbar gegenüber einem Fremden. Aber erfahrungsgemäß ist das durchaus auf Kollegen, Bekannte und Freunde übertragbar. Und letztlich trifft das auch auf die Familie zu.

Die Frage ist nur: Wofür stehen die Goldkugeln im inneren Bild? Sie sind ohne Zweifel eine nicht alltägliche Zuwendung. Und damit geht es nun darum: Was kann ein Mensch haben, das nicht so alltäglich ist? Und das andere als wertvoll ansehen und gern geschenkt bekommen?

Ich denke: Hier geht es nicht um Materielles. Sondern um etwas, über das jeder Mensch – zumindest theoretisch – verfügen kann. Und das ist: Lächeln. Loben. Mitfühlen. Mitdenken. Offenheit.

Nun kann man sich anstrengen und sich mehr Lächeln und Loben zulegen. Oder mehr Mitfühlen und Mitdenken. Man kann sich mühen, das eigene Verhalten in Richtung Offenheit zu lenken. Das ist eine Möglichkeit. Und sie ist durchaus empfehlenswert und häufiger hilfreich.

Aber es gibt noch einen elegantere Möglichkeit. Und sie ist auch durchschlagender. Da setzen wir nicht bei unserem Tun an, sondern bei unserem Sehen. Genauer: Bei unserer inneren Wahrnehmung von anderen Menschen. Denn wenn es uns gelingt, diese Menschen deutlich positiver zu sehen als bisher, gehen wir anders auf sie zu. Und wir gehen anders mit ihnen um. Wir werden automatisch ein Stück offener und freundlicher. Und wir schenken ihnen mehr Beachtung und Wertschätzung. Das entspricht dann den Goldkugeln im inneren Bild.

Häufiger erschwert uns eigentlich nur ein einziger Mensch das Leben. Und der hat womöglich auch noch eine Schlüsselrolle. Er ist dann für uns der Kern wesentlicher Probleme.

Bist du vielleicht gerade in solch einer Situation, liebe Leserin oder lieber Leser? Wenn du dein Verhältnis zu solch einem Menschen deutlich verbessern möchtest, kann das so gehen:

> **Einzelmensch:** *Du siehst diesen Menschen innerlich vor dir. Er wirkt vielleicht auf dich richtig unangenehm. Nun bittest du warmes, gutes, göttliches Licht herbei. Es soll diesen Menschen rundum einhüllen. Und es soll an ihm arbeiten. Du siehst nun, wie das Licht um ihn herumwabert. Und wie es den Menschen verändert. Dann verzieht sich das Licht wieder. Und der Mensch ist nun zu einer lichten Gestalt geworden.*

Dein Bild von dem Menschen ändert sich damit. Er wird jetzt in deinem Inneren als lichtvoll abgespeichert. Du siehst ihn nun eher so, wie er von Gott gemeint ist. Und wie er vielleicht auch werden kann – zumindest auf längere Zeit gesehen.

Versuch dann bitte, etwas von diesem lichten Bild in dir zu halten. Wenn dir das gelingt, gehst du ab sofort freundlicher auf den Menschen zu. Das ist dann sozusagen deine Goldkugel, die du ihm schenkst. Und als Reaktion darauf kann der Mensch seinerseits deutlich freundlicher zu dir werden. Damit ändert sich eure gesamte Beziehung.

Vielleicht reicht aber das beschriebene innere Bild noch nicht. Du hast mit dem Menschen einen stärkeren Konflikt. Dann lässt sich das innere Bild noch fortführen und steigern:

> *Du bittest jetzt den Jesus herbei. Und der soll sich möglichst neben den anderen Menschen stellen. Nun schilderst du dem Jesus deinen Konflikt. Und wie der andere Mensch dich belästigt, verletzt oder in sonstiger Weise das Leben schwer macht. Der Jesus soll nun den anderen bitten, dazu Stellung zu nehmen.*

Vielleicht erfährst du jetzt, wie der andere Menschen den Konflikt erlebt. Vielleicht trägt er Gründe vor, die dir neu sind. Oder die dir verständlich erscheinen. Und womöglich entschuldigt er sich bei dir. Dann siehst du ihn auch positiver.

Doch vielleicht beharrt der andere Mensch im inneren Bild hartnäckig auf einer unverschämten Position. Oder er hat nur Vorwürfe gegen dich. Dann kannst du eventuell erleben, wie der Jesus ihn zusammenstaucht und klein macht. So klein, dass du fast schon Mitleid mit ihm kriegen könntest. Damit geht es dir dann ebenfalls besser mit dem Menschen: Denn er wirkt nun zum Beispiel nicht mehr übermächtig. Und du bekommst zudem ein Stück Genugtuung.

Die beschriebenen Schritte kannst du noch auf folgende Weise unterstützen:

> *Du machst dir selbst klar, welche positiven Seiten der andere Mensch hat. Und du bemühst dich, diese Seiten stärker an ihm wahrzunehmen.*

Du versuchst dem anderen Menschen zu vergeben, was er dir vielleicht bisher angetan hat. Und du bittest Gott, diesen deinen Schritt zu segnen.

Du versuchst wahrzunehmen, was den anderen Menschen vielleicht belastet und ihn unangenehm macht: Etwa seine schwierige Lebenssituation. Oder schlimme Lebenserfahrungen.

Du gehst in dich und wünschst dem anderen Menschen von Herzen alles Gute. Und du segnest ihn vielleicht auch noch.

Du bringst dich vor einer Begegnung mit dem anderen Menschen in möglichst gute Laune. Dann steckst du leichter Unangenehmes weg, und du strahlst trotzdem lächelnde Freundlichkeit aus. Das wirkt oft.

Entscheidend ist dabei immer dein ernsthafter Wille: Du solltest wirklich die gesamte Beziehung zum anderen Menschen verbessern wollen. Also nicht die Absicht haben, ihn für deine Zwecke zu manipulieren. Nur dann bekommst du himmlische Unterstützung. Und verschenkst wirklich eine Goldkugel.

Nun kann es allerdings sein, dass du nicht mit einem Einzelmenschen ein Problem hast. Sondern gleich mit einer Vielzahl von Menschen. Das sind dann etwa Menschen, denen du in einer Versammlung, Einrichtung oder Organisation begegnest. Und du möchtest ein möglichst freundliches Verhältnis zu ihnen gewinnen. Dann kannst du Folgendes tun:

Versammlung oder Organisation: *Du siehst innerlich die Versammlung, Einrichtung oder Organisation samt ihren vielen Menschen vor dir. Dann bittest du warmes, gutes, göttliches Licht herbei. Es soll die Men-*

schen rundum einhüllen. Du siehst, wie das Licht um sie herumwabert und arbeitet. Dann verzieht sich das Licht. Und die Menschen sind nun licht geworden.

Du gehst zudem in dich und bemühst dich, den Menschen von Herzen alles Gute zu wünschen. Du segnest sie auch noch innerlich.

Unmittelbar vor einer Begegnung mit den Menschen bringst du dich selbst in möglichst gute Laune. Dann steckst du nicht nur besser Unangenehmes weg, sondern strahlst auch lächelnde Freundlichkeit aus.

Die Dinge, um die es in Versammlungen, Einrichtungen und Organisationen geht, haben meist einen sachlichen Kern. Aber es kommt auch auf die Atmosphäre an, in der dieser Kern verhandelt wird. Der Erfolg kann weithin davon abhängen.

Bemühst du dich nun, zu einer guten Atmosphäre beizutragen, machst du dich sehr verdient. Die Menschen spüren das auch. Prompt schenken sie dir einiges zurück: Sie lächeln etwa. Loben dich. Oder nehmen gern einiges von dir an. Und du gehst dann zufrieden oder sogar glücklich nach Haus.

Himmlischer heilsamer Sex

Ohne Sex gibt es keinen Fortbestand der Menschheit – zumindest bislang. Insoweit ist Sex die Basis allen Menschseins. Und deshalb hat dieser Teil menschlichen Verhaltens auch die Aufmerksamkeit verdient, die ihm allenthalben gezollt wird.

Doch zunächst habe ich gezögert. Das Thema Sex auch in diesem Buch? Aber Gott hat mich wissen lassen: Sex ist ein genuin göttliches Thema. Sex ist elementar schöpferisch und gehört ausreichend gewürdigt. Da muss einfach Platz für dieses Thema sein.

Und warum das Thema hier im Buchteil „Heil werden"? Weil Sex – in angemessener Weise praktiziert – auf Körper und Seele heilsam wirken kann. Und auch zum Jungbrunnen werden kann.

Sex wird allerdings häufig nur als Konsumgut behandelt. Manchmal wird damit sogar regelrecht Schindluder getrieben. Mal ganz zu schweigen von ausgesprochenem Missbrauch, der traumatisiert und ernsthaft krank macht. Dann kann Sex sogar eins der größten Übel sein.

Doch ebenso kann Sex zu einer köstlichen Freudenquelle werden. Und er kann auch zu einer Begegnung mit Gott führen. Also immer ran? Ja! Allerdings manchmal nicht ganz ohne Vorüberlegung und etwas Freudenplanung.

Grundsätzlich gibt es für mich beim Sex keine Tabus – soweit er wirklich mit „guter" Liebe einhergeht. Das heißt: Sex sollte rücksichtsvoll, förderlich und mindestens einigermaßen lustvoll sein. Beteiligte sollten davon profitieren und nicht geschädigt werden. Dafür gilt es, auf das eigene Gespür und Gewissen zu achten. Da darf es nicht haken. Da muss freudige Klarheit herrschen.

Nicht viel halte ich dabei von so manchen moralischen oder religiösen Geboten. Sie sind oft allzu pauschal und lebensfern. Gott ist zunächst immer ein Freund der Freude. Und es ist geradezu ungöttlich, den Menschen ein freuden- und freiheitsraubendes Korsett aufdrängen zu wollen. Soweit sie verantwortlich handeln können, ist ihnen vielmehr Eigenverantwortung zuzutrauen und zuzumuten.

Im Übrigen: Wir Menschen sind schnell mit Etiketten wie „gut" oder „schlecht" bei der Hand. Bei Pflanzen und Tieren sind wir beglückt von allem Ungewöhnlichem und Seltenen. Und wir staunen über Gottes ausgesprochen kreative Schöpfung. Aber bei unserer eigenen Spezies, also dem Menschen, fehlt uns der Abstand. Da zensieren wir. Und wir verurteilen allzu leicht das Abweichende – gerade auch bei sexuellen Orientierungen oder Praktiken. Damit verstoßen wir heftig gegen Gottes Liebe selbst zu den abwegigsten Ausprägungen seiner Schöpfung.

Die Frage ist zudem: Liebt Gott einen Menschen nur biologisch – also nur seinen Körper? Die Antwort ist da ein heftiges Nein! An erster Stelle liebt Gott das Wesen eines Menschen! Er liebt dessen Seele. Aber beim Sex entscheiden viele Menschen allein nach biologischen Kriterien, was ihnen vertretbar erscheint und was nicht. Und was sie folglich anderen erlauben oder verbieten wollen. Eigentlich wäre das lachhaft, wären nur nicht die Konsequenzen so schlimm.

Jetzt aber erst einmal ein inneres Bild!

> Ein Engel kommt und zeigt mir ein Paar, das zunächst nebeneinander liegt. Als sie dann sexuell aktiv werden, entdecke ich: Die beiden Gestalten sind nur gut animierte, ausgesprochen menschenähnliche Puppen! Und ihre Vorführung demonstriert, wie mechanisch Sex zwischen Menschen aussehen und ablaufen kann.

Will mir der Engel ein abschreckendes Beispiel vorführen? So etwas! Aber nein, es ist wohl eher ein verblüffender Kommentar. Denn solch liebloser und lustloser Sex ist für die Hüter der Moral absolut erlaubt. Dagegen soll Sex zwischen angeblich biologisch abartigen Partnern, die sich aber wirklich innig lieben, ein Sakrileg sein – also von Gott missbilligt oder gar verdammt. Solche Hüter haben einfach keine Ahnung von Gottes großem Herzen!

❊ ❊ ❊

Nun aber weg von solchem Unwesen! Jetzt soll es wirklich liebevoll zur Sache gehen. Und ich bitte dafür den Jesus herbei:

> Er führt mich zu einer geräumigen Holzhütte im Wald. Von draußen sehe ich: Drinnen sitzen sich Mann und Frau mit einigem Abstand gegenüber. Nackt. Sie unterhalten sich angeregt. Man sieht, wie sehr sie sich zugetan sind. Dann gehen sie aufeinander zu und umarmen sich ganz eng und lange. Nun fasst mich der Jesus am Arm und zieht mich von der Hütte weg mit der Bemerkung: Jetzt sind wir dezent!

Hier geht es erst einmal um das Vorfeld von Sex. Die beiden in der Hütte vergewissern sich zunächst ihrer Liebe. Und sie frischen sie auf. Genau das ist offenbar von göttlicher Seite her gewünscht: Zunächst einmal ausreichende Wahrnehmung des anderen. Und viel innige Zuwendung.

Danach kommt auch das andere zum Zug: das Biologische und Animalische. Wenn die Liebe aufgefrischt ist, ist die Zeit dafür da: Nun wird sich dem Sex hingegeben. Möglichst lustvoll. Dabei vielleicht sehr achtsam. Oder auch wild und tobend. Aber immer noch mit liebevollem Eingehen auf das Bedürfnis des jeweils anderen.

Nun kann sich Gott ja viel wünschen im Bereich der Sexualität. Die Frage ist nur: Unterstützt er denn auch die Menschen dabei – gerade was die innere Zuwendung und Liebe angeht?

Bietet er da Hilfen an? Ich meine ja. Und da ist so manches denkbar.

Ich habe mal zusammengestellt, was mir dazu einfällt. Und das soll möglichst niemanden überfordern. Du schaust dir also – bei Bedarf – am besten locker an, liebe Leserin oder lieber Leser, ob etwas Besonders daraus für dich hervorsticht. Und ob du Lust zum Ausprobieren hast. Ein anderes Mal reizt dich dann vielleicht etwas anderes.

Eine erste Möglichkeit ist bereits als hilfreich bekannt:

Eine längere innige Umarmung ist ein wunderbarer Auftakt. Sie sollte mindestens eine Minute dauern. Egal ob in Kleidern oder ohne.

Solche Umarmungen werden schon für Alltagssituationen empfohlen. Dadurch wächst die liebevolle Verbindung zwischen zwei Menschen. Zumindest wird sie in angenehmer Weise aufrechterhalten.

Eine andere – schon früher beschriebene – Möglichkeit habe ich so abgewandelt, dass sie nun ins Vorfeld der sexuellen Begegnung passt. Sie soll die Situation lockern und helfen, liebevolle innere Nähe aufzubauen:

Liebesstecken: *Du stellst dir vor, dass du einen leichten Liebesstecken in der Hand hältst. Er ist vielleicht einen Meter lang. Und das Besondere an ihm ist: Er ist mit göttlicher Liebe und Kraft geladen – besonders ganz vorn. Wenn du mit diesem Stecken deinen Partner oder deine Partnerin antippst, siehst du den jeweils anderen gleich in wärmerem Licht. Du blickst nun liebevoller auf ihn, fühlst dich ihm näher, wirst noch mehr zu ihm hingezogen.*

Du kannst auch gezielt einzelne Körperteile beim anderen antippen – etwa Kopf, Schulter, Hand usw. Du schaust dann, was dir Liebevolles zu diesem Körperteil in den Sinn kommt. Und das teilst du vielleicht auch noch dem anderen Menschen mit.

Verwende den Liebesstecken möglichst leicht und spielerisch – das erhöht den Reiz. Und natürlich können ihn auch beide Seiten anwenden. Ebenso leicht und spielerisch solltest du mit der nächsten Möglichkeit umgehen:

Licht ins Herz: *Du umfasst deinen Partner oder deine Partnerin leicht am linken Oberarm. Dann stellst du dir vor, dass sich göttliches Licht und göttliche Wärme unter deiner Hand im Oberarm entwickeln. Sie füllen den Arm immer mehr aus und steigen hinauf bis zur Schulter. Von da aus geht es wieder abwärts bis zum Herzen. Und das Herz wird dann ganz von Licht und Wärme eingehüllt und geflutet.*

Vom anderen Menschen lässt du dir dabei immer wieder berichten, ob er seinerseits im Oberarm Licht und Wärme sieht und spürt. Und wenn ja, wie gut dann beides bei ihm bis zum Herzen vorankommt. Danach wird gewechselt und der andere ist dran. Oder ihr macht das gleichzeitig und gemeinsam.

Das Ergebnis sollte immer sein, dass sich Gefühle von Nähe und Liebe verstärken.

Einen Schritt weiter geht die nächste Möglichkeit. Du gibst dabei deinen eigenen Willen ein gutes Stück auf:

Göttliche Hand: *Du stellst dir vor, dass deine Hand göttlich gesteuert wird. Vielleicht führt sie unsichtbar ein Engel. Oder vielleicht weiß die Hand von sich aus,* *was sie aus göttlicher Sicht tun soll. Zugleich stellst du sie dir als sehr lichtvoll und warm vor. Mit dieser Hand streichst du sanft über den Körper deines Partners oder deiner Partnerin. Aber nicht allzu eckig, sondern mehr in runden und eleganten Bewegungen.*

So weit die Anregungen zum Vorfeld der sexuellen Begegnung.

Und jetzt kommen wir zum Zentrum des Geschehens. Ich möchte zunächst dazu ein inneres Bild erhalten. Und ich erwarte darin menschliche Aktion und Bewegung. Aber nichts da! Das Gegenteil ist der Fall:

> Der Jesus führt mich noch einmal zu der Holzhütte im Wald. Ein paar Schritte davor sehe ich, wie Licht über der Hütte nach oben austritt. Es bildet sich ein Lichtkanal zum Himmel. Und darin kommen Engel heruntergeschwebt und verschwinden in der Hütte. Der Jesus wartet erst einige Zeit, dann lässt er mich schließlich hineinschauen. Mann und Frau liegen da jetzt still aufeinander. Und die ganze Hütte ist erfüllt von warmem göttlichem Licht.
>
> Hat da etwa eine Zeugung stattgefunden? frage ich den Jesus neben mir. Er schüttelt den Kopf und sagt: Nein, keine Zeugung – biologisch. Aber Liebe hat da noch mehr Liebe gezeugt.

Die Liebe ist das Wesentliche an der unmittelbaren sexuellen Begegnung. Sie hat immer Vorrang. So verstehe ich den Kommentar des Jesus. Und sollte es dabei zu einer biologischen Zeugung kommen, dann sollte das nicht bloß ein sexueller Akt sein, sondern ein Liebesakt.

An dieser Stelle finde ich es an der Zeit, mich hier vom Wort „Sex" zu verabschieden. Das Wort beschreibt neutral bis ziemlich technisch einen biologischen Vorgang. Seine seelische und spirituelle Dimension wird dabei ausgeblendet. Der Vorgang verarmt damit zur Sparversion eines eigentlich komplexen Geschehens.

Und was setzen wir an seine Stelle? Zumindest das Wort „Liebesakt". Das Wort hat schon einen viel reicheren Klang! Allerdings schwingt immer noch etwas Technik mit. Also gehe ich einen Schritt weiter und ersetze zusätzlich den Wortteil „Akt" durch „Feier". Das Geschehen ist damit ab sofort eine „Liebesfeier". Das klingt nach feierlicher Freude und auch ein bisschen nach ausgelassenem Überschwang.

Klar: Das Wort „Feier" passt beileibe nicht auf alles, was so in Betten und anderswo geschieht. Wirklich nicht. Wenn der Sexualtrieb allein biologisch und animalisch bedient wird, geht es ja nicht unbedingt feierlich zu.

Was aber unterscheidet eine Liebesfeier davon? Eine gute Feier hat oft einen besonderen Anlass und einen höheren Sinn. Gerade dann kann sie das Herz weiten, Freude bringen oder gar zu einem erhebenden Erlebnis werden:

> Ein absolut klassischer höherer Sinn ist die Zeugung eines Kindes. Besonders wenn ein Paar Kinder liebt. Dann kann die Zeugung zu einer Liebesfeier werden.

> Auch äußere Ereignisse können einer Liebesfeier Sinn geben: Etwa ein Wiedersehen nach längerer Zeit, ein besonderer Erfolg als Paar, eine Heilung nach längerer Krankheit.

Eine Liebesfeier ist es auch, wenn das bewusste oder unbewusste Ziel ist, die Bindung zwischen den Partnern zu stärken: Dann geht es um gemeinsames Erlebnis und gemeinsame Lust. Man beschenkt sich gegenseitig mit dem Erlebnis.

Oder eine spontane Aufwallung von Liebe schreit geradezu nach körperlicher Umsetzung und weiterer Liebessteigerung. Dann wird einfach nur die Liebe gefeiert.

Die Freude bei einer Liebesfeier kann noch zunehmen, wenn Gott mit einbezogen wird:

Du bittest Gott vorher: Er möge die Liebesfeier segnen. Und du würdigst die Liebesfeier hinterher mit ausdrücklichem Dank an Gott.

Du siehst den sexuellen Akt bewusst als großes Geschenk Gottes. Und du genießt das göttliche Geschenk mit Achtsamkeit.

Und noch mehr ist möglich:

Heilige Körper: *Du machst dir bewusst, dass der gesamte Körper deines Partners oder deiner Partnerin etwas Göttliches ist. So wie er nun eben ist – mit allen Vorzügen und eventuellen Macken. Er ist Gottes Geschenk an dich. Du gehst sogar noch einen Schritt weiter und betrachtest ihn als etwas Heiliges. Diesen Gedanken überträgst du auch auf deinen eigenen Körper: Du fühlst dich jetzt selbst in einem heiligen Körper.*

Und wenn nun zwei heilige Körper beieinander sind, überlässt du den Körpern die Führung: Du gehst davon aus, dass göttliche Impulse sie so gut lenken, dass ihre Kommunikation und Begegnung miteinander zu einem Freudengipfel führt.

Du schaltest also die rationale Steuerung und deine Gedanken weitgehend aus. Du lässt einfach geschehen, was geschehen will. Ein solches Vorgehen ist auch gut durch innere Bilder zu begleiten und zu verstärken:

Liebeskulissen: *Du stellst dir innerlich vor, eure Liebesbegegnung geschieht unter einem weiten Himmel voll liebevollem göttlichem Licht. Vielleicht erhebt ihr euch dabei auch von der Erde und schwebt durch diesen Himmel.*

Womöglich steht auch über euch ein großes zärtliches göttliches Lächeln am Himmel. Und ihr seht oder spürt: Gott freut sich gerade an eurer Liebesfeier.

Oder es stimuliert euch, wenn ihr euch vorstellt, dass euch Engel bei eurer Liebesbegegnung neugierig zusehen.

❄ ❄ ❄

Grundsätzlich setzt eine starke Liebeserfahrung positive und heilende Kräfte frei. Das ist auch bei der Liebesfeier so. Auf der körperlichen Ebene wird dann der Stoffwechsel angeregt. Das Herz wird trainiert. Die Immunabwehr wird gestärkt. Und es kann so starke Entspannung eintreten, dass Stresssymptome reduziert oder ganz ausgelöscht werden. Das ist bekannt. Und das ist an sich schon heilsam.

Dazu kommt aber auch noch die seelische Ebene. Wenn eine intensive Liebesbegegnung geschieht, wirkt das auf kurze Sicht erhebend und beflügelnd. Die seelischen Kräfte nehmen zu. Das Lebensgefühl steigert sich. Die Weltsicht wird optimistischer. Und seelische Sperren und Fesseln können fallen. Die Dinge des Lebens lassen sich direkt danach leichter, begeisterter und erfolgreicher anpacken.

Und auf der spirituellen Ebene? Im letzten inneren Bild kommen Engel zu dem Paar heruntergeschwebt, das sich in Liebe vereint hat. Das weist darauf hin: Auch göttliche Liebe kann an einer Liebesfeier teilhaben und sie intensiver gestalten.

Der Jesus kommentiert das Geschehen zudem so: Liebe zeugt noch mehr Liebe. Und das heißt für mich: Es wird im inneren Bild kein Kind gezeugt, aber es können sich langfristig auch andere schöpferische Liebesfolgen einstellen! Statt biologischer Zeugung werden dauerhaft wirksame seelische oder spirituelle Entwicklungen angestoßen und angefacht.

Was kann da geschehen? Bekannt ist, dass sich Bindung und Liebe beim Akt verstärken können. Sonst aber fehlen mir Erfahrungsberichte. Doch ich bin sicher: Eine Liebesfeier kann sogar zu einer Art Neugeburt führen: Überholte Denk-, Fühl- und Verhaltensweisen beginnen zu verschwinden, und Neues bahnt sich seinen Weg.

Der Mensch tritt ja bei der Liebesfeier ein Stück aus sich heraus. Er kann dabei ekstatisch die normalen individuellen Grenzen überschreiten. Und damit kann er sich in besonderer Weise für den anderen Menschen öffnen. Aber nicht nur das. Es kann sich nun auch weit für sich selbst und für Gott öffnen. Bewusst oder unbewusst.

Und Gott kann nun korrigieren, erneuern und heilen, wo es bisher Defizite gab. Er kann sogar ganz neue Möglichkeiten erwecken. Bei entsprechendem gemeinsamem Wunsch der

Partner ruft Gott dann bei der Liebesfeier Potenziale und Fähigkeiten ins Leben, die vorher noch gar nicht vorhanden waren.

Ist das vielleicht interessant für dich, liebe Leserin oder lieber Leser? Dann gehst du so vor – beziehungsweise ihr tut das:

> **Seelische oder spirituelle Zeugung:** *Ihr besprecht und einigt euch vorher, was beim einen oder beim anderen neu werden soll. Dann stellt ihr euch lebhaft vor, dass dieses Neue bei der Liebesfeier beginnt. Ihr versucht, innerlich vor euch zu sehen, welche Veränderung bei euch eingeleitet wird. Oder was beim jeweils anderen Menschen geschehen wird. Und ihr bittet auch noch Gott ausdrücklich darum, euch dabei zu helfen.*

Später behaltet ihr im Auge, wie viel sich tatsächlich bei euch tut. Wie schon gesagt: Erfahrungsberichte fehlen mir noch. Aber solltet ihr auf diesem Weg besondere Veränderung erleben, würde es mich sehr freuen, wenn ihr mir das mitteilt.

Zum Abschluss möchte ich für die Veränderungen durch die Liebesfeier noch ein inneres Bild bekommen. Und da ist es:

> Der Jesus führt mich ein drittes Mal zur Holzhütte im Wald und lässt mich hineinschauen. Mann und Frau sind gerade dabei, sich anzuziehen. Ihre Körper haben nun ein frühlingshaftes Leuchten. Und ihre Gesichter strahlen vor Liebe.

Da ist etwas neu geworden. Sehr neu. Und zugleich ist noch Weiteres im Werden. Die beiden Menschen gehen strahlend und mit neuen Möglichkeiten hinaus in ihr Leben.

Heilwerden – Schritte dahin

Die Welt ist nicht heil. Und auch wir selbst sind selten ganz heil. Wir leben damit – und oft gar nicht schlecht. Aber immer wieder kann etwas passieren, was neu bewältigt werden muss: Eine schwere Krankheit, ein Unfall, eine Behinderung. Und wir müssen zusehen, dass wir das Erlittene beheben. Oder dass wir damit zurechtkommen, wenn der Schaden nicht mehr wieder gutzumachen ist. Und das kann anspruchsvoll werden.

In den vorhergehenden Kapiteln habe ich schon Vorschläge zum Heilwerden gemacht. Etwa bei Schmerz, bei seelischen Lasten oder bei anderen Problemen. Vielleicht konnte ich dir da bereits etwas helfen, liebe Leserin oder lieber Leser. Dann herzlichen Glückwunsch!

Vielleicht hast du aber auch nur zur Kenntnis genommen, was so alles möglich ist. Oder aber du warst enttäuscht, dass dein spezielles Problem nicht zur Sprache kam. Dann tut es mir leid.

Auf jeden Fall will ich nun übergreifend etwas zum Heilwerden sagen. Damit für jeden etwas dabei ist.

Dafür möchte ich nun wissen: Wie greift Gott grundsätzlich ein? Wie sieht er das selbst? Und so zeigt sich das nun in einem visionären Bild:

> Ein großer lichter Engel kommt und nimmt mich mit. Wir kommen in ein freundlich erleuchtetes ärztliches Vorzimmer. Von da aus geht es gleich weiter in den Behandlungsraum. Dort findet gerade eine Behandlung statt. Und ich sehe, wie eine lichte göttliche Hand mit-

ten in einen Menschen hineingreift. Nach kurzer Zeit zieht sich die Hand wieder zurück. Und sie schiebt den Menschen nun dem Engel zu. Der soll diesen Menschen begleiten. Draußen ist noch Weiteres zu regeln.

Auffällig ist: Der Mensch wird in seinem Inneren behandelt. Die göttliche Hand kümmert sich nicht um äußere Schäden und Symptome. Ich verstehe das so: Wenn es um Gesundheit geht, ist Gott zuerst einmal das Innenleben wichtig. So wie auch Krankheit häufig innen beginnt – etwa durch Angst, Stress, Konflikte, traumatische Erfahrungen, Schuldgefühle.

Göttliche Heilung setzt dann etwa bei Gedanken an, die ungesund sind. Bei Ansprüchen, die in seelische Schieflage bringen. Bei Gefühlen, die krank machen können. Das hat dann noch nichts mit Krankheit zu tun. Sondern das sind erst einmal nur Bedingungen, die Krankheit anziehen können.

Zudem: Im inneren Bild beauftragt Gott einen Engel, den Menschen aus dem Behandlungsraum nach draußen zu begleiten. Er soll dort etwas für den behandelten Menschen regeln. Das ist ein Hinweis auf äußere Lebensumstände, die eventuell krank machen. Dafür erklärt sich Gott hier im visionären Bild ebenfalls zuständig. Diese äußeren Umstände sind mit zu bedenken und womöglich sogar umzukrempeln. Auch da kann Gott deutliche Anstöße geben.

Das Vorfeld von Krankheit ist also ein wichtiges Arbeitsgebiet für Gott. Da ist er oft unauffällig unterwegs und wendet Dinge zum Besseren. Auch ein gestandenes Gottesvertrauen kann ihm dabei helfen: Es kann Ängste mindern, die Zufriedenheit steigern und damit die Gesundheit fördern.

❄ ❄ ❄

Aber dann gibt es noch die handfeste Krankheit. Wie auch immer es dazu kommt. Und diese Krankheit ist aus göttlicher Sicht erst einmal Lehrzeit. Wir sollen daran wachsen.

Die Lehrzeit kann dadurch enden, dass der Körper mit seinen Abwehrkräften eine Krankheit besiegt. Aber häufiger geschieht das auch mit medikamentöser oder anderer Unterstützung und Hilfe.

Bei wirklich bedenklichen Gesundheitsproblemen sind in der Regel seriöse Ärzte und Ärztinnen die erste Adresse. Und manchmal auch Psychotherapeuten und Psychotherapeutinnen. Ich erwähne diese Berufsgruppe extra. Denn einige Menschen meinen irriger Weise, für die Behebung größerer seelischer Probleme sei direkt und allein Gott zuständig. Aber da kann mancher lange warten!

Nur wenn ein Mensch einen besonders guten Draht zu Gott hat, gewährt der ihm manchmal – ausnahmsweise und an den Fachberufen vorbei – eine Vorzugsbehandlung. Ansonsten rückt Gott erst dann in den Vordergrund, wenn Ärzte oder Psychotherapeuten ratlos und mit ihrem Wissen am Ende sind.

Auch dann noch hat die Seele für Gott immer Vorrang. Denn viele körperliche Schmerzen sind eigentlich seelische Schmerzen. Aber sie drängen nach außen und werden da sichtbar und fühlbar: Etwa im Kopf, im Rückgrat, in Gliedern, in Organen. Und wenn eine Krankheit erst einmal äußerlich spürbar ist, wirkt sie auch noch wieder nach innen zurück: Sie ängstigt. Zieht die Stimmung in die Tiefe. Schafft Konflikte. Und manchmal entsteht so auch ein Strudel abwärts.

Zudem ist es ja so: Ist die Seele erst einmal im Lot, ist der Mensch im Reinen mit sich selbst, dann kann körperliche Heilung schneller beginnen. Oder schneller fortschreiten. Und ist solche Heilung nicht möglich, kann körperliche Krankheit immerhin erträglicher werden. Sie kann dann manchmal sogar mit bemerkenswerter Geduld und Gelassenheit getragen werden. Selbst wenn sie tödlich enden wird. Man kann da bei einigen Menschen einfach nur staunen.

In selteneren Fällen kümmert sich Gott auch direkt um körperliche Beschwerden und Krankheit. Und die Heilung ist dann oft klar erkennbar und spürbar: Ein körperlicher Schmerz ist verschwunden. Eine Behinderung ist weg. Oder ein Organ ist unerwartet wieder voll funktionsfähig.

Grundsätzlich ist aber – wie schon angedeutet – eine Heilung nur dann möglich: Wenn man gelernt hat, was einem die Krankheit beibringen soll. Und da ist kaum zu erkennen, wann diese Lehrzeit erfolgreich bestanden ist. Deswegen nimmt Gott es auch gar nicht krumm, wenn man einfach probiert, ob man Heilung von ihm bekommt. Vielleicht klappt es ja! Vielleicht ist ja die Lehrzeit um.

Gibt es tatsächlich einmal eine solche Heilung, dann ist sie – so sieht es für mich aus – fast immer eine ganz besondere Belohnung. Und zwar für bemerkenswerte Hingabe.

Aber auch eine spezielle Aufgabe kann mit einer Heilung verbunden sein. Zum Beispiel der Auftrag, mit der Heilung für Gott zu werben. Und wenn es so ist, gibt Gott auch gleich noch genug Kraft und Begeisterung dazu.

Im Übrigen: Wenn Gott heilt, heißt das nicht immer totale Heilung. Nein, es gibt häufiger teilweise Heilung. Aber auch das ist ja schon Besserung! Und die ist nicht zu unterschätzen, besonders wenn dabei die Seele ein Stück heiler wird.

Vor diesem Hintergrund sehe ich folgende Möglichkeiten für dich, liebe Leserin oder lieber Leser, falls du erste gesundheitliche Probleme hast:

Du entschließt dich, Hilfe und Heilung von Gott zu erwarten. Wie auch immer.

Du betest um Hilfe und Heilung. Und um die richtigen Schritte zur Genesung.

Du versuchst, mögliche Ursachen für dein Gesundheitsproblem zu erkennen.

Du unternimmst Schritte, mit denen du deine Situation verbessern kannst.

Du überprüfst, ob es äußere Umstände gibt, die du unbedingt abstellen solltest.

Bei fortgeschrittener und ernsthafter Erkrankung oder Behinderung:

Du suchst grundsätzlich erst einmal ärztliche Hilfe.

Du betest gleichzeitig hartnäckig um Hilfe – eventuell häufig und lange.

Du informierst andere Menschen und bittest sie, für dich zu beten.

Wenn ärztliche Hilfe dann nichts oder nicht genug bringt:

Du suchst dir einen Menschen, dem Gott die Möglichkeit zu heilen gegeben hat.

Du suchst dir eine Gruppe oder Gemeinde, die Heilungsveranstaltungen anbietet.

Und wenn gar nichts hilft: Dann bittest du Gott, dass du es schaffst, möglichst gut mit deinen ernsthaften gesundheitlichen Problemen zu leben.

Eine erkennbare Besserung und kleinere Heilungen kannst du allein und mit eigener Kraft für dich erreichen. Aber je größer dein Problem ist, desto eher brauchst du die Kraft weiterer Menschen zur Unterstützung. Und zu eindrucksvollen Heilungen kommt es fast nur im Bereich größerer Gemeinschaften und Gemeinden.

Und solltest du dann tatsächlich Heilung erfahren: Dann vergiss nicht, ausgiebig dafür zu danken! Und zu jubeln!

Prophetisches
Mehr ahnen und wissen

Versprechen und Warnung

Die Welt ist voller Versprechungen: Überall Werbung! Und die Welt ist ebenso voller Warnungen: Angefangen von den warnenden Beipackzetteln bei Medikamenten bis hin zu Warnungen vor Naturgewalten.

Soll sich Gott da etwa raushalten? Nein, da muss er mitmischen! Unbedingt. Seine Stimme ist unverzichtbar. Und er will auch mithalten: Mit prophetischen Impulsen.

Allerdings gibt es an allen Ecken und Enden schon Vorhersager und Zukunftsdeuter. Reicht das nicht längst? Nein! Solche Quellen sind oft zu dubios. Und manchmal so dubios, dass ich davor nur warnen kann. Nein, ich will Prophetisches, das von einem lichten und liebevollen Gott kommt!

Vor einiger Zeit habe ich eine Prophetie für meine nächsten Jahre erhalten. Das war beim Gottesdienst in einer kleinen Gemeinde. Es war ein bedeutsamer Tag für mich, denn ich hatte da einen runden Geburtstag. Und dann erhielt ich auch noch ein gewichtiges prophetisches Versprechen von Gott für mich: Es stellte mir in Aussicht, dass nach vielen mühsamen Jahren ein Durchbruch für mich absehbar sei. Ein Durchbruch!

Ich dachte: Toll! Und ich glaubte, das neue Lebensjahr würde mir das Versprochene gleich liefern. Tat es aber nicht! Und inzwischen sind sogar schon dreieinhalb Jahre herum. Das Erhoffte ist aber noch nicht eingetreten.

Nun habe ich zwei Möglichkeiten: Ich halte die Prophetie für falsch und hohl. Oder ich setze weiter darauf. Unbeirrt. Tatsächlich bin ich inzwischen leicht wankelmütig. Und ich denke: Der Mensch, der die Prophetie aussprach, könnte sich vertan haben. Dann allerdings müsste ich die Prophetie abschreiben. Andererseits stimuliert sie mich aber noch immer. Und da halte ich doch lieber an ihr fest.

Was also macht eigentlich solch ein göttliches Versprechen mit einem – selbst wenn es sich am Ende nicht erfüllen sollte? Mich hat es erst einmal angestachelt. Es gab Hoffnung. Und danach hat mich das Versprechen Dinge anpacken lassen, die ich sonst wohl nicht angegangen wäre. Zwar ist seine Motivationskraft inzwischen gesunken. Aber wenn ich jetzt hier schreibe, habe ich immer noch im Hinterkopf: Da gab es doch dieses göttliche Versprechen – vielleicht erfüllt es sich ja nun mit diesem Buch?

Und da ich nun schon beim Buch bin, erbitte ich mir dafür gleich eine Zukunftsschau. Und ich erhalte dieses Bild:

> Ein großer Engel erscheint, um mich abzuholen. Er hat ein lichtes, leuchtendes Gesicht. Er bringt mich in eine kleine enge Bücherstube, in der Bücher bis unter die Decke gestapelt sind. Ringsum nur Bücher, Bücher. Und darunter soll irgendwo auch mein Buch sein? Ich kann es in diesem Bücherwirrwar nicht entdecken. Ich wende mich an den Engel. Der zeigt mitten hinein in das Durcheinander. Und da leuchtet nun ein Buchrücken auf. Ich greife hin. Kaum habe ich das Buch halb herausgezogen, ist die Bücherstube voller Leute. Und auch draußen vor dem Schaufenster drängeln sich Menschen. Alle wollen offenbar dieses Buch haben.

Das innere Bild behauptet offenbar: Mit etwas Verzögerung wird mein Buch entdeckt werden. Und damit setzt eine rasante Nachfrage ein. Dann ist also meine Mühe hier nicht umsonst? Oh ja, das würde mir gefallen!

Meine Interpretation steht natürlich unter Vorbehalt. Es ist keineswegs sicher, dass es tatsächlich so kommt. Es ist immer möglich, dass sich ein tiefer Wunsch in solch ein inneres Bild einschleicht. Oder dass sich Angst hineindrängt.

Trotzdem lasse ich mich davon motivieren – in aller Vorsicht. Ich lasse mich darin bestärken, dieses Buch unbedingt weiterzuschreiben und druckreif zu machen.

Du, liebe Leserin oder lieber Leser, bist da in einer vorteilhaften Lage: Wenn du diese Zeilen liest, weißt du schon, dass das Buch tatsächlich auf den Markt gekommen ist. Und dass so weit meine Zukunftsschau gestimmt hat. Aber wie viele Leser wird es dann wirklich haben? Für mich ist ein größerer Verkaufserfolg überhaupt nicht selbstverständlich: Denn mein letztes Buch, in das ich vor sieben Jahren viel Kraft gesteckt habe, hat fast keine Abnehmer gefunden ...

Doch jetzt einmal grundsätzlicher: Wozu sind eigentlich Prophetien gut? Was ist ihr Sinn?

Offenbar können sie sehr motivieren! Vorausgesetzt, sie bieten ein interessantes Versprechen. Dinge werden danach mit mehr Zuversicht angepackt. Manche riskante und dann tatsächlich erfolgreiche Unternehmung wird nur deshalb unternommen. Oder solche verheißungsvollen Vorgriffe auf die Zukunft helfen durchzuhalten. Überhaupt unterfüttern sie das Lebensgefühl mit Hoffnung.

Prophetien können aber auch warnen. Sie kündigen dann Schlechtes oder gar Schlimmes an. Sie rufen dazu auf, ein mögliches Unheil rechtzeitig zu verhindern. Oder sich davor in Sicherheit zu bringen.

Eventuell geben Prophetien aber nur Zeit, sich auf Schlimmes vorzubereiten. Doch das ist immerhin auch ein Vorteil. Und außerdem: Tritt dann das angekündigte Unheil tatsächlich ein, hat es eine besondere Aura: Man wurde ja freundlicher Weise von Gott darauf vorbereitet. Und damit ist die rechtzeitige Ankündigung ein Ausdruck besonderer göttlicher Zuwendung.

Ich selbst habe so etwas drastisch erlebt: Vormittags bekam ich ein inneres Vorauswissen. Nachmittags trat ein tiefgreifendes Ereignis ein, das mein Leben auf den Kopf stellte. Und zwar in ziemlich unangenehmer Weise und für lange Zeit. Aber wegen der Vorbereitung darauf konnte ich das Ereignis gut annehmen: Es war mir offenbar von göttlicher Seite zugedacht. Und so ließ es sich etwas leichter tragen.

Zudem gibt es Prophetien, die Versprechen und Warnung zugleich sind: Zwei gegensätzliche Szenarien werden in Aussicht gestellt. Zukünftiges Heil und Unheil stehen da nebeneinander. Vielleicht ist man bisher ziemlich blind in die Zukunft gestolpert. Jetzt aber kommt der Aufruf: Entscheide dich ganz bewusst für das eine oder das andere! Und verhalte dich dann auch so, dass das Erwünschte eintreten kann. Im nächsten Kapitel werden zwei solche Zukunftsmöglichkeiten einander gegenübergestellt.

Natürlich bringt jede Zukunftsschau Fragen mit sich – egal, was sie ankündigt. Man fragt sich etwa: Wie sicher tritt das Vorausgesehene ein? Oder lohnt es sich überhaupt, sich darauf einzulassen? Eine sichere Antwort darauf gibt es nicht. Erst hinterher ist man wirklich klüger.

Hier nun noch ein Beispiel für eine ganz besondere Prophetie. Von dieser Prophetie lässt sich inzwischen sagen: Sie ist in wesentlicher Weise schon eingetreten! Zugleich enthält sie aber auch noch weitere und noch nicht eingelöste Versprechen.

Im Jahr 2010 hatte ich ein verblüffendes visionäres Bild. Ich habe es damals schriftlich festgehalten. Als dann das Jahr 2013 kam, kam mit ihm auch Papst Franziskus. Und plötzlich passte das innerlich Geschaute genau auf ihn!

Hier ist nun diese visionäre Schau. Und du darfst selbst urteilen, liebe Leserin oder lieber Leser, ob du sie als eine Prophetie ansiehst, die sich in wesentlicher Weise schon erfüllt hat:

> Ein schlanker spitzer Kirchturm wächst unaufhaltsam und steigt immer weiter auf. Als der Kirchturm den Himmel erreicht, rast ein gewaltiger Blitz von oben nach unten durch ihn hindurch. Seine explosive Kraft zerreißt das Gemäuer, Brocken fallen hinunter auf das Kirchenschiff und andere Kirchengebäude. Schließlich ist nur noch ein großes brennendes Trümmerfeld da. Zwischen all dem Schutt bildet sich aber ein kleiner See aus flüssigem Gold. Die Flammen erlöschen, und der See dehnt sich aus bis in die nächste Umgebung, zuletzt in vielen schmalen Streifen.
>
> Die Streifen wirken wie goldene Finger, die in die Umgebung ausgreifen. An ihren Enden finden sich von überall her kleine mobile Arbeitsgeräte ein. Es sind insbesondere Schubkarren, Handwagen und altmodische Motorfahrzeuge. Sie beladen sich mit dem flüssigem Gold und fahren es in alle Richtungen weg. Teilweise sogar bis zum Horizont. Sie entladen das Gold dort,

kommen zurück und füllen sich erneut damit. Allmählich gibt es überall Orte, an denen das abtransportierte Gold liegt.

An diesen Orten bilden sich dicke Platten aus Gold. Und darauf wachsen eigenartige Skulpturen. Sie bestehen aus einfachen Materialien wie alten Ästen, kantigen Steinen, formlos gegossenen Eisenstangen. Sie wirken wie aus einfachsten Mitteln erschaffene und künstlerisch gestaltete Altäre. Dann verdunkelt sich die Welt, ein Grauschleier legt sich über alles, und es gibt keine Farben mehr. Nur die Orte, wo das Gold liegt, leuchten noch intensiv. Himmel und Erde fließen schließlich ineinander, und die gesamte Welt wirkt jetzt wie ein einziges Kunstwerk von göttlicher Intensität.

Am Anfang fährt hier ein Blitz in eine Kirche, die immer weiter in den Himmel wächst und völlig die Bodenhaftung verliert. Es ist, als wenn ein großer göttlicher Wille mit einem energischen Halt! das Geschehen stoppt. Man kann sagen: Papst Franziskus ist im Jahr 2013 auch wie ein Blitz in die Kurie in Rom eingeschlagen.

Nach dem Einschlag des Blitzes läuft flüssiges Gold in die Umgebung aus. Vorher war das Gold hinter gewaltigen Fassaden verborgen und gegen Zugriff gesichert. Jetzt aber braucht man nur zuzupacken, und schon hat man etwas davon in der Hand. Damit setzt eine gewaltige Nachfrage ein.

Man kann das Gold als göttliche Liebe interpretieren. Und als wesentliche Essenz der Botschaft Gottes. Damit lässt sich eine gerade Linie ziehen zu Papst Franziskus. Die Barmherzigkeit, die Papst Franziskus predigt und vorlebt, ist eben göttliche Liebe. Sie wird von ihm aus ihrer institutionellen Einkerkerung

Prophetisches | Versprechen und Warnung

befreit. Sie wird nah an die Menschen herangebracht und erweist sich dabei als ungeheuer attraktiv.

Die Nachfrage nach diesem Gold kommt in Gestalt von Schubkarren, Handwagen und altmodischen Motorfahrzeugen herangerollt. Die Besitzer und Lenker dieser Fahrzeuge sind nicht sichtbar. Aber von der Art der Fahrzeuge lässt sich gut auf sie zurückschließen: Die Besitzer und Lenker sind arme und benachteiligte Menschen. Also Menschen mit sozialen, körperlichen oder seelischen Handikaps. Gerade solche Menschen brauchen etwas, das ihnen leicht zugänglich ist. Und das möglichst direkt ins Herz geht. Gold ist so etwas. Und göttliche Liebe und Barmherzigkeit sind das ebenso.

Das Gold – also die Botschaft von der Liebe und Barmherzigkeit Gottes – wird nun von den Betroffenen in die ganze Welt verbreitet. Mehr noch: Es entstehen überall schlichte, aber kostbare Altäre auf der Basis dieser Botschaft. Das entspricht dem, was Papst Franziskus will. Er räumt den örtlichen Gemeinden mehr Freiheit ein. Auch den einzelnen Gläubigen. Sie sollen sich weniger mit zentralistischen Vorgaben herumquälen. Sondern die göttliche Liebe und Barmherzigkeit darf jetzt – je nach örtlichen Gegebenheiten und persönlichem Gewissen – in mehr innerer Freiheit gelebt werden. Viele Konflikte werden dadurch liebevoll entschärft.

Im Übrigen verspricht diese Prophetie ein relativ loses Netzwerk der Liebe für die Zukunft. Und das soll dann auch grundsätzlich Bestand haben. Selbst eventuelle düstere Zeiten soll es weltweit überstehen und darin leuchten.

Ich finde es frappierend, wie – im Nachhinein gesehen – mein visionäres Bild im Jahr 2010 eine Zeitenwende in der Katholischen Kirche voraussah. Und ich finde es erhebend und tröstlich, dieses Geschehen als göttlich initiiert begreifen zu dürfen. Dieses Geschehen, das plötzlich Gottes Liebe in den Mittelpunkt stellt und von dogmatischen Engführungen befreit.

Bin ich nun stolz auf mein damaliges Voraussehen? Nein! Aber es gibt mir schon eine gewisse Legitimation. Und die kann für das folgende Kapitel, denke ich, hilfreich sein.

Enge Hölle, weiter Himmel

Das Ende dieses Buches kommt für mich langsam in Sicht. Und das Ende meiner Schreibaufgabe. Meine Anspannung sinkt. Und die beschriebenen Prophetien wirken ermutigend.

Jetzt wäre vielleicht noch etwas Grundsätzliches angebracht. Es geht gerade auf Ostern zu – ein christliches Basisfest. Vielleicht ist da jetzt eine weit tragende Prophetie angemessen?

Vor etlichen Wochen hatte ich das Gefühl, ich sollte mal wieder ins göttliche Feuer gehen. Aber das, was ich dann erlebte, passte damals noch nicht ins Buch. Seitdem wartete ich auf geeignete Verwendung. Aber nun dürfte die Zeit dafür gekommen sein. Jetzt kann es richtig gut passen! Und hier sind meine visionären Bilder, wie ich sie damals festhielt:

> Mein Engel kommt und holt mich ab. Er nimmt mich an die Hand, hebt ab und zieht mich in den Himmel, bis wir über den Wolken sind. Dort über den Wolken brennt das gesuchte Feuer. Ich frage: „Was ist das für Feuer?" Mein Engel sagt nur: „Höllenfeuer!" Ich bin entsetzt: Hier oben ein Höllenfeuer? Das kann nicht stimmen! Ich fühle mich im falschen Film. Ich steige aus dem inneren Bild aus.

Hatte ich nicht aufgepasst? War das gar nicht mein Engel, sondern irgendeine dubiose Gestalt? Aber nach einiger Bedenkzeit fragte ich mich, ob ich nicht voreilig war. Ob ich nicht vielleicht etwas verpasst hatte. Was hätte mich wohl im Höllenfeuer über den Wolken erwartet? Also doch hinein!

> Das Höllenfeuer ist noch da. Und ich trete hinein. Darin riecht es erst einmal intensiv nach Süße. Und nach Honig. Überall hängen Tropfen davon herum. Über mir, neben mir. Und der Honig tropft auch auf mich herunter. Schnell klebt er überall an mir. Und ich kann nicht ausweichen. Alles ist eng. Nun kommt Ekel auf. Das Vielzuviel an Süße ruft Widerwillen und Übelkeit hervor. Und dann taucht im Hintergrund noch ein großer Kopf auf. Den Kopf habe ich doch tags zuvor im Film gesehen? Auch hier hat er zwei rot leuchtende Hörner! Jetzt reicht es aber. Nichts wie raus!

Oder war es doch mein zuverlässiger Engel, der mir dieses Höllenfeuer zeigte? Der Mensch erträumt sich ja manchmal ein Schlaraffenland. Oder zeitgemäßer ein Verbraucherparadies. Oder einen Konsumhimmel. Und das Bild behauptet nun: Wer den Weg ins Verbraucherparadies als Königsweg ansieht, der kann dort tatsächlich einen Genusshimmel finden – allerdings einen höllischen.

Eine ruppige Aussage! Das visionäre Bild weist letztlich mit dem Finger auf eine doppelte menschliche Sehnsucht hin: Auf die Sehnsucht nach himmlischem Dauerglück. Und auf die Sehnsucht nach ewiger Schmerzlosigkeit. Wer allerdings allzu banale Wege dahin wählt, so behauptet das Bild, der landet dann in der Hölle des Ekels und Überdrusses.

❆ ❆ ❆

Musste das erst einmal auf den Tisch kommen? Wahrscheinlich. Als drastischer Vorlauf und Kontrast zu dem, was damals ein zweiter Anlauf erbrachte. Ich ging da noch einmal ins göttliche Feuer. Allerdings bat ich dafür die Gestalt herbei, die sich in inneren Bildern immer wieder als die vertrauenswürdigste und wirkmächtigste erweist: den Jesus. Das folgende Geschehen in seiner Begleitung hielt ich dann so fest:

> Der Jesus, der nun zu mir kommt, hat eine warme Ausstrahlung. Das ist gut! Er nimmt mich mit, und bald stehe ich mit ihm vor einem großen Holzkreuz. Es ist offensichtlich sein Kreuzigungs-Kreuz. Das ist völlig überraschend! Denn zu solch einem Kreuz hat er mich noch nie direkt hingeführt. Doch ausgerechnet vor diesem Kreuz brennt nun das gesuchte Feuer. Das wirkt einfach bedrohlich!
>
> Ich zögere. Ja, ich spüre richtig Angst, an diesem Ort ins Feuer zu gehen. Aber gut, es muss wohl sein! Ich überwinde mich, und das Feuer schmerzt dann auch gar nicht. Aber ich fühle mich unbehaglich darin. Das Feuer ist insgesamt nur lauwarm. Es gibt viele graue Farben darin. Es hat auch leicht gruselige Nischen. Und hinter den wenigen heißen roten Flammen tanzen schwarze Schatten. Ich halte einige Zeit durch in der Hoffnung, dass sich etwas ändert. Aber das Feuer bleibt so. Schließlich steige ich aus. Der Jesus ist noch da, und ich frage ihn: „Was ist das für ein Feuer?" Er sagt: „Das Feuer der Solidarität".
>
> Das klingt eigentlich gut. Habe ich irgendetwas Bedeutsames im Feuer nicht mitgekriegt? Ich will noch einmal hinein. Ich will genauer spüren, was es damit auf sich

hat. Doch nun sind die Flammen verwandelt: Sie sind jetzt klar und warm. Das Feuer fühlt sich richtig gut an. Und dann werden die Flammen immer länger, sie schlagen immer höher und ziehen mich schließlich mit starkem Sog nach oben. Es ist ein erhebendes Gefühl, so bis in den Himmel hinein gezogen zu werden. Es ist ein klarer, weiter Himmel. Und da spüre ich nun Freude, unglaubliche Freude.

Wahnsinn! Ich wusste sofort: Hier geht es um weit mehr als um mein Befinden. Hier geht es um viel Größeres. Ich war mir unvermittelt der Theologie bewusst, die dieses Erlebnis versinnbildlicht. Und über die ich nun offenbar zu schreiben habe.

In dem inneren Bild ging es um Solidarität. Und was ist Solidarität? Sie ist die Identifikation mit Leidenden. Sie ist Mitgefühl mit ihnen. Sie ist Liebe zu ihnen. Und nicht zuletzt ist Solidarität auch helfende Tat.

Solidarität fühlt sich zunächst einmal gut an. Sie bereitet Freude. Denn sie weitet die Existenz. Das eigene Leben dehnt sich aus und verbindet sich mit dem Leben anderer. Aber mit solidarischer Ausdehnung ist auch Leiden verbunden. Denn der Schmerz anderer wird dabei zum eigenen Schmerz.

Im innerlich erlebten Feuer standen die roten Flammen offenbar für Freude und Liebe. Aber daneben gab es viel Grau. Dieses Grau symbolisierte anscheinend Schmerz und Leid. Und die Flammen trugen zudem noch Trauer in Gestalt schwarzer Schatten. Dieses Gemisch aus Freude und Leid stand für gelebte Solidarität. Und so gemischt wie die Flammen fühlt sich auch ein Leben an, das solidarisch ausgerichtet ist.

Was aber hat nun das Kreuzigungs-Kreuz mit solcher Solidarität zu tun? Das visionäre Bild hatte offensichtlich einen doppelten Boden. Es ging nicht nur um meine Existenz. Zugleich war auch das Leben des Jesus das Thema. Und beides ist – dem Bild nach – eng miteinander verwoben.

Das visionäre innere Bild will offenbar darauf hinaus: Der Jesus ist zu seiner Zeit ganz bewusst in den Kreuzigungs-Tod gegangen – und zwar eben aus Solidarität mit allen Leidenden der Welt. Er war unschuldig. Er hätte sich auch drücken können. Aber mit seinem Sterben ist er einer von den unendlich vielen geworden, die bis heute noch immer wieder gedemütigt, verletzt, gefoltert und in den Tod getrieben werden.

Damals war sein Tod ein Tod vor wenigen Augen. Aber in der Geschichte ist dieser Tod zu einem Tod vor aller Augen geworden. Er war damals und ist erst recht heute ein lauter Zuruf an alle Leidenden: Ich, Jesus, stelle mich auf eine Stufe mit euch! Ich stehe an eurer Seite.

Die überkommenen Berichte sagen: Der Jesus damals hat seinen Tod als Auftrag von Gott gesehen und angenommen. Er trug damit auch die Botschaft in die Welt hinaus: Gott hat die Leidenden im Auge. Er nimmt sich gerade ihrer an. Seine Liebe gilt in besonderer Weise ihnen.

❈ ❈ ❈

Inzwischen ist es Karfreitag geworden. Und ich schreibe gerade an diesem Text. Da legt sich mir auf die Seele: In visionären inneren Bildern taucht doch eigentlich nie der Karfreitag auf. Denn ich sehe darin fast niemals den Jesus zusammen mit seinem Kreuz. Weder bei mir noch bei anderen Menschen. Warum?

Für mich ist klar: Der Jesus will in den inneren Bildern kein Aufhebens von seinem Sterben machen. Vor allem nicht von der Art seines Todes. Viele andere Menschen sterben genauso qualvoll wie der Jesus damals. Und manche trifft es noch härter, und ihre Qual dauert viel länger. Wird aber der Tod des Jesus am Kreuz besonders hervorgehoben und grell beleuchtet, treten Folter und Tod anderer Menschen dahinter zurück. Sie geraten in den Schatten der Geschichte. Aber gerade den Gequälten will der Jesus doch nahe sein!

Für mich ist dies das Wichtigste an seinem Tod: Seine Solidarität mit allen Leidenden. Denn damit kann der Jesus in der jetzigen Zeit punkten. Und damit will er auch punkten! Früher hat man das allerdings ziemlich anders gesehen. Und zwar – wie ich meine – aus zeitbedingten Gründen.

Ich weiß, der Tod des Jesus wurde lange und weithin hoch gepriesen: Vor allem deshalb, weil er Erlösung gebracht haben soll. Erlösung vom schweren Übel der Sünde. So jedenfalls zumindest die Theologie früher. Und diese Sicht wird auch heute noch weithin vertreten.

Dazu gab es früher – und vielleicht auch noch heute? – die Theorie der Erbsünde: Der Mensch war danach Übeltäter und Bösewicht von Grund auf. Das hat den fatalen Hintergrund: Alle Menschen sollten unbedingt durch und durch Sünder sein. Damit sie grundsätzlich erlösungsbedürftig waren und ebenso grundsätzlich den Erlösungstod des Jesus brauchten. Denn wären sie nicht alle böse und Sünder, würde ja der Tod des Jesus theologisch in der Luft hängen. Er wäre dann umsonst gestorben! Zumindest teilweise.

Da denke ich: Aber hallo! Geht's noch? Zuerst ist der Mensch doch nicht Übeltäter – also theologisch Sünder. Nein, zuerst ist

ist er Opfer! Nämlich etwa als ein früh zurechtgestutztes Kind. Als Mitglied seiner jeweiligen Gesellschaft mit ihren manchmal heftigen Zwängen. Oder als Mensch, der vielen Krisen, Leiden und auch dem Tod unterworfen ist. Das wissen wir doch inzwischen. Und – ganz nebenbei – war der Mensch auch Opfer der Theologen, die ihn als zutiefst sündiges Wesen abgestempelt haben.

Früher war man sich der vielfachen Opfersituation des Menschen nicht bewusst. Man konnte es nicht sehen. Und die Theologie wollte es auch nicht sehen. Der Mensch als Sünder: Das war schön bequem. Da konnte man ihm theologisches Zaumzeug anlegen und ihn als willigen Untertan dahin reiten, wohin man ihn haben wollte.

Klar, der Mensch verbockt schon einiges. Und manchmal ist er sogar brutal. Aber sehr oft ist er das, weil er selbst erst einmal Opfer geworden ist. Etwa das Opfer von falscher Erziehung. Das Opfer von falschen Vorbildern. Aber auch das Opfer seiner eigenen biologischen Bedürfnisse. Erst mit der Zeit lernt er ja, sich selbst angemessen zu steuern. Und grundsätzlich ist es eher selten, dass ein Mensch ganz aus freien Stücken brutal und böse wird.

Mit seinem Tod wollte der Jesus die Menschen von ihrem Opferdasein befreien und erlösen. Deshalb hat er sich damals eindrucksvoll auf die Seite der Leidenden und Opfer gestellt. Ihm ging es um das Angebot von Verständnis und Hilfe. Und so hat er ja auch gelebt.

Oder wollte der Jesus etwa deshalb sterben, um ein beißendes Pauschalurteil über die Menschen zu fällen: Ihr seid alle Sünder!? Und das nur, damit er dann die frohe Botschaft nachschieben kann: Aber grämt euch nicht, liebe Leute! Ich, Jesus, habe ein gutes Wort bei Gott für euch eingelegt. Ich bin extra für euch gestorben, damit euch Gott nicht rachsüchtig als Sünder verfolgt! Nein, deshalb wollte der Jesus nicht sterben! Und was für ein schräges Bild auch von Gott! Von einem Gott der Liebe. Erst den Daumen senken über die Menschen. Und sie bis in den Keller treten. Dann sie wieder gnädig und barmherzig herausholen und hochheben? Nein! Nein!

Erlösung von Sünde ist nur dann grundsätzlich immer notwendig, wenn ein rigider, hartherziger und kleinkarierter Gott regiert. Der alle menschlichen Fehler penibel aufspießt. Oder wenn Kirchen einen solchen Gott predigen. Doch Gott ist anders! So viel anders. Das war hier schon mehrfach Thema.

Ich merke: Ich kann mich immer noch über solch ein Gottesbild aufregen. Für viele Menschen ist es schon Vergangenheit. Zum Glück. Aber ich selbst bin damit aufgewachsen. Ich habe es inhaliert. Und ich reagiere immer noch empfindlich darauf.

❈ ❈ ❈

Nun ist es schon Ostersonntag! Das Fest der Auferstehung des Jesus. Und damit komme ich zum letzten Teil des visionären Bildes. Da geht es auch um Auferstehung. Und um Himmelfahrt.

Das erste Feuer in diesem Bild entspricht noch der irdischen Existenz: mit seinem Flammengemisch aus Freude und Leid. Dann trete ich aber erneut ins Feuer. Und nun sind die Flammen klar und warm. Dieses zweite Feuer leitet einen neuen Lebensabschnitt mit einer Himmelfahrt ein.

Dieses visionäre Bild lässt allerdings eine Bedingung erkennen: Zunächst muss die irdische Existenz solidarisch ausgerichtet sein. Und das bedeutet Mühen und Schmerzen. Sie sind der Preis, der für eine Himmelfahrt zu entrichten ist. Der Himmel ist also nicht ganz billig zu haben.

Zugleich enthält das Bild aber auch ein Versprechen: Es sagt nach einem solidarisch ausgerichteten Leben ein überirdisches Dasein zu. Ich erhalte dann als göttliches Geschenk den Eintritt in eine überaus freudige himmlische Existenz.

Solch ein Geschenk ist himmelweit entfernt von dem, was ein Mensch aus eigener Kraft erreichen kann. Ein eigenmächtiger Aufstieg führt maximal in einen sehr irdischen Himmel: In einen Genusshimmel. Oder in einen Konsumhimmel. Oder in einen Machthimmel. Und ok, manche bekommen es auch als ihr höchstes Lebensziel hin, am Ende lebenssatt zu sterben. Doch wie fühlt es sich an, wenn man – auf Dauer gesehen – eigentlich noch viel mehr haben könnte: Nämlich als gewaltige Zugabe noch eine glückliche jenseitige Existenz?

Doch noch einmal zum letzten visionären Bild zurück: Meine Himmelfahrt ist da auch wieder doppelbödig. Denn sie ist für mich zugleich der Hinweis auf die Auferstehung des Jesus. So wird sie von den Christen geglaubt und jetzt an Ostern gefeiert.

Bei der Auferstehung des Jesus geht es um besonders viel. Am Kreuz konnte der sterbende Jesus den Menschen nur signalisieren: Ich leide, so wie ihr leidet. Das war eine Solidaritätspredigt. Aber mit seiner Auferstehung ist der Jesus in eine ganz andere Dimension eingetreten. Und nun ist er auch in einer ganz anderen Position.

Um diese Position zu beschreiben, reicht das letzte visionäre innere Bild nicht mehr aus. Ich brauche ein neues. Es sollte ein Selbstbild von diesem Jesus sein in seiner neuen Position.

Und hier ist es:

> Der Jesus kommt und reicht mir seine Hand – sie ist äußerst angenehm warm! Er nimmt mich mit. Wir kommen an eine breite Treppe, die hinauf zu einem imposanten Gebäude aus weißem Marmor führt. Es ist ein riesiger Regierungspalast! Drinnen geht es weiter in eine gewaltige Halle. Es ist ein Thronsaal. Der Jesus steigt da hinauf zu einem Thron und setzt sich. Er sitzt da mutterseelenallein. Und ich bin irritiert. Dann aber löst sich die Vorderfront des Gebäudes langsam auf. Und schließlich thront und schwebt der Jesus direkt über der Welt. Er ist umstrahlt von warmen Licht. Und von ihm gehen feine Lichtstrahlen aus hinunter zur Erde. Mir ist klar: Jeder dieser Lichtstrahlen verbindet ihn mit einem Menschen da unten.

Dem Jesus liegt nun im visionären Bild die Welt zu Füßen. Als Auferstandener wurde er in den Kirchen mit dem Ehrentitel „Christus" belegt. Und im visionären Bild sitzt er jetzt da als Christus „Pantokrator" – als Herrscher über alles. So wird er besonders in der östlichen Kirche gern in Bildern dargestellt.

Und das bedeutet nun: Als Christus kann er jetzt aus einer hohen und jenseitigen Position heraus in die irdische Realität eingreifen. Nun predigt er nicht nur in einem engen Umfeld Solidarität und lebt sie vor. So wie er es in seinem irdischen Leben tat. Jetzt kann er vielmehr im Weltmaßstab Solidarität üben. Er kann allen Menschen – wenn es nötig ist und er es will – liebevoll und praktisch helfen. Immer und überall.

Der sensationelle Erfolg des Christentums in den letzten zweitausend Jahren beruht zum Teil genau darauf. Immer wieder haben Menschen eine persönliche Errettung auf das Eingreifen des auferstandenen Jesus zurückgeführt. Mit solchen

Erfahrungen konnten sie ihren Glauben glaubhaft und begeistert vertreten und immer weiter verbreiten. Und notfalls auch dafür sterben.

Aus meiner Sicht unterstreicht das noch einmal: Der Jesus ist aus Solidarität mit den Menschen gestorben. Doch sein Tod war nicht nur als eindrucksvolle Solidaritätserklärung gedacht. Sondern genau damit hat der Jesus auch die Macht erlangt, aus dem Jenseits heraus unendlich vielen Menschen solidarisch beizustehen. Ich weiß nicht, warum und wie das möglich wurde – da hinter den Kulissen des Jenseits. Das ist ein gewaltiges Geheimnis! Aber das brauche ich auch nicht zu kennen. Und ich muss es nicht lüften.

Mir reicht: Wenn ich bedürftige Menschen in visionäre Bilder hineingeführt habe, konnte ich oft erleben: In diesen Bildern steht der Jesus ihnen bei. Manchmal mit eindrucksvoller Kraft. Zumindest war die Begegnung mit ihm meistens tröstend, befreiend oder erhebend. Und sie wirkte sich bis in den Alltag der Menschen aus.

Deshalb meine ich: Die Hauptaufgabe des auferstandenen jenseitigen Jesus ist es, Menschen in ihrem Leid beizustehen. Und sie wenigstens teilweise von ihrem Opferdasein zu erlösen. Das kann durchaus Befreiung von Schuld einschließen, ja. Vor allem wenn sie drückt oder Menschen fast erdrückt. Aber das ist nur einer von vielen möglichen Schauplätzen der Befreiung. Das entscheidende Ziel ist immer dabei: Der Mensch soll eine Persönlichkeit werden, die ihr Dasein möglichst frei, verantwortlich und solidarisch zu gestalten vermag.

❋ ❋ ❋

Dazu jetzt noch eine höchst eindrucksvolle Erfahrung: Es geht darin um Auferstehung und Himmelfahrt.

Vor langer Zeit habe ich einen sehr solidarischen Menschen kennen gelernt. Es war ein Mensch, der sich hingebungsvoll um seine eigenen Kinder kümmerte. Und der sich auch im Beruf mit viel Energie für die ihm anvertrauten Kinder einsetzte.

Als dieser Mensch schwer krank und depressiv wurde, habe ich ihn eng begleiten dürfen. Es ging langsam immer weiter mit ihm abwärts. Und schließlich habe ich dann auch seinen Tod miterlebt.

Am Tag danach saß ich vorm Fernseher. Ich wollte mich ablenken. Mitten hinein kam ein starkes Gefühl: Da ist etwas. Da ist jemand! Das Gefühl wurde so stark, dass ich den Fernseher abschalten musste.

Und dann spürte ich: Der Mensch, der tags zuvor gegangen war, war jetzt noch einmal da. Ich sah ihn nicht, aber er war deutlich präsent. Und er kam noch mal kurz zu mir aus der anderen Realität, in die er gegangen war. Er wirkte überglücklich. Und ich nahm wahr: Er dankte mir ausdrücklich für meine Begleitung bis zu seinem bitteren, aber letztlich glücklichen Ende.

Der letzte irdische Tag war für diesen Menschen noch einmal schrecklich gewesen. Und jetzt am Tag danach so viel Glück? Der Kontrast war unglaublich! Ich hatte Mühe, es irgendwie zu fassen. Und mir kam in den Sinn: Der Mensch, der bis dahin so gelitten hatte, war jetzt – genau dieses Wort kam mir – „glückselig".

Solidarität mit Gott

Mich hat sehr bewegt, wie der Jesus so mutterseelenallein in seinem Thronsaal saß – da im letzten visionären Bild. Dieses Bild ist mir nachgegangen. Schließlich habe ich begriffen, worauf der Jesus damit hinaus wollte: Er braucht Hilfe. Er kann und will nicht alles allein stemmen und regeln. Und auch Gott braucht Hilfe. Meine Solidarität mit ihm ist gefragt.

Solidarität mit Gott? Ja, Gott ist nicht nur ein mächtiger, sondern auch ein ohnmächtiger Gott. Das war schon Thema. Er hat sich selbst dem Menschen gegenüber weithin machtlos gemacht. Weil er ein liebender Gott ist. Und weil er so dem Menschen wahre Freiheit schenken kann.

Aber der Mensch kann seine Freiheit nur ausschöpfen, wenn er sich in voller Tragweite zwischen Gut und Böse entscheiden kann. Oder zwischen Liebe und Hass. Und wenn er an Krisen und Leid wachsen kann. Nur wenn der Mensch dadurch geprüft, gefestigt und geläutert wird, erreicht er eine stabile liebevolle Haltung.

Genau eben darum mutet Gott dem Menschen manchmal Leid zu. Auch heftiges Leid. Aber das heißt eben auch: Er mutet sich selbst Leid zu. Eigenes heftiges Leid. Denn er liebt ja den Menschen! Und er leidet in gleichem Maße mit ihm mit. Wie viel auch immer es ihn kosten mag.

Dieses heftige Leiden verschweigt er allerdings meistens dem Menschen. Er gibt ihm keinen Einblick. Zumindest solange der Mensch nicht reif dafür ist. Oder solange er nicht danach fragt. Auch Eltern verbergen ja oft ihr Elternleid vor den Kindern, wenn sie wissen, dass die Kinder das noch nicht verstehen.

Solange Kinder keinen Einblick in den Elternschmerz haben, müssen sie mit Bitten und manchmal klaren Anweisungen dirigiert werden. Das tut Gott auch. Und wenn der Mensch sich dann dirigieren lässt, nimmt Gott das gern als Geschenk von ihm an.

Alle Religionen basieren zunächst einmal auf diesem Prinzip: Sie dirigieren den Menschen mit Anweisungen, die schriftlich niedergelegt oder mündlich tradiert werden. Das sind oft generelle Gebote. Und die werden dann noch genauer auf viele Situationen zugeschnitten. Das ist dann der veröffentlichte göttliche Wille.

Dieser veröffentlichte Wille dient der Außenleitung des Menschen. Die Außenleitung ist in allen Religionen üblich. Diese Leitung kann hilfreich sein und ganzen Gesellschaften zur Blüte verhelfen. Aber sie kann auch – wenn es schlecht läuft – zu schweren religiösen Unglücken führen: Wenn etwa ein angeblicher göttlicher Wille dafür herhalten muss, dass viele Menschen oder ganze Völker schroff abgewertet, schikaniert oder gar umgebracht werden.

Das Gegenteil von der Außenleitung ist die Innenleitung. Die ist zum Beispiel zwischen Mutter und Kind zu beobachten. Dann nämlich, wenn ein Kind den Schmerz oder die Freude seiner Mutter unmittelbar spürt. Und wenn es sofort innerlich weiß, was die Mutter jetzt will und braucht. Bei Innenleitung ist keine ausdrückliche Anweisung der Mutter nötig. Das Kind tut von sich aus, was in der Situation angemessen ist. Das ist dann innengeleitete Solidarität des Kindes mit der Mutter.

Der Mensch kann auch wie solch ein Kind wissen, wie Gott zumute ist. Ob er gerade leidet oder sich freut. Und was er will und sich wünscht. Dann kann der Mensch innengeleitet solidarisch handeln. Er braucht dafür nicht auf den veröffentlichten Willen Gottes etwa in Form der Zehn Gebote zurückzugreifen.

Die Innenleitung braucht allerdings Nähe, damit sie funktioniert. Sowohl zwischen Mutter und Kind. Als auch zwischen Gott und Mensch.

Mir fällt da ein Erlebnis vor langer Zeit ein. Bei einem Klosteraufenthalt ging ich in der Natur spazieren. Und plötzlich hatte ich ein inneres Bild:

> Ich sah den Jesus als lichte Gestalt oben auf einem dicken Ast sitzen. Ich war sehr irritiert. Und dann sprang dieser Jesus auch noch von oben einfach in mich hinein! Ich fühlte mich plötzlich doppelt. Ich war noch ich, aber zugleich beherbergte ich in meinem ganzen Körper diesen Jesus.

Das war alleräußerste Nähe! Das war zunächst absolute Identifikation des Jesus mit mir! Und danach ebenso volle Identifikation von meiner Seite aus mit ihm. Mein Fühlen, Denken und Verhalten war danach innengeleitete Solidarität mit dem Jesus bis in meine Fingerspitzen. Zumindest für kurze Zeit.

Auf derselben Ebene liegt ein erstaunliches „Wir": Gott hat es mir vor einiger Zeit ausdrücklich angeboten. In manchen Situationen erlebe ich nun: „Wir" packen etwas an. Oder „wir" haben eine Idee. Dieses „Wir" ist ebenfalls Identifikation. Es ist Gemeinsamkeit und Vereinigung mit Gott.

Ein solches enges Miteinander mit Gott kann eine Vereinigung von Gleichen sein. Doch oft ist es viel hilfreicher, Gott als Gegenüber zu haben. Als ein starkes und weitsichtiges Du. Er ist dann der ganz Andere, der so viel Größere. Gerade in dieser Position kann er besonders Hilfe, Halt und Trost bieten. Da ist das „Wir" dann hilfreiche Identifikation und Vereinigung mit einem ungleich Stärkeren.

Solidarität beruht auf einer mehr oder minder starken Identifikation. Dabei fühle und denke ich – zumindest zum Teil – so wie ein anderer Mensch. Oder eben auch wie Gott. Meine Augen werden dann ein wenig zu Gottes Augen. Meine Hände werden zu Gottes Händen. Meine Gedanken werden zu Gottes Gedanken. Und das oft, ohne dass mir das bewusst ist.

Doch viele Menschen scheuen große Nähe. Und auch stärkere Identifikation und Solidarität. Sie fürchten den Verlust von Freiheit. Sie haben Angst, eingeschränkt zu werden. Und das gilt oft auch für ihre Gottesbeziehung.

Viele Menschen begrüßen zwar sehr, dass es Gott gibt. Und sie geben ihm zur Begrüßung auch die Hand. Sozusagen. Aber gleichzeitig halten sie dabei Gott mit weit vorgestrecktem Arm auf Distanz. Er soll ihnen bloß nicht zu nahe kommen. Oder drastischer: Gott halten sie sich vom Hals.

❈ ❈ ❈

Die Menschen wissen allerdings nicht, was ihnen dabei entgehen kann. Das zeigt ein inneres Bild, das ich mir zum Thema Solidarität mit Gott erbeten habe:

> Der Jesus holt mich ab. Er nimmt mich mit an einen kleinen See. Da brodelt es im Wasser. Es ist ein wildes Getümmel von Fischen darin. Ich sehe sogar Blut. Mich erschreckt das. Wir setzen uns an den Rand. Ich frage: Was machen wir nun? Er sagt: Dies ist dein See! Und dieser See ist deine Aufgabe! Ich solle mich hinstellen und meine Hände segnend über den See halten – wenn

ich möchte, dass das Gemetzel aufhört. Doch ja, ich möchte sehr! Und ich breite segnend meine Arme aus. Da wird es schnell ruhig im See. Bald liegt er ganz friedlich da.

Es ist, als seien dem Jesus die Hände gebunden. Er kann oder will nicht eingreifen. Aber ihm tun die Fische leid. Ihn schmerzt das Gemetzel im See. Und er bittet mich deshalb, in Solidarität mit ihm dieses Gemetzel zu beenden. Ich habe dabei die volle Freiheit, diesen Auftrag anzunehmen – oder eben auch nicht. Und als ich das tue, erhalte ich die ungeheure Macht, den See befrieden zu können. Ich kann das Leiden darin stoppen. Und ihn zu einem friedlichen Gewässer machen.

Damit, dass ich den Auftrag annehme, werde ich Teilhaber am göttlichen Schöpfungsprozess. Ich bin zwar nur ein kleines Rädchen. Aber immerhin: Ich darf eine wesentliche Entwicklung mitgestalten. Und mehr noch: Ich bekomme auch ein Stück Macht dafür.

Verallgemeinere ich dieses innere Bild, heißt das: Jeder Mensch kann göttliche Aufträge bekommen. Mal sind es kleine Aufträge. Mal größere. Manchmal ist es auch eine Berufung für ein ganzes Leben. Und immer geht es dann darum, am göttlichen Schöpfungsprozess teilzuhaben. Sich in ihn einzuklinken. Und dabei auch ausreichend Potenzial und Kraft für die jeweilige Aufgabe zu empfangen.

Und damit taucht die Frage auf: Wie kommt ein Mensch an göttliche Aufträge? Oder sogar an eine große göttliche Lebensaufgabe? Und wie erfährt er, ob er sich innerhalb oder außerhalb eines göttlichen Auftrags bewegt?

Zunächst einmal kann der Mensch in sich hinein hören, sehen, spüren. Oft reicht dann der göttliche Kompass aus, den jeder Mensch in sich trägt: Der kann einen Menschen intuitiv dahin führen, wo gerade sein Auftrag liegt. Wo er mit seinen speziellen Möglichkeiten und Fähigkeiten gebraucht wird. Und wo er richtig gut zum Zuge kommt.

Wenn sich dann der Mensch dabei wohlfühlt, kann das die innere Rückmeldung an ihn sein: Du bewegst dich im Rahmen deines göttlichen Auftrags! Auch wenn der Mensch gar nicht danach fragt oder sich dessen bewusst ist.

Aber oft reicht die Intuition nicht. Und dann kommt die Solidarität mit Gott ins Spiel. Erst die Nähe und Identifikation mit ihm übermittelt Impulse, die auf die konkrete Situation zugeschnitten sind. Diese Impulse können die Signale des inneren Kompasses ergänzen, verstärken oder ersetzen.

Man kann diese Impulse auch prophetische Impulse nennen. Oder die Aufträge als prophetisch gestützte Aufträge bezeichnen. Denn Gottes tieferes Wissen um die Zukunft fließt in sie ein. Und sie gehen über das hinaus, was ein Mensch wissen oder mit einiger Wahrscheinlichkeit ahnen kann.

Die prophetischen Impulse liefern gute und passende Verhaltensvorschläge. Und hält man sich an diese Impulse, bewegt man sich im Rahmen von göttlichem Wunsch und Willen. Das ist dann prophetisch gestützte Solidarität mit Gott. Und man bekommt dabei eben auch noch göttliche Hilfe, wie es das obige visionäre Bild beschreibt.

Oft ist es ja so, dass viel guter Wille da ist. Menschen gehen mit bester Absicht etwa Probleme auf humanitärer Ebene an. Sie wollen anderen helfen. Aber sie kommen nicht recht voran, verausgaben sich oder erleiden schwere Rückschläge.

Es fehlt dann oft an direktem göttlichem Auftrag. Die Menschen arbeiten zwar nach bestem Wissen und Gewissen. Aber sie arbeiten nur in außengeleiteter Solidarität. Und das reicht nicht. Den Menschen fehlt es dann an innengeleiteter Solidarität mit Gott. Sie brauchen innere prophetische Impulse, die sie direkt führen. Und mehr göttliche Macht.

Bei Gottes Aufträgen ist ein wesentliches und weites Feld die Verhinderung, Verringerung oder Beseitigung von Schmerz und Leid. Zunächst bei nahen Menschen. Aber auch sonst wo in der Welt. Doch da gibt es ein eklatantes Paradox – zumindest vordergründig: Einerseits brauchen wir selbst Schmerz und Leid, um uns immer mehr auf die Seite des Guten zu stellen. Wir müssen einiges ertragen, um in dieser Haltung immer fester zu werden. Andererseits laufen göttliche Aufträge oft darauf hinaus, bei anderen Menschen gerade Schmerz und Leid zu verhindern. Das scheint ein Riesenwiderspruch zu sein!

Doch dieser Widerspruch lässt sich gut auflösen. Und zwar so: Es kommt immer auf den Auftrag Gottes an! Manchmal brauchen wir Leid und müssen es aushalten, um daran zu wachsen. Manchmal nützt uns Aushalten aber gar nichts. Dann sollen wir energisch nach Mitteln suchen, die unser Leid beenden können. Und genauso ist es auch bei anderen Menschen: Einigen sollen wir aus ihrem Leid heraushelfen. Doch bei anderen Menschen sollen wir unbedingt die Finger davon lassen. Denn sie sind noch mitten in einem Lernprozess, und es wäre kontraproduktiv, ihnen diese Chance zum Lernen zu nehmen.

Hier kann nur innengeleitete prophetische Solidarität den richtigen Weg weisen!

❈ ❈ ❈

Übrigens: Zur prophetischen Solidarität gehören auch Impulse, die nicht einen zukünftigen Weg weisen, sondern zunächst einmal den gegenwärtigen Weg als richtig bestätigen. Sie können also einem Menschen sagen, ob er sich noch im Rahmen seines Auftrags bewegt. Die Impulse geben ihm dann die Information: Ja, du bist genau auf deinem Weg! Oder er erfährt: Leider liegst du gerade falsch! Und beide Rückmeldungen können hilfreich und motivierend sein.

Um ein Beispiel dafür zu haben, frage ich an dieser Stelle: Liege ich mit meinem Buch noch im Rahmen meines göttlichen Auftrags? Und schnell ist eine unerwartete Antwort da:

> Mein Engel kommt. Ich halte ihm mein Buch fragend entgegen. Das soll heißen: Liege ich im Moment damit richtig? Der Engel nimmt mich mit. Wir kommen an einen erfrischend dahinplätschernden Bach. Und darin schwimmt eine einzelne Buchseite munter mit dem Wasser hüpfend an mir vorüber.

Erst frage ich mich irritiert: Kommt gleich mein ganzes Buch zerfleddert an mir vorbeigeflossen? Aber es bleibt bei dieser einen Seite. Und die Seite ist nicht etwa aufgelöst, sondern klar lesbar. Nach einiger Zeit dämmert mir: Ich habe nach der Gegenwart gefragt. Und prompt bekomme ich eine Antwort nur für diese eine Seite, an der ich hier gerade schreibe. Und diese Antwort lautet: Mit dieser Seite liege ich genau richtig: nämlich mitten im munter dahinplätschernden Text und Auftrag meines Buches.

Übrigens: Auch andere Menschen können einen prophetischen Impuls für mich haben. Sie übermitteln mir dann einen Auftrag von Gott. Oder sie bestätigen mir die Richtigkeit meines

Weges. Das Interessante daran ist: Andere Menschen können unbefangener sein. Sie sind oft weniger in Gefahr, eigene Wünsche oder Ängste in die prophetische Eingebung einfließen zu lassen.

Allerdings sollten diese Menschen ihrerseits auch solidarisch mit Gott leben: Also in großer Nähe zu ihm. Mit besonderer Liebe zu ihm. Und mit Hingabe an ihn. Sonst besteht bei ihnen ebenfalls die Gefahr, dass sich allzu Menschliches in ihre prophetischen Eingebungen mischt.

Die Frage ist nur: Wo sind überhaupt solche Menschen zu finden? Es können, soweit ich sehe, einfach zu wenige Menschen prophetische Eingebungen übermitteln.

Und das wiederum geht wieder damit einher, dass zu wenige Menschen ernsthaft Gottes aktuellen Wunsch und Willen erfahren wollen. Zu wenige fragen – solidarisch mit Gott – nach seinem Auftrag an sie.

Um es mal so auf den Punkt zu bringen: Der Normalgläubige fragte früher: Was muss ich tun, damit Gott mir gnädig ist? Und er hielt sich außengeleitet an die Zehn Gebote und an noch ein paar allgemeine spirituelle Verhaltensvorschläge.

Der Normalgläubige heute fragt: Was kann Gott für mich tun, damit es mir gut geht? Er sucht sich dann aus, welche Gebote und spirituellen Verhaltensvorschläge ihm persönlich hilfreich erscheinen. Und im Übrigen nutzt er Spiritualität vor allem als Wellnessangebot.

Der innengeleitete Gläubige dagegen fragt sich zumindest ab und an ernsthaft: Was kann ich solidarisch für Gott tun? Was ist gerade sein Wunsch und Wille? Er hofft auf prophetische Impulse. Und er darf dann auch häufiger mit ihnen rechnen.

Wille zur Prophetie

Grundsätzlich gehört unendlich viel Nichtwissen zu unserem Leben. Das fällt uns meistens aber nicht weiter auf. In der Regel bewegen wir uns in gewohnten Gefilden. Und da kennen wir uns gut aus.

Aber zwischendurch sind wir doch hin und wieder verunsichert: Wie wird ein bestimmter Mensch auf uns reagieren? Wie werden wir uns selbst in einer bestimmten Situation verhalten? Wie werden sich bestimmte Dinge entwickeln? Sobald es um die Zukunft geht, sind wir doch häufiger damit konfrontiert, wie wenig wir eigentlich wissen.

Grundsätzlich hilft gestandenes Gottesvertrauen gegen Unsicherheiten und Zukunftsängste im Leben. Es kann uns tragen. Es hilft uns, Orientierungslosigkeit auszuhalten.

Allerdings hat Gottesvertrauen oft etwas Passives: Es hilft zwar auszuhalten. Und etwas durchzustehen. Das ist natürlich eine ganze Menge. Aber manchmal brauchen wir auch stimulierendes Wissen um Gottes Wege in der Gegenwart. Und um seine Wünsche für die Zukunft.

Da sollten wir nun ausdrücklich göttliche Bestätigungen oder Aufträge bekommen. Und das geschieht – wie schon beschrieben – durch prophetische Impulse. Also Impulse, die wir in uns hören, sehen, fühlen. Oder in sonstiger Weise empfangen.

Allerdings: Wir müssen den ausdrücklichen Willen und die bewusste Bereitschaft dazu haben. Denn wir begeben uns damit auf ein heikles Gebiet. Es gibt da keine Sicherheit. Und schon gar keine endgültige Sicherheit!

Doch haben wir ohne Prophetie mehr Sicherheit? Nein, kein bisschen! Dafür aber kann uns Prophetie neue und mehr Möglichkeiten auf den Tisch legen. Sie kann uns unsere Perspektiven erweitern. Oder sie macht wahrscheinlicher, dass ein ins Auge gefasster Weg wohl der richtige sein dürfte.

Könnte dir so etwas vielleicht gerade bei einer Zukunftsfrage weiterhelfen, liebe Leserin oder lieber Leser? Dann kannst du das in interessanter Weise erleben, wenn du in ein inneres Bild gehst. Und zwar so, wie ich den Vorgang bereits im Kapitel „Visionäre Bilder – Schritte dahin" beschrieben habe. Ich biete dir für dein Zukunftsthema nun zwei Möglichkeiten für ein visionäres Bild an:

> *Erste Möglichkeit: Du stellst dir am Anfang eine grüne Wiese vor. Dann bittest du als Begleitung einen Engel, den Jesus oder Gott in Gestalt von Licht herbei. Es sollten immer vertrauenswürdige Erscheinungen sein. Nun stellst du dir vor: Ein großes Transparent hängt vom Himmel herunter. Darauf steht die Angelegenheit, zu der du eine göttliche Bestätigung oder Zukunftsschau haben möchtest. Und dann gehst du mit der Begleitung unter dem Transparent hindurch und schaust, was du dahinter siehst. Und was das für deine Angelegenheit bedeuten kann.*
>
> *Zweite Möglichkeit: Du stellst dir innerlich einen Weg vor, der in deine Zukunft führt. Den gehst du in Begleitung von einem Engel, dem Jesus oder Gott. Rechts oder links vom Weg begegnest du dann zunächst deiner Gegenwart. Du schaust dir an, wie sie sich dir zeigt. Danach kommst du zu deiner möglichen Zukunft. Vielleicht führt der Weg direkt darauf zu. Und du entdeckst da eine interessante oder hilfreiche Perspektive.*

Es müssen allerdings nicht unbedingt visionäre Bilder sein, die Zukunftsperspektiven aufzeigen. Das muss hier noch einmal gesagt sein. Auch ein überraschender Gedanke, ein plötzliches tieferes Wissen, ein unerwarteter Satz im Ohr oder auf der Zunge können prophetisch sein. Besonders wenn sie in engem Zusammenhang zum Beispiel mit einem Gebet auftreten.

Aber hinsichtlich der Zukunft geht es nicht nur um uns selbst. Wenn wir wollen und dazu bereit sind, können wir auch prophetisch für andere Menschen tätig werden.

An dieser Stelle ist mir danach, ein inneres Bild zu diesem Thema zu bekommen. Und hier ist es:

> Der Jesus nimmt mich mit auf einen Weg, der in Windungen zu einem Pass hochführt. Da gibt es eine weite Aussicht. Und der Jesus gibt mir dort ein schwarzes Fernglas, damit ich Dinge aus der Ferne heranholen kann. Aber was ich damit sehe, ist belanglos und lässt mich kalt. Dann winkt der Jesus einen Engel heran und lässt mein schwarzes Fernglas gegen ein himmlisch lichtes Fernglas austauschen. Und nun holt mir das Glas aus weiter Ferne eine unbekannte Frau heran. Sie steht in ihrem Garten, ihr geht es da offenbar gut, und sie winkt in meine Richtung. Es ist ein freundliches, aber auch fragendes Winken, dass offenbar dem Jesus gilt. Der zeigt mir einen Zettel. Darauf steht: „Du bist am richtigen Ort!" Dann faltet er den Zettel zu einer Schwalbe und gibt ihn mir. Ich soll diese Schwalbe über den Abgrund hinüber zur Frau schweben lassen. Das gelingt. Und nachdem die Frau den Zettel gelesen hat, winkt sie doppelt freundlich zurück und schreit „Juhu!"

Der Blick durchs Fernglas holt einen Menschen heran, der bislang außer Sichtweite war. Entscheidend dabei ist: Es ist schon ein Blick mit göttlich-prophetischer Unterstützung – also mit einem himmlisch lichten Fernglas. Dann kommt ein Mensch mit einem Anliegen ins Blickfeld, der eine prophetische Auskunft wünscht und braucht. Und die Frau erhält dann auf diese Weise die Bestätigung: Ja, sie ist am richtigen Ort!

Das innere Bild zeigt und betont: Prophetien haben auch den Sinn, Menschen miteinander verbinden. Zunächst kommen damit Bedürftige ins Blickfeld – die sind mit göttlich gefiltertem Blick zu erkennen. Und dann können diese Menschen vielleicht auch noch eine hilfreiche göttliche Botschaft erhalten.

An dieser Stelle ein konkretes Beispiel von heute Morgen: Ich erfuhr da, dass eine gute Bekannte ihre alte Mutter gerade in ein Heim gebracht hatte. Es ging nicht mehr anders. Doch die Bekannte plagten nun Mitleid mit ihrer Mutter und ein schlechtes Gewissen. Da ging ich in mich und schaute, ob ich für diese Bekannte ein prophetisches Bild erhalten könnte. Und dies kam dann:

> Der Jesus legt seinen Arm um die Mutter und führt sie behutsam vorwärts. Und die Mutter ist in diesem Bild eine Lichtgestalt.

Vielleicht heißt das: Die Mutter ist jetzt von himmlischem Licht umsorgt. Oder aber sie wird auf ihrem jetzigen Weg zu einer durchlichteten Gestalt werden. So oder so ist es tröstlich. Dieses prophetische Bild habe ich dann an die Bekannte weitergegeben. Ein paar Tage später kommt ihre Rückmeldung: Ja, das innere Bild hat ihr geholfen. Sie hat nun mehr Vertrauen, dass ihre Mutter auf einem guten und richtigen Weg ist.

❄ ❄ ❄

Nun ist es an der Zeit aufzuzeigen, wie man zu Prophetien für andere kommt. Vielleicht ist das ja dein Interesse, liebe Leserin oder lieber Leser. Oder du fühlst dich sogar dazu berufen. Ich habe schon einmal gesagt: Prophetisch begabte Menschen gibt es zu wenige, und sie werden gebraucht. Vielleicht also auch du.

Sicherlich: Es ist längst nicht jeder berufen. Aber deine Chancen für prophetische Eingebungen stehen besonders gut, wenn du bereits mehrfach erstaunt bemerkt hast: Oh, da habe ich ja etwas richtig vorausgesehen! Oder wenn du auf andere Weise etwas vorausgewusst hast.

Geht es dir um Prophetie für andere Menschen, denen du gern helfen möchtest, dann sind dies Schritte dahin:

1. Du überprüfst zunächst deine Gründe, warum du göttliche Prophetien erhalten willst. Willst du vor anderen damit glänzen? Geht es dir vor allem um dich? – Sollte es so sein, lass bitte die Finger davon.

2. Willst du anderen Menschen mit Prophetien ernsthaft helfen? Dann erkläre dich Gott gegenüber dazu bereit und bitte ihn ausdrücklich darum.

3. Wenn dich ein Mensch gerade stark beschäftigt, kommt dir vielleicht ein inneres Bild zu diesem Menschen. Ebenso können sich klare Worte, Gefühle oder Erkenntnisse zu dem Menschen einstellen. Achte bewusst darauf.

4. Du überprüfst dann möglichst bald, ob deine ersten inneren Bilder zutreffend waren. Oder das, was du sonst empfangen hast. Und das machst du mehrfach. Erst danach solltest du wirklich Prophetien an andere weitergeben.

5. In einer entsprechenden spirituellen Gruppe kannst du Prophetien klarer und eindrucksvoller empfangen. Und auch überprüfen.

6. Prophetien von großer Tragweite sollten von zwei oder drei Menschen in ähnlicher Weise empfangen werden. Dann sollten sie erst an andere Menschen herausgegeben werden.

7. Prophetien für Menschen oder Institutionen, die nicht auf Gottes Linie liegen, sollten möglichst nur nach innerer Rückversicherung weitergegeben werden. Es sollte klar sein, dass Gott die Herausgabe wirklich will.

8. Prophetien, die Unheil ankündigen, sollten grundsätzlich nicht herausgegeben werden. Sie könnten ihrerseits noch zusätzliches Unheil anrichten. Die Ausnahme ist: Wenn solch eine Prophetie eine wirklich hilfreiche Warnung sein kann.

Positive Prophetien wirken in der Regel aufmunternd. Sie motivieren etwa, geben Vertrauen ins Leben oder trösten. Negative Prophetien sind dagegen immer gefährlich. Sie können entmutigen und deprimieren. Nur wenn sie eine Warnung sind, die zu einem anderen Weg raten will, kann man sie in aller Vorsicht weitergeben. Sonst bitte Schweigen!

Im Übrigen: Manche Menschen sind sich bei einer gerade empfangenen Prophetie absolut sicher, dass sie stimmt. Sie haben das schon ausreichend oft erlebt. Bei anderen Prophetien wiederum fehlt ihnen diese Sicherheit. Und dies sollten sie dann auch in angemessener Weise mitteilen. Im Übrigen gibt es manchmal auch innerlich ein klares Stopp! Dann darf eine Prophetie nicht weitergegeben werden. Oder sie soll gar nicht erst angestrebt werden.

Wenn dir Zweifel kommen, kannst du Prophetien mit den folgenden Kriterien überprüfen. Eine Prophetie ist dann ganz ok, wenn du auf die Fragen hier dreimal mit Ja antworten kannst:

1. Kriterium Originalität: Ist die Prophetie originell? Hat sie etwas Besonderes?

2. Kriterium Schadensfreiheit: Will die Prophetie etwas Gutes bewirken? Und stiftet sie – bei Weitergabe – wesentlich mehr Nutzen als Schaden?

3. Kriterium Bestimmtheit: Wirkt die Prophetie ungewöhnlich klar, bestimmt und nachdrücklich? So, als wenn sie absolut stimmt und es wirklich wichtig ist, dass du sie weitergibst?

Generell braucht der Umgang mit Prophetien längere Erfahrung. Es dauert, bis man einigermaßen einschätzen kann, ob eine Prophetie treffend sein könnte oder nicht.

Vor allem gehört dazu: Sich möglichst mit dem Menschen rückzukoppeln, für den die Prophetie bestimmt ist. Stimmen zunächst die realen Gegebenheiten, von denen die Prophetie bei diesem Menschen ausgeht? Dann: Erlebt er die Prophetie sofort als hilfreich und stimmig? Oder erweist sie sich zumindest im Nachhinein gesehen als treffend?

Zudem muss klar sein: Jeder Mensch, der eine Prophetie an andere herausgibt, geht damit ins Risiko. Er braucht eine gewisse Frustrationstoleranz. Denn das Prophezeite kann für den Betroffenen erst einmal völlig unverständlich sein. Oder es tritt nur zu einem geringen Teil ein. Oder aber die Prophetie ist in keinerlei Weise ein Treffer – warum auch immer.

Trotzdem: Es sollte – wie schon gesagt – viel mehr Menschen geben, die sich an Prophetien heranwagen. Der Bedarf ist da.

Denn Prophetien können ermutigen, leiten, korrigieren, trösten. Und sie lassen den Menschen, der sie weiterreicht, und denjenigen, der sie in Empfang nimmt, relativ intensiv Gott erleben. Und das kann dann beide miteinander verbinden.

Im Übrigen können Prophetien – bei angemessenem Umgang damit – zu einem Stützpfeiler bei Gruppen und Gemeinden werden.

Prophetie in der Gruppe

Beim Umgang mit Prophetien ist ein gewisses Risiko unvermeidbar. Ich habe gerade darauf hingewiesen. Das liegt in der Natur der Sache. Aber eine Gruppe kann da immerhin stützend und klärend wirken. Denn in einer prophetischen Gruppe können Prophetien leichter und klarer empfangen werden. Und sie können gemeinsam überprüft und interpretiert werden. Damit ist eine solche Gruppe ein wirksames Übungsfeld und eine gute Kontrollinstanz.

In letzter Zeit holte mich ein visionäres Bild aus den letzten Jahren wieder ein. Es drängte sich mir geradezu auf. Darin lässt sich eine Gruppe auf ihrem Weg von Prophetien leiten. Dies ist das Bild:

> Ein lichter Weg. Er ist wie ein Pilgerweg. Darauf ist eine Gruppe von Menschen unterwegs, die eng zusammengehen. Sie gehen schweigend und gemessenen Schrittes, aber trotzdem zielstrebig. Und zwar inmitten einer lichten Wolke, die schützend vorangeht und auch nach hinten Deckung gibt. Diese Wolke ist zudem über einen dünnen lichten Wolkenschlauch mit dem Himmel verbunden.

In diesem Bild haben sich Menschen zu einer Art Pilgergruppe zusammengefunden. Sie haben ein gemeinsames Ziel, kennen es aber noch nicht. Sie wissen nur: Sie sind auf dem Weg, der sie dahin führt. Das Entscheidende dabei ist: Sie haben eine enge prophetische Anbindung an den Himmel. Der dünne lichte Wolkenschlauch steht dafür.

Praktisch dürfte es in der Gruppe so sein: Der eine empfängt eine Prophetie für den Weg. Andere überprüfen das an Hand selbst empfangener Prophetien. In der Zusammenschau ergibt sich daraus ein gemeinsamer Wille und Weg, der mit den Wünschen des Himmels übereinstimmt.

Auf ihrem Weg zieht die Gruppe nicht plaudernd und mit sich selbst beschäftigt dahin, sondern schweigend und konzentriert. So ist sie immer für höhere Leitungsimpulse offen. Zugleich verfolgt sie ihren Weg aber auch nicht angespannt, sondern ganz gelassen.

Bisher dachte ich: Dieses Bild könnte sich irgendwann später einmal als prophetisch erweisen. Dann aber war ein starkes Gefühl bei mir da: Nein nicht warten, sondern machen! Dieser Vorausschau aktiv auf die Beine helfen. Jetzt! Und dann habe ich tatsächlich inseriert und – mit ein bisschen Erläuterung – die Teilnahme an einer experimentellen prophetischen Gruppe angeboten. Und ich hatte Erfolg – zumindest zunächst.

Erst waren wir zu dritt. Und dann zu viert. Ich war stolz und glücklich, hier im Buch von praktischen Erfahrungen mit solch einer Gruppe berichten könnte. Doch schon der zweite Abend ging daneben. Ich selbst hatte unangenehme visionäre innere Bilder, die mich stutzig machten. Und den anderen ging es auch nicht viel besser. Sie erklärten dann, sie seien spirituell anders unterwegs als ich. Und das Ergebnis war: Die zweite Sitzung war auch gleich die letzte Sitzung.

In der symbolischen Sprache des obigen Bildes hatte die Gruppe mehrere Wolkenschläuche. Die führten zwar alle nach oben – aber halt in unterschiedliche Regionen des Himmels.

Erst schluckte ich. Dann aber nahm ich es als grundlegende Erfahrung: Es gibt eine gefährliche Klippe für eine prophetische Gruppe. Und ich wurde massiv mit der Nase darauf gestoßen: Diese Klippe ist fehlende Einheitlichkeit und Einheit.

Für eine funktionierende prophetische Gruppe ist demnach elementar: Ein gemeinsamer spiritueller Boden aller Teilnehmer. Und auch sonst gegenseitige spirituelle Nähe. Größere Abstriche daran führen umgehend zu Turbulenzen, die der Gruppe Kraft rauben und sie vom Weg abbringen.

Vor dem Scheitern hatte ich schon Ideen zum Programm solch einer Gruppe. Nach dem Scheitern lege ich nun erst recht den Schwerpunkt auf die Einheit einer Gruppe. Damit sind jetzt für mich entscheidende Programmpunkte:

1. Zustand der Gruppe:

Bildet sie eine Einheit? Und falls nicht, was für wichtige Störungen gibt es?

2. Störungen der Einheit:

Betreffen sie die ganze Gruppe oder nur einzelne Mitglieder? Und wie sind die Störungen aufzulösen?

3. Weiterer Weg der Gruppe:

Wie geht es für die Gruppe insgesamt weiter? Und was sind die nächsten Aufgaben für einzelne Mitglieder?

Jetzt aber noch einmal zurück zum visionären Bild mit der Pilgergruppe. Nach dem Scheitern meiner experimentellen Gruppe ist es nun interessant, wie erfolgreich zumindest die Pilgergruppe im visionären Bild war:

> Die Pilgergruppe kommt an eine sonnenbeschienene Küste. Allerdings fehlt jetzt der Wolkenschlauch zum Himmel. Und damit die höhere Leitung. Die Gruppe entdeckt eine kleine Kapelle. Das könnte ihr Ziel sein, glaubt die Gruppe, geht hin und drängt sich hinein. Doch die Gruppe ist zu groß, die Kapelle geht aus den Fugen, platzt auf und zerbröselt. Die Gruppe steht überrascht wieder im Freien, ziemlich ratlos.
>
> Sie schaut nun aufs Meer. Da sieht sie, wie ein kleines Stück Meeresboden auftaucht und sich langsam zu einer flachen Insel aufwölbt. Und zugleich erscheint auch wieder der Wolkenschlauch. Er senkt sich als rotierender Rüssel vom Himmel auf die frisch aufgetauchte Insel hinunter. Und da, wo er sich dicht über dem Boden dreht, entsteht schemenhaft etwas Neues – so etwas wie ein Palast aus Glas. Dann verschwindet der Wolkenrüssel wieder. Nun ist klar: Dies ist die wunderbare zukünftige Wirkungsstätte der Gruppe. Es ist ein Palast, in den göttliches Licht ungehindert von oben einfallen kann.

Zunächst vermutet die Gruppe das Ziel ihres Aufbruchs im Rahmen des Gewohnten. Und sie drängt sich in eine alte Kapelle. Doch sie denkt einfach zu klein. Sie erlebt: Das Altgewohnte funktioniert nicht mehr. Es löst sich auf. Sie erlebt eine göttlich gewollte Frustration, damit ihr Blick frei wird für Neues.

Das Neue ist dann tatsächlich völlig neu. Es steht auf jungfräulichem Boden. Es befindet sich zudem – abgetrennt vom Festland – auf einer Insel. Eine solche Insel ist immer ein Kosmos für sich. Und wenn sich diese Insel zusammen mit den Wolken in stillem Wasser spiegelt und man zu ihr vom Ufer aus hinüber blickt, dann scheint sie schon fast dem Himmel entgegen zu schweben. Sie hat dann bereits etwas Jenseitiges.

Das innere Bild verheißt: Eine direkt vom Himmel geleitete Gruppe kann zu etwas völlig Neuem vorstoßen. Sie kann dabei in gewisser Weise ein Stück Himmel zur Erde holen. Und wenn das sogar ein Glaspalast als Wirkungsstätte ist, dann ist das doch ein grandioses Ziel und ein überwältigendes Gottesgeschenk!

Ich denke: Es ist oft die Aufgabe prophetischer Gruppen, sich auf Neuland vorzuwagen. Sie sind besonders gut geeignet, Gottes Sicht und seinen kreativen Willen zu erfassen.

Und im Übrigen: Mit meinem Wunsch nach einer experimentellen prophetischen Gruppe hatte ich am Ende doch noch ein Stück Erfolg. Als ich Teilnehmer dafür suchte, bekam ich auch Kontakt zu zwei prophetisch begabten Frauen. Beide lebten allerdings weit entfernt. Und so konnten sie nicht an meiner Gruppe vor Ort teilnehmen.

Als die Gruppe vor Ort schnell scheiterte, habe ich die beiden Frauen gefragt, ob sie vielleicht prophetisch etwas zu meinem Buch beitragen könnten und wollten. Speziell zum Kapitel „Deutschland in 20 Jahren". Und sie wollten! Damit ergab sich immerhin – wenn man so will – eine kleine Gruppe auf Distanz. Das Ergebnis ist nun im genannten Kapitel nachzulesen.

An diesem Ergebnis ist für mich interessant: Genau das, was ich von einer prophetischen Gruppe erwartet hatte, trat ein: Die drei Prophetien zum Thema Deutschland bestätigten und ergänzten einander. Damit brachten sie dieses Buch – wie zuvor erhofft – ein Stück weiter! Immerhin insoweit war mein Inserat ein Erfolg.

Im Übrigen wünsche ich mir nun, dass sich noch anderswo prophetische Gruppen bilden. Dieses Kapitel möge ein Anstoß dafür sein! Und solltest du tatsächlich, liebe Leserin oder lieber Leser, solch eine Gruppe aufbauen, höre ich nur allzu gern von dir und deinen Erfahrungen!

Mögliche Zukunft für Kirchen

Ein geheimnisvoller und verstörender Gottesdienst: Das war der Einstieg in den kirchlichen Bereich am Anfang dieses Buches. Jetzt hier – knapp vor Ende – geht es noch einmal um Kirche und Gottesdienst. Nun mit der Frage: Wohin kann die Reise für einzelne Gemeinden und Kirchen gehen?

Ein Blick in die Zukunft fängt am besten mit dem Blick vor die Füße an: Wie sieht es im Moment aus im kirchlichen Bereich? Oder besser: Wo stehen gerade all die verschiedenen Gemeinden? Klar, für eine genauere Bestandserhebung dazu reichte nicht einmal ein ganzes Buch.

Deshalb muss mich nun ein Kunstgriff retten. Ich bitte um ein visionäres inneres Bild, das die Durchschnittskirche beschreibt. Dann kannst du, liebe Leserin oder lieber Leser, selbst prüfen, wie gut das Bild auf deine eigene Gemeinde passt – sofern du eine hast. Und ob sie über oder unter dem Durchschnitt liegt.

Natürlich möchte ich mir auch nicht die Finger verbrennen. Da ist es eine fantastische Lösung, die Analyse Gott selbst zuzuschieben. Ich bitte ihn also um ein visionäres inneres Bild zur Durchschnittskirche, durch das mich – bitte! – der immer sehr verlässliche Jesus führen soll.

Der Jesus holt dann allerdings erst einmal gewaltig aus. Und es geht nicht gleich in eine Kirche:

> Der Jesus führt mich auf eine grüne Wiese. Dort sind in der Nähe eines Flusses etwa zwanzig Gestalten zu sehen. Sie stehen nicht eng beieinander, sondern voneinander entfernt. Sie scheinen sich also gegenseitig nicht zu kennen. Der Jesus fragt sie: „Was wünscht ihr euch?" Und er bekommt die Antwort: „Freude!" Da beginnt der Jesus temperamentvoll zu tanzen. Und so hinreißend wie selten! Aber keine der Gestalten macht mit. Stattdessen werden sie traurig.
>
> Das ist es also nicht. Der Jesus fragt sie jetzt: „Was wünscht ihr euch wirklich?" Die Antwort: „Gemeinschaft!" Und da bricht das Bild ab.

Der Fluss symbolisiert Leben, fließendes Leben. Die Gestalten sehnen sich nach Leben, so ist ihre Nähe zum Gewässer zu deuten. Doch sie stehen nicht direkt am Fluss, sondern etwas davon entfernt. Und das heißt: Sie sind ein Stück vom Leben abgeschnitten. Zudem herrscht bei ihnen auch noch untereinander Distanz. Das ist weiterer Lebensentzug.

Zunächst ist Freude der Wunsch der Gestalten. Viele Menschen, die sich vom Leben abgeschnitten fühlen, stürzen sich in vordergründige Freuden. Etwa in ein Hobby. Oder ins Einkaufen. Oder in die Arbeit. Aber zwischendurch merken sie ab und an, dass ihnen das nicht wirklich viel bringt.

Die Gestalten auf der Wiese wissen schnell, dass sie eigentlich Gemeinschaft wollen. Warum Gemeinschaft? Forscher wissen, dass gute soziale Beziehungen – in der Familie, im Freundeskreis, zu Kollegen – das Lebensgefühl eines Menschen am stärksten prägen. Und zwar positiv. Die Gestalten im inneren Bild liegen also absolut richtig.

Bis hierher beantwortet das innere Bild noch nicht die Frage nach der Durchschnittskirche. Ich muss also noch einmal nachhaken. Und ich möchte nun, dass den Gestalten eine Durchschnittskirche angeboten wird:

> Der Jesus zieht nun ein großes weißes Seil rund um die Gestalten. Ich muss ihm dabei helfen. Dann schleppt er die Gruppe mit dem Seil hinter sich her zur nächstgelegenen Kirche. Da lässt er alle wieder frei und bittet sie, in die Kirche zu gehen. Sie sollen prüfen, ob sie dort die gesuchte Gemeinschaft finden. Die Gruppe beratschlagt untereinander und weigert sich dann, auch nur durch die Kirchentür zu gehen. Ein einziger Mensch lässt sich erweichen und folgt dem Jesus in die Kirche. Da schnuppert er um sich und meint dann zum Jesus: Er rieche nur Staub und Moder, sehe aber kein Leben. Und er verlässt schnell wieder die Kirche.

Die Gruppe weigert sich, die Kirche überhaupt nur zu betreten. Sie repräsentiert damit offenbar weite Kreise der Bevölkerung. Und zwar Kreise, die meinen: Kirche ist Tradition – vielleicht sogar sehr respektierte Tradition. Aber sie ist nicht Leben. Leben findet woanders statt.

Es ist schon so: Die sozialen Einrichtungen der Kirchen erfreuen sich allgemein großen Wohlwollens. Doch Gotteshäuser werden von Kirchenfremden eigentlich nur aus kunsthistorischen Gründen aufgesucht. Ganz vereinzelt gehen auch mal Menschen zu persönlicher Andacht hinein. Aber dort Leben suchen?

❄ ❄ ❄

Wie aber könnte Kirche anders sein? Wie könnte sie mehr Leben bieten? Das wirst du nun fragen, liebe Leserin oder lieber Leser. Und auch für mich wird es jetzt spannend.

Ich wünsche mir ein visionäres Bild zur Kirche der Zukunft:

> Der Jesus kommt, hakt sich bei mir ein und nimmt mich mit. Erst geht es durch einen relativ engen schwarzen Felsengang. Auf dem Boden und an den Seiten glitzern Diamanten. Als wir hinauskommen, sehen wir etwas entfernt ein kleines schneeweißes Schloss. Wir gehen hin. Um das Schloss herum hört man ein Summen wie von einem Bienenschwarm. Es kommt von drinnen. Wir gehen hinein und sehen: Das Innere ist ein einziger großer Saal. Dort knien unzählige Menschen gebückt auf dem Boden. Und das Summen liegt über ihnen.
>
> Dann erheben sich die Menschen. Sie bewegen sich, beginnen zu tanzen. Teilweise bilden sie kleine tanzende Kreise. Und nun beginnt ein Feuerspektakel: Als wenn Gas nach oben aus den Köpfen austreten würde, zünden überall kleine Flammen über den Köpfen. Und sie vereinen sich dann zu einem beeindruckenden großen Flammenmeer.
>
> Schließlich frage ich den Jesus: „Gibt es hier eigentlich keine Leitung?" Er sagt: „Gott ist doch schon da!" Dann

löst er sich von mir und taucht zwischen den Menschen unter. Schließlich erscheint er ganz vorn als großes weiß strahlendes Licht. Alle Menschen wenden sich ihm zu und feiern ihn. Und damit endet das Bild.

Was bedeutet das nun? Der enge schwarze Gang sagt: Zunächst muss Bisheriges zurückgelassen werden. Man muss es abstreifen. Vielleicht weist die Schwärze des Ganges sogar darauf hin: Alles beginnt mit einer düsteren Krise einer Gemeinde oder der Kirche.

Doch zugleich ist der Weg durch diesen Gang kostbar. Das signalisieren die Diamanten darin. Denn der Gang führt zu etwas Neuem hin, zu einem weißen Schloss. Und dieses weiße Schloss steht für etwas sehr Edles. Es hat sogar etwas Himmlisches. Ja, es ist offenbar direkt eine strahlende Repräsentanz des Himmels.

Das Summen rundherum gibt dem Schloss eine ganz besondere Note. Es verheißt: Drinnen gibt es süße köstliche Nahrung – so etwas wie von vielen Bienen zusammengetragenen Nektar. Also eine besondere Art von Himmelsnahrung.

Das Innere des Schlosses ist ein einziger großer Saal. Es gibt offenbar keine Wohnräume. Denn man hält sich hier vielleicht nicht Tag und Nacht auf, sondern das Schloss kann eine vorübergehende Erscheinung sein. Es baut sich vielleicht immer nur über einer Versammlung von Menschen auf, wenn der Himmel zu ihnen auf die Erde kommt.

Die Menschen liegen im Schloss gebückt auf dem Boden. Sie zeigen volle Bereitschaft, sich dem Himmel ganz hinzugeben und ein Stück mit ihm eins zu werden. Dafür werden sie zunächst einmal himmlisch genährt, das zeigt das Summen über ihnen.

Aber was passiert da konkreter? Ich denke, hier wird nicht allen dieselbe Predigt serviert. Sondern jeder Mensch bekommt die Impulse und Erkenntnisse, die er gerade braucht. Etwa in Form von inneren Bildern, Worten, Gefühlen. Denn: Gott selbst gibt hier jeder Frau und jedem Mann genau das, was für sie aufbauend wirkt.

Dies ist also kein einseitiger Belehrungs-Gottesdienst. Und auch kein Impuls-Gottesdienst, der Menschen zu einem bestimmten Verhalten animieren möchte. Es ist vielleicht so etwas wie ein Erlebnis- und Inspirations-Gottesdienst. Genau auf den einzelnen zugeschnitten.

Doch das trifft es auch noch nicht. Denn es ist überhaupt kein Gottes-„Dienst" – also kein Dienst für Gott! Das Wort Dienst riecht allzu sehr nach Pflichtveranstaltung. Und es suggeriert: Da müssen alle dienstbeflissen vor Gott buckeln. Dabei will Gott dort aber schenken, schenken, schenken! Und dafür wird er am Ende auch gefeiert. Da findet also eigentlich eine Gottesfeier statt! Mit ganz viel Lob und Dank.

Ich denke: Das Summen im inneren Bild steht damit für eine sehr spezielle Atmosphäre. In der kirchlichen Realität wäre das eine stimulierende Atmosphäre der Konzentration und Inspiration.

Diese Atmosphäre könnte mit ganz anderen Tönen eingeleitet werden, als sie in den herkömmlichen Gottesdiensten üblich sind. Zudem könnte es da besondere Lichtspiele geben. Und auch Wortspiele, die nicht rational wirken wollen, sondern schöpferisch stimulierend. Das alles sollte zunächst einmal für göttliche Impulse öffnen. Und dann zu ganz persönlichen Einfällen und Einsichten hinführen.

Bei solch einer Inspirationsfeier gäbe es auch nur wenige feste Rituale. Die Musiker, Beleuchter, Wortkünstler würden vor allem aus innerer Eingebung heraus gestalten. Sie würden möglichst unter unmittelbarer göttlicher Leitung improvisieren.

Am Ende des Summens stehen die Menschen im visionären Bild auf, frisch gestärkt und bereichert, und beginnen zu tanzen. Und damit ist der Höhepunkt erreicht: Über den Köpfen zünden Flammen und vereinen sich nacheinander zu einem einzigen großen Flammenmeer. Die Menschen werden zu einer einzigen großen Feuer- und Feiergemeinschaft. Zu einer flammenden Einheit. Und sie erleben in dieser Einheit ein Stück himmlische Glückseligkeit.

Was könnte dem in der kirchlichen Realität entsprechen? Ich weiß es nicht. Aber da würden sich schon kreative Möglichkeiten finden lassen. Sie würden intensiven Glücksgefühlen einen berauschenden Ausdruck verleihen. Und damit Gott hinreißend feiern.

❋ ❋ ❋

Doch jenseits solch berauschenden Geschehens braucht es auch ganz prosaische Leitung. Es geht nicht ohne. Das ist klar.

Aber wie könnten Planung und Organisation aussehen, die zu der Feuer- und Feiergemeinschaft passen? Ein neues Bild muss her! Und das wirkt zunächst einmal befremdlich:

> Der Jesus bringt mich unter das weit ausladende Blätterdach eines Baumes. Da steht eine Bank. Aber niemand sitzt darauf. Doch im Gras davor hockt eine Gruppe junger Leute in einem perfekt runden Kreis. Sie reden sehr diszipliniert miteinander.

Worauf will dieses visionäre Bild hinaus? Es dauert etwas, bis ich begreife. Hier sitzen junge Leute unter freiem Himmel in der Natur. Also unmittelbar in Gottes Schöpfung. Sie nutzen dabei nicht die konventionelle Sitzgelegenheit Bank, sondern alle haben auf dem Erdboden Platz genommen und damit den unmittelbaren Kontakt mit der Natur gesucht.

Dadurch sind sie der Schöpfung und dem Göttlichen besonders nahe. Denn hier kommt es offenbar auf göttliche Eingebungen an. Die Gruppe sitzt so da, weil sie göttliche Impulse und prophetische Eingebungen sucht und erwartet.

Bekannt ist zudem: In der Natur gibt es leichter kreative Einfälle als anderswo. Und auch deshalb hat offenbar das visionäre Bild die Gruppe im Grünen platziert.

Und überhaupt sind junge Leute oft näher dran an unkonventionellen Ideen. Sie sind noch nicht so gefangen in tradierten Denkmustern. Auch für eine Prise Aufstand und Rebellion sind sie immer gut.

Dabei meint das innere Bild sicherlich nicht nur junge Leute. Es schließt gewiss auch alle Menschen mit ein, die jung und lebendig geblieben sind. Und die für unmittelbare kreative göttliche Impulse offen sind.

Auf die Zukunft von Kirchen bezogen heißt das: Am wichtigsten würden Gottesfeiern sein, die mit nahezu magischer Anziehungskraft Menschen anlocken könnten. Bald dahinter stünden aber auch schon – der Bedeutung nach – kleinere prophetische Gruppen und ihre Treffen. Die sollten mit Einfällen und göttlichen Eingebungen den Aufbau, die Planung und die Organisation einer Gemeinde voranbringen. Man könnte solche Gruppen prophetische Teams nennen.

Allerdings brauchen spontane Einfälle und göttliche Eingebungen ein Stück Erdung. Das heißt: Prophetische Teams benötigen auch Disziplin. Der perfekt runde Kreis der jungen Leute weist darauf hin. Und ebenso ihre disziplinierte Rede und Gegenrede. Gerade prophetische Impulse sind mit großen Unsicherheiten behaftet. Sie müssen rational durchleuchtet und auf ihre Möglichkeiten und Grenzen abgeklopft werden.

❊ ❊ ❊

Aber das ist noch nicht alles. Eine Gemeinde braucht noch mehr, da bin ich mir sicher. Und ich spüre, ich sollte in ein weiteres inneres Bild gehen.

Und dann zeigt sich dies:

> Der Jesus nimmt mich nun mit in einen geschlossenen Raum. Hier gibt es einen großen Hufeisentisch. Rundum sitzt eine große Zahl von Erwachsenen so, dass sie sich gegenseitig gut sehen können. Der Jesus tritt nun in die offene Seite des Hufeisens. Er wird freundlich begrüßt. Dann machen sich die Teilnehmer über ein Papier her, das vor ihnen liegt. Sie beratschlagen miteinander. Ab und an schaut auch ein Mensch auf und zum Jesus hin. Dann ist es so weit: Es wird abgestimmt. Alle, die für die Vorlage sind, heben die Hand.
>
> Doch danach kommt noch etwas, etwas Entscheidendes: Alle schauen nun wieder auf den Jesus. Und erst als der nickt, ist die Vorlage tatsächlich beschlossen.

Die Teilnehmer hier sind, so denke ich, normale Gemeindemitglieder. Möglichst viele von ihnen werden offenbar in eine Entscheidung eingebunden. Es dürfte eine größere Entscheidung sein. Dabei könnte die Entscheidungsvorlage – zumindest zum Teil – von der Gruppe junger Menschen aus dem vorherigen Bild stammen.

Das Ziel ist offenbar: Möglichst viele Gemeindemitglieder sollen an einer größeren Entscheidung teilhaben. Das stärkt das Gemeinschaftsgefühl. Und ebenso die innere Bindung an die Gemeinde.

Zuerst wird also eine Sachentscheidung getroffen. Auf Grund der Vorlage. Danach kommt eine zweite Entscheidungsstufe und wesentliche Rückkoppelung hinzu: Auch ein göttliches Ja wird noch eingeholt. Die Entscheidung gilt nur, wenn auch dieses Ja da ist. Die Entscheidung soll unbedingt mit göttlichem Wunsch und Weitblick vereinbar sein.

Das Raffinierte daran ist: In der Realität stünde – anders als im inneren Bild – kein Jesus vorn, der das Ergebnis abnickt. Oder der vielleicht auch mal verneinend mit dem Kopf schüttelt. Vielmehr müsste da jeder Teilnehmer in sich gehen. Er müsste auf die göttliche Resonanz achten, die er in sich selbst wahrnimmt. Er müsste in sich ein Einverständnis Gottes mit der Entscheidung spüren. Oder aber eine Ablehnung.

Das wäre eine Übung für alle, innerlich Gott wahrzunehmen. Und auch verantwortlich mit dieser Wahrnehmung umzugehen. Immerhin hinge das Wohl und Wehe einer ganzen Gemeinde davon ab – mehr oder weniger.

Darüber hinaus enthielte das Ergebnis eine gute Rückmeldung für jeden Einzelnen: Hat seine eigene innere Wahrnehmung das getroffen, was die Mehrheit als Willen Gottes erlebte? Oder hat er daneben gelegen? Zugleich wäre es auch eine Rückmeldung für die ganze Gemeinde: Gibt es meistens klare und eindeutige Entscheidungen? Das deutete dann auf eine innere Einheit der Gemeinde hin. Oder gibt es relativ oft Zerrissenheit?

Gäbe es dann tatsächlich einmal Zerrissenheit in der Gemeinde, könnte das ausdrücklich zum Thema in einer Gottesfeier werden. Die wäre ja das Zentrum des Gemeindelebens. Und genau da könnte dann göttliche Kritik auch jeden einzelnen in einer auf ihn zugeschnittenen Weise erreichen. Ginge dann praktisch die ganze Gemeinde in sich, könnte sich ihre Feier wieder steigern – bis hin zu überschwänglichem Jubel.

Zukünftige Theologie

Soll ich auch noch etwas zu zukünftiger Theologie sagen? Erst habe ich gezögert. Dann aber kam ich innerlich nicht an wissenschaftlichen Studien vorbei, die einmal für mich schicksalhaft wurden. Sie besagen: Menschen, die an einen liebevollen Gott glauben, können damit Halt finden und sich stabilisieren. Zudem sind sie auch weniger krank und leben länger.

Diese Studien haben mich in einer ziemlich verzweifelten Lebenssituation dazu gebracht, unbedingt an Gottes Existenz und liebevolle Zuwendung glauben zu wollen. Mit ganzem Willen. Das habe ich schon einmal beschrieben. Tatsächlich gelang es mir so, einem möglichen seelischen Untergang zu entgehen. Mit eben diesem liebenden Gott im Kopf und im Rücken.

Das war eine Schlüsselerfahrung. Sie bewies mir: Lebensnahe wissenschaftliche Erkenntnisse zur Beziehung von Mensch und Gott können hilfreich sein. Sie können sogar lebensrettend werden.

Aber die praktische Theologie ist da unterbelichtet. Sie weiß wenig, was konkret zwischen Mensch und Gott geschieht. Es braucht mehr Forschung, um diesen Bereich zu erhellen. Geschähe das, könnten zum Beispiel viele Menschen aus den Erfahrungen anderer lernen. Und in deren Fußstapfen treten.

An dieser Stelle hoffe ich wieder einmal auf ein hilfreiches visionäres Bild:

> Der große Engel kommt, der mir immer bei wichtigen Bildern erscheint. Und er freut sich, dass er mir helfen darf. Er nimmt mich mit in die riesige Aula einer renommierten alten Universität. Die Aula ist ganz leer. Ich finde es schon ziemlich großspurig, dass dieser zentrale Raum vom Engel mit Beschlag belegt wird. Denn die Aula steht doch im Dienst aller Wissenschaften. Ich sage das dem Engel. Der reagiert, indem er mit einem Beamer ein Wort riesengroß an die Wand wirft: Und ich lese da „Wille". Der Engel lächelt mich noch einmal an und verschwindet.

Hm, der Wille? Doch ja, der Wille ist ein zentrales Element in Gottes Schöpfungsgebäude. Der göttliche Wille geht allem Schöpfungsgeschehen voraus. Und auch der Mensch muss zunächst den ernsthaften Willen haben, etwas zu verändern und aufzubauen, damit das dann tatsächlich geschieht.

Bei allen Wissenschaften ist es ebenfalls der menschliche Wille, der sie vorantreibt. Aber die Frage ist nun: Wie steht es um solchen Willen bei der Theologie?

Fakt ist: Den großen Kirchen laufen seit Jahren immer mehr Mitglieder davon. Oder sie sterben weg – es gibt ja in vielen Gemeinden auffällige Überalterung. Da stellt sich die Frage:

Was ist denn da los? Fehlt es diesen Kirchen am Willen zu schöpferischer Veränderung?

Vielleicht allgemein nicht. Aber speziell die Theologie in diesen Kirchen braucht wohl ein Stück Umorientierung. Und dafür den entscheidenden Willen. Und da könnte es hapern.

Gehen wir einmal ein Stück in der Geschichte zurück: Nachdem das Christentum im römischen Reich Staatsreligion geworden war, wurde es immer mehr zu einem Instrument der Obrigkeit. Und die Obrigkeit erzog – in unheiliger Allianz von Kirche und Staat – die Menschen zu willigen Untertanen. Die Theologie wurde dabei oft benutzt, aufmüpfigen Menschen mit ewiger Verdammnis zu drohen und sie gefügig zu machen.

Die Situation brach mit der Reformation auf. Der Reformator Luther stellte den Bibeltext – und zwar in Deutsch statt Latein – in den Mittelpunkt christlichen Lebens. Zugleich stürzte er kirchliche Obrigkeiten in Gestalt von Papst und Priestern. Und er sprach jedem Gläubigen den Status eines Priesters zu: Jeder Gläubige durfte bei ihm Funktionen übernehmen, die bisher Priestern vorbehalten waren.

Zu gleicher Zeit kam der Buchdruck auf. Er konnte für die Reformation gezielt genutzt werden. Von den bisher wenig gebildeten Menschen konnten nun mehr lesen lernen. Und diese konnten sich aus erster Hand und in Deutsch über christliche Texte und anderes Lebenswichtige informieren.

Was passierte nun? Die Reformation brachte zunächst viele Turbulenzen. Aber sie ebnete letztlich mit der Aufklärung den Weg. Das bedeutete: Die Menschen konnten nun zu neuen Freiheiten des Geistes vorstoßen. Und sie konnten damit, wenn sie wollten, mehr Selbstverantwortung übernehmen und mündiger leben.

Allerdings blieben in vielen Bereichen die Anschauungen beim Alten. Auf kirchlicher Ebene wurde weiter Jahrhunderte lang mit jenseitigem Gericht gedroht – vielleicht nur einen Tick dezenter. Und die Menschen galten weiterhin als Gottes Untergebene und Bedienstete.

Die überkommene Theologie hielt dabei die Menschen auf Linie und in der Kirche: Teils durch Dogmen, teils durch die Auslegung biblischer Texte. Man kann das als theologische Außenleitung der Gläubigen bezeichnen.

Tradierte Rituale und Gewohnheiten taten zudem ein Übriges. Auch ein gewisses Gemeinschaftsgefühl war Lock- und Bindemittel.

Doch inzwischen zieht die theologische Außenleitung immer weniger! Und auch die anderen Bindemittel verlieren ihre Wirkung. Wie viele Gemeindemitglieder erscheinen noch zu einem Gottesdienst? Bei vielen Kirchen ist es inzwischen ein geringer Prozentsatz.

Warum? Ich denke: In einer Zeit großer gesellschaftlicher Freiheit orientieren sich viele Menschen immer weniger daran, was andere für gut halten. Auch kirchliche Autoritäten verlieren da dramatisch an Gewicht. Die Menschen sind eigenständiger geworden und suchen nun nach dem, was ihnen selbst wirklich gut tut. Sie richten sich dabei nach ihrem eigenen Gespür. Und damit nach ihrer persönlichen Innenleitung.

Was also tun? Und wo jetzt theologisch besser ansetzen? Eben bei der persönlichen Innenleitung! Das bedeutet: Den Menschen die Chance zu geben, mehr zu erspüren, was gut für sie ist. Und sie möglichst eigenständig Gottes ganze Angebotsbreite und -vielfalt entdecken und darunter auswählen zu lassen.

Kirchliche Autoritäten können nur allgemeine Richtlinien vorgeben. Auch biblische Texte bringen oft zu wenig. Denn wie sie ausgelegt werden, das kann zwar klug, aufschlussreich und erbaulich sein. Aber es trifft nur bei wenigen Menschen genau das Thema, das ihnen gerade unter den Nägeln brennt.

In dieser Situation ist es die Aufgabe der Theologie: Menschen möglichst oft direkt an Gott heranzuführen – und etwas weniger an Kirche und biblische Texte. Damit sie möglichst unmittelbar Partner von Gott werden können.

Das allerdings setzt voraus: Die Theologie wertet den Menschen in seiner Stellung vor Gott auf. Sie spricht ihm mehr Selbständigkeit und Verantwortung zu. Sie behandelt ihn weniger als Untergebenen und Bediensteten Gottes und mehr als Gottes Partner und als seinen Teilhaber an der Schöpfung.

Gott kennt die Situation und das Potenzial eines Menschen am besten. Einem Menschen ist deshalb auch am besten damit gedient, wenn er eine enge Beziehung und Bindung direkt mit Gott eingeht. Und wenn er darin in reger partnerschaftlicher und liebevoller Kommunikation mit Gott wächst.

Damit werden menschliche Berater und Seelsorger nicht arbeitslos. Keineswegs. Aber auch sie sollten ihrerseits enge Kommunikation mit Gott pflegen. Damit können sie am besten den Menschen helfen, die ihren Rat und Beistand suchen.

Ich bin nun wieder an einer Stelle, wo ich – meinem Gefühl nach – unbedingt ein visionäres inneres Bild brauche:

> Der große Engel kommt erneut und begrüßt mich freundlich. Er fliegt mit mir in die Kirche meiner Jugend. Sie ist dröhnend leer. Was nun? Der Engel zieht mich jetzt hoch in den Himmel. Und da ist einiges los: Ich sehe ein quirliges Durcheinander von Engeln. Doch

was bringen die mir? Ich komme auf die Idee, in den Himmel über mir zu rufen: „Was brauchen die Menschen?" Gott ruft herunter: „Gemeinschaft mit mir!" Aha. Aber so weit war ich doch auch schon. Also rufe ich meinerseits wieder hinauf: „Und wie geht das: Gemeinschaft mit dir?" Nun ruft Gott herunter: „Das dürft und sollt ihr selbst herausfinden!" Ich muss lächeln: Diesen Ball hat er geschickt zurückgespielt.

Trotzdem bin ich ein Stück weiter! Denn meine Frage, wie Gemeinschaft mit Gott geht, lässt sich als Forschungsauftrag an die Theologie verstehen. Die Theologie ist dabei als empirische Kommunikations- und Sozialwissenschaft gefragt. Und sie hat dann herauszufinden, wie Menschen eine engere und partnerschaftliche Beziehung zu Gott aufbauen und eingehen können.

In Predigten ist das immer die große Leerstelle: Da wird oft leichthin behauptet, dass Gott Menschen hilft – aber die näheren Umstände werden sorgsam ausgespart. Die bleiben mehr als wolkig. Allenfalls gibt es dezente Hinweise aufs Gebet. Aber keine praktischen Hilfen. Und keine anregenden Beispiele, wie Kommunikation und Partnerschaft mit Gott gelingt.

Die Gemeinschaft des Menschen mit Gott ist eigentlich das Miteinander von zwei immens unterschiedlichen Wesen. Aber diese Wesen können dennoch in glücklicher Weise zusammenfinden. Denn der Mensch ist von Geburt an auf Beziehung angelegt. Er kann sich sogar mit Situationen, Tätigkeiten, Dingen und Tieren identifizieren und innerlich verbinden. Manchmal ausgesprochen innig.

Subjektiv empfindet der Mensch dann Liebe. Und zugleich eine beglückende Erweiterung seines Lebens. Und genau das kann dem Menschen auch in der Gemeinschaft mit Gott passieren: Eine beglückende Verbindung in Liebe.

Sieht man nun forschend hin, sind verschiedene Wege zu entdecken, die in eine solche Gemeinschaft mit Gott führen. Zunächst gibt es unterschiedliche Startpunkte für die einzelnen Menschen. Dann zeigen sich diverse Arten der Annäherung an Gott. Und schließlich auch noch mannigfaltige Stufen, Formen und Intensitäten der Gemeinschaft. Da lässt sich viel erforschen. Und auch genauer beschreiben.

Für einen Menschen, der seinen ganz persönlichen Weg sucht, kann es dann hilfreich sein, zu erfahren: Wie viele andere Menschen sind mir schon vorangetrampelt? Auf welchen Wegen? Mit welchem Erfolg? Wo stehe ich selbst verglichen mit diesen anderen? Und wohin kann mich mein eigener Weg noch führen?

Ich vermute mal: Auf Forschungsantworten zu solchen Fragen würden sich unzählige Menschen stürzen. Vor allem wenn die Ergebnisse deutlich herausstellen und beleuchten, welche Vorteile eine Gemeinschaft mit Gott hat. Und wie viel Sinn und Glück damit verbunden sein kann.

Im Übrigen ist es offenbar so: Gerade schlichte Menschen finden häufiger hin zu einer innigen Gemeinschaft mit Gott. Vermutlich sind sie hingebungsfähiger. Andere dagegen müssen sich erst mühsam dahin durchschlagen. Mit viel rationaler Selbststeuerung. Wobei ich vermute, liebe Leserin oder lieber Leser, dass du eher zu diesen Menschen gehören dürftest. Aber wenn auch dein Weg vielleicht anstrengender ist und länger dauert: Dein Weg lohnt sich! Unbedingt. Und ich bin mir sicher, das wird auch die lebenspraktische Forschung zeigen.

Deutschland in 20 Jahren

Und wie sieht es aus, wenn es nicht allein um die Theologie geht? Sondern ebenso um ihre Umsetzung in Gemeinden – und das auch noch in ganz Deutschland? Gibt es da göttliche Aussichten, Anregungen und Versprechen für die Zukunft? Also zum Beispiel Prophetien für Deutschland in 20 Jahren? Mich reizt das!

Zuerst allerdings noch einmal: Prophetien sind im Vorhinein nicht wirklich zu überprüfen. Es ist unsicher, ob sie tatsächlich zukünftige Realitäten vorwegnehmen. Prüfen lässt sich nur, ob sie sich im Rahmen zukünftiger Möglichkeiten bewegen. Und ob sie da einigermaßen plausibel wirken.

Und auch: Letztlich kommt es nicht unbedingt auf die tatsächliche Zukunft an. Wesentlich wichtiger kann die denkbare Zukunft sein. Welche Möglichkeiten sieht da eine Prophetie? Und ist ein durch und durch anregendes und anziehendes Ziel dabei? Aber ebenso: Vor welch drohendem Desaster warnt vielleicht eine Prophetie? Gibt es da etwas, das lieber verdrängt wird? Das aber unbedingt einmal auf den Tisch kommen sollte, bevor es womöglich durch fahrlässiges Nichtstun bittere Realität wird?

Ich habe drei Prophetien für Deutschland in 20 Jahren erhalten. Sie stammen aus voneinander unabhängigen Quellen. Damit ist eine gewisse Bandbreite gegeben, aber auch gegenseitige Überprüfbarkeit. Die drei Quellen haben schon häufig Dinge prophetisch richtig erfasst. Und die Prophetien haben erkennbar göttliche Urheberschaft. Das macht sie ziemlich vertrauenswürdig.

Da ich mich jetzt hier beim Schreiben in der Mitte des Jahres 2017 befinde, gelten die drei Prophetien – genau genommen – für Deutschland mitten im Jahr 2037.

Hier nun der erste prophetische Ausblick auf Deutschland in 20 Jahren. Er stammt von einer Frau, welche die übrigen beiden Prophetien erst später kennenlernte. Die Frau beschrieb mir ihr prophetisches inneres Bild so:

> Jesus Christus zeigt mir vor einer wehenden Deutschlandfahne zwei riesige Blasen – etwa so wie Seifenblasen. Ihr Inhalt steht für zwei Zukunftsmöglichkeiten in Deutschland.
>
> In der ersten Blase befinden sich die Menschen in zuversichtlichem Aufbruch: Da ist ein aufblühendes Deutschland zu sehen. Es ist wesentlich wärmer, die Bevölkerungszahlen sind zurückgegangen, einige Städte und ganze Landschaften sind verschwunden. Land- und Feldarbeit haben Bedeutung. Politisch herrscht Ordnung, vielleicht sogar so etwas wie eine Monarchie. Das Christentum ist erstarkt.
>
> Danach wurde mir eine andere Blase gezeigt: In dieser Blase herrscht Verzweiflung nach einem schrecklichen Ereignis. Es gibt viele soziale Unruhen und hohe Arbeitslosigkeit. In den Städten ist es richtig ungemütlich. Gedrückte Stimmung herrscht überall.
>
> Im Übrigen existiert kein Deutschland mehr, aber ein Europa. Und viele fremde Menschen sind nun im Land.
>
> Die beiden Blasen wiederholen sich immer wieder. Bis schier ins Unendliche. Und Jesus Christus sagt mir, dass die Anlage zu beiden Blasen bereits jetzt da ist. Wir

sind nun dafür verantwortlich, welche davon für uns Realität werden wird. Wir bleiben aber so oder so nicht von Katastrophen verschont.

Ich nehme dieses innere Bild erst einmal ernst – und sofort ist ein gewaltiges Erschrecken da: Ein Katastrophenszenario! Das kann doch nicht sein! Darauf deutet doch zur Zeit nichts hin!

Und dann tauchen Gedanken auf wie: Ja, es sind durchaus unbegreifliche Naturkatastrophen denkbar. Und die können uns plötzlich treffen. Etwa enorme Erdbeben. Überflutungen von bisher unvorstellbarem Ausmaß. Oder gewaltige Meteore, die als riesige Himmelsbomben einschlagen. Die Wissenschaft weiß das. Allerdings ist die Wahrscheinlichkeit, dass das in den nächsten 20 Jahren geschieht, ziemlich gering – wissenschaftlich gesehen. Diese Perspektive erscheint als nicht gerade plausibel.

Da ist es wichtig zu wissen: Innere Bilder können stark akzentuieren und dramatisieren. Damit ihre Kernbotschaft deutlich hervortritt. Und das gilt auch für prophetische Bilder. Aus dieser Sicht interpretiere ich die erste Prophetie – deutlich milder – so:

Es wird eine katastrophale gesellschaftliche Entwicklung geben. Vielleicht einen massiven Wirtschaftsabschwung. Als Ursache dafür – das kommt mir im Moment – würde ich allerdings einen verheerenden Vulkanausbruch nicht völlig ausschließen. Dessen Aschewolken könnten den Himmel rund um den Globus lange verdunkeln. Mit fatalen Folgen durch das Zusammenwirken auch noch mit dem Klimawandel.

Ein Wirtschaftseinbruch trifft dann aber die einen weniger. Und die anderen mehr. Er spaltet so Deutschland in gemäßigte Verlierer, die immer noch relativ gut über die Runden kommen.

Und in starke Verlierer, denen der Boden unter den Füßen wegbricht.

Und wenn Jesus Christus in der Prophetie sagt, wir seien dafür verantwortlich, welche Blase Realität wird, dann meint er: Jeder ist für sich selbst verantwortlich, ob er zu den gemäßigten oder zu den heftigen Verlierern zählen wird. Ob er in der einen Blase leben wird oder in der anderen. Die Wiederholung beider Blasen fast bis Unendliche unterstreicht dabei: Jeder Einzelne ist wirklich zunächst ganz allein für sich selbst zuständig. Es bringt ihm nichts, auf andere zu warten und zu hoffen.

Die gemäßigten Verlierer der Entwicklung leben dann in eher ruhigen Teilen Deutschlands, die ländliche Züge tragen. Oder besser: Sie richten ihr Leben – ihre persönliche Blase – so ein, dass es ein ruhiges Leben sein wird. Und sie haben auch schon wieder Zuversicht. Sie sind erste Gewinner.

Die heftigen Verlierer dagegen leben überwiegend in den Städten, wo das Leben eh schon etwas stressiger ist. Ein Teil davon macht sich vielleicht auch noch selbst das Leben schwer. Etwa mit Angst und Panik.

Ein anderer und größerer Teil der heftigen Verlierer fühlt sich aber wohl ziemlich hilflos den gesellschaftlichen und wirtschaftlichen Zuständen ausgeliefert. Und dieser Teil erlebt diese Zustände als so schlimm, dass es zu Aufständen kommt – welcher Art auch immer.

Die Kernbotschaft dieser ersten Prophetie ist aus meiner Sicht: Jeder Mensch soll rechtzeitig entscheiden, in welche Richtung sein persönliches Leben führen soll. Noch hat er die Wahl. Noch kann er sich vorbereiten. Es ist eine Warnung vor

Unentschiedenheit und Nichtstun. Und ein kleiner dezenter Hinweis steckt auch noch darin: Die Christen befinden sich offenbar überwiegend auf der Seite der gemäßigten Verlierer und zugleich ersten Gewinner.

❄ ❄ ❄

Die zweite Prophetie für Deutschland in 20 Jahren hat eine etwas andere Perspektive. Sie stammt ebenfalls von einer Frau. Sie kannte die beiden anderen Prophetien noch nicht, als sie mir dies übermittelte:

> Gott sagt mir: Die Menschen gehen zurück zu ihrem Ursprung. Der Garten wird wichtiger. Es geht nicht um immer noch mehr Geld. Oder überhaupt um immer mehr.
>
> Vielmehr ist weniger dann mehr. Man hat nun mehr Zeit für die Familie. Die Menschen werden nicht schneller, sondern langsamer. Ihr Leben ist entschleunigt. Zudem wird es ganz normal sein, dass die Menschen bei ihrer Arbeit mehr Pausen machen. Und die Menschlichkeit wird größer geschrieben.
>
> Die Menschen kommen zudem immer mehr in ihre eigene Mitte. Und Gott ermutigt sie auch dazu, neue Farbe ins Leben zu lassen. Das Herz bekommt einen neuen Anstrich, denn die alte Farbe ist schon brüchig. Das Herz ist dann nicht mehr bei allen einheitlich rot, sondern in einer Farbe, die sie sich persönlich wünschen.

Diese Prophetie malt das Leben in der Blase der gemäßigten Verlierer und zugleich ersten Gewinner ein wenig aus, die sich schon in zuversichtlichem Aufbruch befinden. Sie will offensichtlich für solch ein Leben werben. Die Seite der großen Verlierer dagegen wird erst gar nicht erwähnt. Die Prophetie würdigt sie keines einzigen Blickes.

Diese Prophetie möchte offensichtlich ermutigen. Sie möchte die Menschen mehr hin zu ihrer Mitte schieben. Sie sollen so unabhängiger von der Umwelt werden. Sie sollen sich zu der Person entwickeln, auf die hin sie angelegt sind. Und sie sollen dabei auch extravagante Individualität nicht scheuen – so wie etwa ein grünes Herz –, wenn das in ihnen steckt.

Die Kernbotschaft dieser Prophetie ist: Werde in Zukunft der Mensch, der du im tiefsten Grunde bist. Und fange rechtzeitig damit an. Gott wünscht sich das. Er ist zudem auf der Seite der Maßvollen und Bescheidenen. Die werden mit die Gewinner sein, wenn es irgendwann zu katastrophalen Zuständen kommt.

❋ ❋ ❋

Jetzt zur dritten Prophetie. Es ist mein eigenes visionäres Bild für Deutschland in 20 Jahren. Ich hatte es, bevor ich die zwei anderen Prophetien erbat:

> Der Jesus führt mich in der spürbaren, aber unsichtbaren Gegenwart Gottes an eine Deutschlandkarte: Nur Deutschland ist darauf – der Rest der Welt ist schwarz. Die Grundfarbe von Deutschland ist dort ein nachtdunkles Blau. Das Land ist durchzogen von Lichtbändern wie von einem Autobahnnetz. Auch die Grenzen sind Lichtbänder, und sie umschließen ganz Deutschland. Diese Bänder bestehen aus einer Aneinanderreihung von strahlenden Lichtpunkten.

Ich möchte mir mal einen Lichtpunkt näher ansehen. Ein Teil von ihm wird nun so weit heranholt, dass ich – mit Blick von oben – einzelne Menschen erkenne. Es sind lichte Menschen. Sie stehen in konzentrischen Kreisen um einen Mittelpunkt, der nicht in meinem Blickfeld liegt. In meinem Ausschnitt sehe ich nur einen Teil der drei äußersten Reihen. In diesen Reihen haben sich die Menschen gegenseitig die Arme auf die Schultern gelegt. Und sie wirken so, als seien sie tief miteinander verbunden.

Dann verschwindet dieser Ausschnitt. Und ein neuer Ausschnitt taucht auf. Er ist ein kleiner Teil aus den nachtblauen Gebieten. Ich sehe da lauter hellblaue Gesichter, die sehnsüchtig nach oben zu mir herauf und damit zum Himmel schauen.

Vor dem Deutschlandbild beginnt dann der Jesus zu tanzen und zu rocken. Und die Lichtpunkte blinken mit seinen Bewegungen mit.

Dieses Bild betont die spirituelle Seite der Entwicklung. Ich deute es so: Die blinkenden Lichtpunkte sind christliche Gemeinden. In zwanzig Jahren kann es ein Netz davon geben, in dem intensiv Gemeinschaft gelebt wird. Zuerst natürlich Gemeinschaft mit Gott. Aber dann ebenso Gemeinschaft untereinander.

Diese Gemeinden könnten auch Gemeinschaften sein, die ihre Mitglieder existenziell unterstützen und absichern. Mir kommt dieser Gedanke, wenn ich sehe, wie die Menschen einander die Arme auf die Schultern gelegt haben. Vielleicht ist dort der Gedanke einer ökonomischen Grundsicherung verwirklicht.

Zudem ist interessant: Im prophetischen Bild bilden die Gemeinden vielleicht einen tragenden Rahmen für Deutschland. Und zugleich könnten sie ein Netz sein, welches das Land hält und die große nachtblaue Mehrheit der Menschen ein Stück mitträgt. Der Jesus ist darüber so beglückt, dass er das mit einem ausgelassenen Tanz feiert.

Die große nachtblaue Mehrheit im Bild ist dagegen offensichtlich eher unglücklich, vielleicht auch verzweifelt. Die Menschen sind wohl große Verlierer. Und mit ihrem Blick nach oben hoffen sie anscheinend auf Rettung aus ihrem dunklen Dasein.

✸ ✸ ✸

Die Kernbotschaft aller drei Prophetien zusammen ist offenbar: Die schon jetzt erkennbare Spaltung in der Gesellschaft wird sich womöglich in den nächsten 20 Jahren vertiefen. Einem Teil gelingt es dann wohl, seine Lebensqualität im Wesentlichen zu halten – wenn auch mit einigen Abstrichen und unter Verzicht auf vordergründige Wohlstandsmerkmale. Ein anderer Teil rutscht aber ab in schlimme äußere und innere Lebenszustände.

Christliche Gemeinden könnten dabei eine größere Bedeutung für die Gesellschaft gewinnen. Sie könnten möglicherweise mit ihrem Angebot Einzelnen helfen, ihre Lebensqualität zu verbessern. Zugleich könnten sie damit die Spaltung in der Gesellschaft mildern.

Insgesamt misst die letzte Prophetie christlichen Gemeinden eine relativ große gesellschaftliche Bedeutung zu. Zumindest eine bedeutsamere, als sie jetzt haben. Sie sind in dieser Prophetie Hoffnungsträger innerhalb einer düsteren Umwelt. Und womöglich sogar ein Stück gesellschaftlicher Motor.

Von solch einer Position sind allerdings die christlichen Gemeinden derzeit noch ziemlich weit entfernt. So sehe ich das zumindest. Die Prophetien sollen nun offenbar Gemeinden ermutigen, zu neuen christlichen Ufern aufzubrechen – auch unter Risiken. Und dabei sollen sie selbst ein bisschen Extravaganz nicht scheuen. Der Jesus würde das so gern mit ausgelassenem Tanz feiern …

Belebende Kunst
Als Lob und Preis

Die wissenschaftlichen Leistungen des Menschen sind wirklich grandios! Und was Größer, Schneller, Weiter anbelangt, zeigt sich der Mensch besonders begabt. Alle menschlichen Ideen sind ein gewaltiges Schöpfungswerk, wenn man sie zu einem einzigen großen Haufen aufschütten könnte.

Allerdings hält das Licht – oft Symbol für Gott – immer noch den Geschwindigkeitsweltrekord. Und mal so ein kleines Gras oder einen kleinen Wurm ganz neu zu erschaffen – nein, dazu ist unsere Wissenschaft absolut nicht in der Lage. Da kann Gott doch noch einen Tick mehr ...

Gott bleibt also der gewaltigste Schöpfer. Und so manche Menschen konnten nicht anders: Sie haben ihm zu Ehren eindrucksvolle Kunst geschaffen.

Im Barock sorgten die Auftraggeber von Kirchenbauten für überbordende künstlerische Fülle. Diese Fülle zieht mich immer wieder an. Ich bewundere und genieße dann ihre Pracht. Allerdings merke ich durchaus: Solche Pracht kann auch eher Zerstreuung bewirken statt andächtiger Sammlung.

Deshalb schätze ich besonders eine tausendjährige romanische Kirche in meiner Nähe. Deren unprätentiöse Schlichtheit lässt mir viel Raum, mich in meiner Weise Gott zu öffnen.

Was aber wäre wohl für mich ein entscheidendes Motiv, Kunst für Gott zu schaffen – wenn ich denn ein Künstler wäre? Ein Motiv wäre sicherlich für mich, Objekte zu erstellen, die ein wenig andächtig machen. Und offen für Gott. Das hätte dann vermutlich viel mit Einfachheit und Licht zu tun.

Ein anderes Motiv wäre für mich: Gott für sein großes Schöpfungswerk zu danken. Profitiere ich doch Tag für Tag von dem, was mir seine unendlich vielfältige Welt bietet.

Aber Dank ist noch nicht alles. Der Mensch kann auch – eine Stufe höher – Gott für seine Schöpfung loben und preisen. Denn diese Schöpfung ist doch wirklich überwältigend! Man kann zwar Gott schlecht voll Lobes auf die Schulter klopfen. Aber man kann ihm ein paar grandiose Kunstwerke mit freudigem Lächeln und tiefer Verneigung zu Füßen legen.

Was würde ich da wohl hinlegen wollen? Im Moment reizt mich da allerdings weniger Schlichtheit. Nein, ich würde Gott ausgelassen oder sogar verrückt feiern wollen. Mit etwas Quicklebendigem, das intensiv berührt und bewegt.

An dieser Stelle ist mir danach, ein letztes Mal um ein visionäres Bild zu bitten. Ich möchte gern ein Kunstwerk sehen, das Gott überaus lebendig feiert. Was da wohl kommt?

Ich bin gespannt. Und dann geschieht dies:

> Zwei ganz große Engel kommen. Sie nehmen mich in die Mitte und haken mich unter. Dann schwenken sie mich immer stärker vor und zurück und befördern mich schließlich mit einem gewaltigen Schwung hinauf in den Himmel. Das hat schon etwas von Ausgelassenheit! Ich lande auf einer Wolke. Sie ist ein duftiges Gebilde.
>
> Die Wolke wölbt sich auffällig in der Mitte auf. Und ein Haufen kleiner Engel kommt und tanzt wild in einem Reigen um die Wölbung herum. Plötzlich sehe ich eine große Plane über dieser Wölbung. Aha! denke ich, jetzt kommt die Enthüllung von etwas Verrücktem. Von einem Werk, das Gott quicklebendig lobt und preist.

Und dann wird die Plane weggezogen. Aber da steht nun kein verrücktes, jubilierendes Kunstwerk. Sondern da liegt nur ein Buch. Mein Buch. Dieses Buch!!

Und das ist nun wahrlich verrückt! Ich bin erschüttert. Durchgerüttelt. Auf den Kopf gestellt. Hier wird nicht irgendein fantastisches Kunstwerk enthüllt, das Gott zujubelt. Sondern mein Buch wird gepriesen. Und ich mit ihm!

Ich bin ganz von den Socken – will sagen: Ich hebe innerlich ab. Und spüre – so gefeiert – mehr als einen kleinen Anflug von Glückseligkeit. Doch gleichzeitig mischt sich auch eine Portion Peinlichkeit hinein. Mit ernüchternden Gedanken: Wer bin ich denn? Habe ich das wirklich verdient?

Ich brauche einige Zeit, um das Bild zu verdauen. Und um mit ihm so weit klarzukommen, dass ich überhaupt darüber schreiben kann. Denn dieses mein Buch ist doch keine fantastische Kunst! Es jubelt Gott nicht überschwänglich zu. Höchstens hier und da ein bisschen. Und es ist auch kein Kunstwerk, sondern einfach nur Handwerk.

Aber das kann nicht alles sein. Dafür schleudern mich doch nicht zwei Engel mit ausgelassenem Schwung in den Himmel! Da muss mir doch wohl – dank tatkräftiger göttlicher Mithilfe – etwas Außerordentliches gelungen sein.

Aber was sieht bloß der Himmel darin? Ich weiß nur: Ich habe mein Bestes gegeben. Ich habe meine Möglichkeiten bis zum Rand ausgeschöpft. Mehr war nicht drin. Ist es das?

Offenbar. Denn es ist nicht unbedingt selbstverständlich, sein Bestes zu geben. Und für mich war es manchmal ein durchaus holpriger Weg. Aber allein dafür solch eine verrückte Wendung der Dinge?

Doch da stellt sich noch ein Gedanke ein: Ist mir etwa mit dem Buch etwas so Lebendiges gelungen, dass es ebenso berührt wie gute Kunst? Dass es sogar ansteckend wirkt? Und dass es Leser lebendiger macht? Vielleicht weiß der Himmel da ja schon mehr. Und feiert auch das.

Nun denke ich: Wenn es so ist, dann kann doch eigentlich jeder Mensch mit einem vollen Einsatz Gott beglücken. Das wird dann himmlisch registriert und gewürdigt. Aber noch mehr gewürdigt wird wahrscheinlich, wenn ein Mensch dabei auch noch für andere etwas tut. Wenn er ihnen etwa zu mehr Leben verhilft. Oder zu mehr Glück. Das kann den Himmel sogar begeistern. Und das lobt, preist und feiert er dann.

Das ist nun ein elementarer Hinweis für dich, liebe Leserin oder lieber Leser, wie du den leidenschaftliche Beifall des Himmels erringen kannst!

Doch leider, leider: Dieser himmlische Beifall bleibt meist hinter den Kulissen. Man bekommt ihn nicht mit. Dabei wäre einem doch manchmal mit einem kräftigen himmlischen Lob erst so richtig wohl!

Aber da habe ich eine gute Idee für dich: Frag einfach mal nach! Ohne falsche Bescheidenheit. Ungefähr so: Gott, bist du gerade glücklich mit mir? Das zu wissen, wäre doch schon was.

Und bei ganz besonderem Einsatz darfst du auch fragen: Finde ich jetzt gerade den Beifall des Himmels? Feiert er mich?

Spürst, hörst, siehst du dann ein himmlisches „Ja!", lass einfach zu: Dass dich ein warmer, vielleicht sogar heißer Hauch von Glückseligkeit umweht! Und genieße ihn von ganzem Herzen und mit ganzer Seele!

Nachwort

„Wenn Gott dich glückselig lächelt": Solch ein Buchtitel hat etwas, wenn man ihn als Versprechen nehmen darf. Und ein Versprechen soll er auch sein, liebe Leserin oder lieber Leser.

Allerdings: Gott kann Menschen schon ziemlich lange und schwierige Lernzeiten zumuten. Und auch dir. Ich weiß das. Da ist dann dein Lächeln vielleicht eher gequält. Doch wenn du schließlich von Gott neue Aufträge erhältst und das Gelernte praktisch umsetzen kannst, darfst du mit vielen aufregenden und beglückenden Momenten rechnen. Versprochen.

Ein bisschen bestimmst du dabei selbst das Ausmaß deiner Glücksmomente: Je mehr du mit Gott solidarisch bist und dich für ihn einsetzt, desto mehr solche Momente kannst du erleben.

Im Übrigen: Wenn du nun bis hierher einiges gelesen hast, hoffe ich, dass Gott schon gelegentlich dabei zu dir gesprochen hat. Lächelnd. Und dass du das vielleicht mit einem winzigen glückseligen Lächeln quittieren konntest. Auf jeden Fall wünsche ich dir für deine Zukunft noch genügend beglückende Höhepunkte in deinem Leben mit Gott.

Gott mit dir!

Zum Autor

Beruflich geprägt haben mich ein paar Semester Theologie sowie das Studium der Sozialwissenschaften. Gearbeitet habe ich vor allem in der sozialwissenschaftlichen Forschung.

Seit 1943 bin ich Bewohner dieses Planeten. Und derzeit im Raum Freiburg zu Hause.

Mehr über meine Person geben meine Seiten im Internet her: Bei Wir-wagen-Wunder.de oben unter „Initiator".

Die Seiten von Wir-wagen-Wunder.de können übrigens dieses Buch ergänzen. Kleinere Probleme des Alltags können dort mit Hilfe visionärer Bilder gelöst werden. Dazu habe die Seiten eingestellt.

Kontakt

Kontakt zu mir ist auch möglich über Wir-wagen-Wunder.de. Ganz unten bei „Kontakt".